ドイツ敗北必至なり

三国同盟とハンガリー公使大久保利隆

髙川邦子

芙蓉書房出版

大久保利隆（1941年）

1941年1月28日、ブダペスト東駅に到着し、ハンガリー側の出迎えを受ける
大久保利隆（最前列中央）（ハンガリー国立博物館所蔵）

ハンガリー誌に掲載された日本公使館の
レセプション・パーティー
「日本公使館での午餐会」

上段左より
「公邸入り口でゲストを迎える主催者の大久保特命全権公使」
「ボイニッチ男爵夫妻と言葉を交わす大久保公使」
「ハンガリー外務省首席報道官と井上書記官」
下段左より
「井上書記官夫妻とゲストたち」
「親切なクローク係の日本人女性」
（“Színházi Magazin” 1941.03.09）

1941年4月7日　テレキ・ハンガリー首相国葬（最前列着席左より大久保、チアノ伊外相、リッベントロップ独外相、カイテル独陸軍元帥、右端ホルティ・ハンガリー摂政）（筆者所蔵）

TOLNAI

43. évfolyam. 52. szám. Budapest, 1941. december 24.

VILÁGLAPJA

Megjelenik minden héten szerdán. Előfizetési ára negyedévre 2 pengő 50 fillér, félévre 5 pengő. Egyes szám ára 20 fillér, pályaudvarokon is. Németországban Rm. —.20, Romániában 10 lei, Amerikában 14 cent, Olaszországban 1 líra 60 centesimo, Franciaországban frank 3.50. Szerkesztőség és kiadóhivatal: Budapest, VII, Dohány-utca 12—14. Telefon: 223—882 és 423—771. Postatakarékpénztári befizetési lap száma: 9244.

Tolnai Világlapjában megjelent képek és cikkek utánnyomása tilos

Diadalmas honvédeink lelkes fogadtatása Budapesten

Vitéz Szombathelyi Ferenc vezérezredes, a honvédvezérkar főnöke Kormányzó Urunk szalagjaival feldíszíti a zászlókat

Jagow német követ és felesége, Okubo Toshitaka japán követ, dr. Bárdossy László miniszterelnök és hitvese a díszszemlén

A kemény csatákban diadalmasan harcoló magyar harckocsik elvonulnak az ujjongó közönség előtt

Gyönyörű találkozó. A hős honvédek felsorakoznak a dicső elődök: honalapító Árpád és a többi vezér szobra előtt

A főváros lakossága túláradó szeretettel és határtalan lelkesedéssel üdvözölte a budapesti gyorshadtestnek a keleti frontról hazatért vitéz honvédeit. A hazatért hősök díszmenetének útvonalán beláthatatlan tömeg szorongott és mindenkit büszke öröm töltött el, amikor a félelmet nem ismerő, harcedzett honvédhősök hosszú sorokban felvonultak. A Hősök-terén és a Hitler-téren lefolyt feledhetetlenül szép ünnepségen és a díszszemlén a Legfelsőbb Hadúr: Kormányzó Urunk képviseletében vitéz Szombathelyi Ferenc vezérezredes, a magyar királyi honvédvezérkar főnöke üdvözölte a dicső honvédeket, akik a gigászi küzdelmekben dicsőségesen megállták a helyüket. A honvédvezérkar főnöke feldíszítette Kormányzó Urunk szalagjaival a csapatzászlókat, majd kiosztotta a kitüntetéseket. Az ünnepséget díszmenet zárta be, ennek során a közönség lelkesen tapsolta és éljenezte honvédeinket.

Boldog karácsonyi ünnepeket kívánunk a keleti arcvonalon küzdő hős honvédeinknek!

東部戦線に派兵されたハンガリー軍第一陣の帰還式典を報じるハンガリー誌
中央円内「ブダペストにおいて意気揚々たる我が国防軍を熱烈に歓迎」
右上「閲兵式のヤゴー・ドイツ公使夫妻、大久保日本国公使、バールドシ首相夫妻」
一番下「東部戦線から帰還したブダペスト機動部隊の勇敢な国防軍兵士を、ブダペスト市民は溢れんばかりの愛と熱狂的な歓声で歓迎した。帰国した英雄たちの軍事パレードの沿道は、膨大な数の群衆によって埋め尽くされた。戦いに慣れた恐れを知らぬ国防軍の英雄たちが長い列をなして行進すると、すべての人が誇り高き喜びで満ち溢れた。英雄広場とヒトラー広場で行われた記憶に残る素晴らしい式典と閲兵式で、最高司令官であり、ハンガリー王国参謀総長勇士であるソムバトヘイ大将が、摂政閣下の名代として、重大な戦いにおいて困難にも華々しく持ちこたえた栄光ある国防軍兵士を賞賛した。参謀総長は、部隊旗を摂政閣下のリボンで飾った後、勲章を授与した。式典は軍事パレードで幕を閉じたが、その間群衆は国防軍兵士たちに熱狂的な拍手と万歳を惜しみなく浴び続けせた」（“Tolnai Világlapja” 1941.12.24）

1942年8月27日　ホルティ・イシュトヴァーン摂政代理の国葬で葬列に並ぶ外交団
最前列奥チアノ伊外相、手前リッベントロップ独外相、次列手前大久保
（Metropolitan Ervin Szabó Library所蔵）

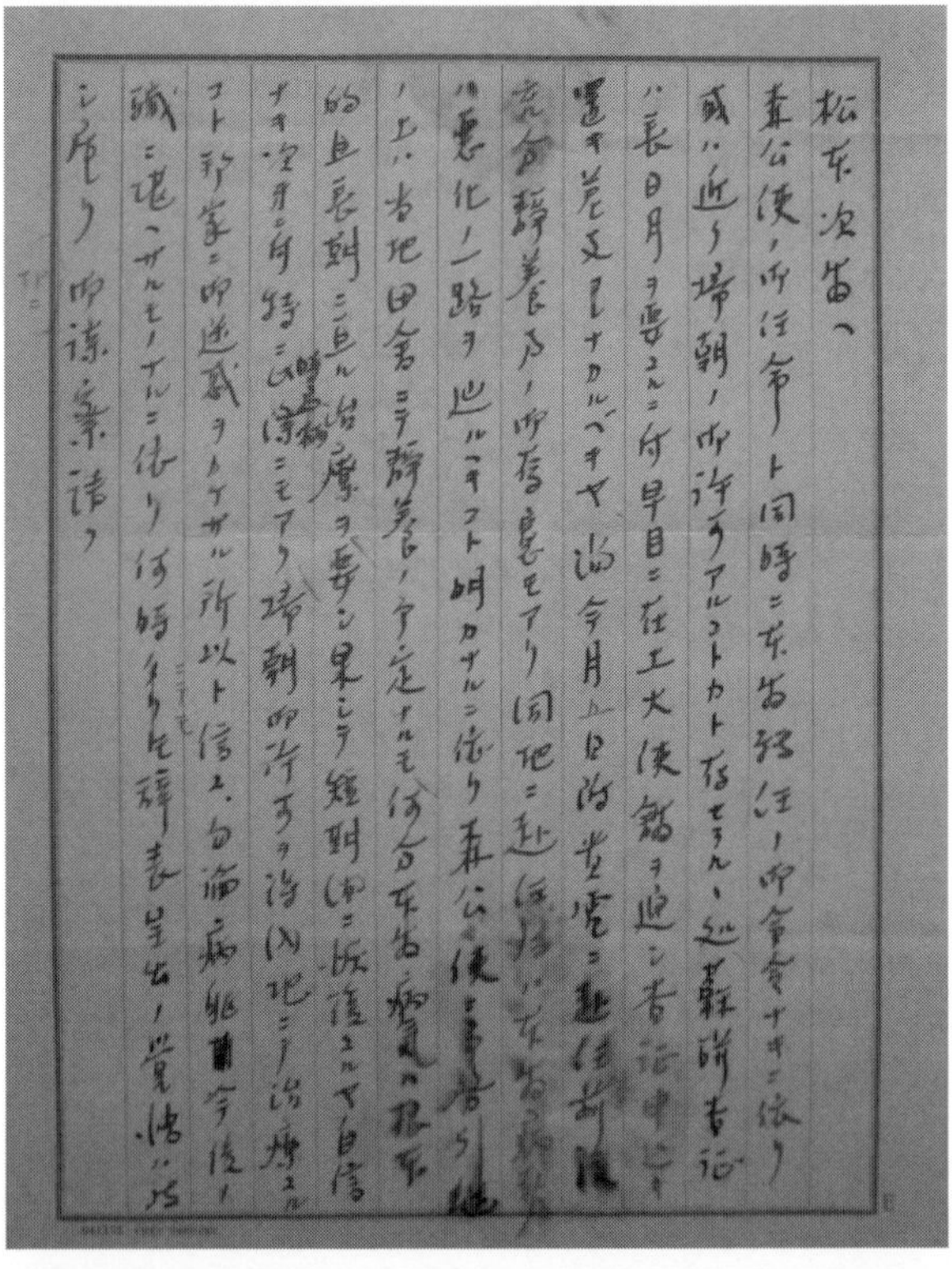

松本次官ヘ
本使ノ所任命ト同時ニ本官辞任ノ御命令ナキニ依リ
或ハ近ク帰朝ノ御許可アルコトカト存セラルヽ処[illegible]
ハ長日月ヲ要スルニ付早目ニ在土大使館ヲ退シ者[illegible]
[illegible]
[illegible]
ハ悪化ノ一路ヲ辿ルヘキコト明カナルニ依リ本使[illegible]
ノ上ハ当地田舎ニテ静養ノ予定ナルモ何分本官[illegible]
[illegible]
[illegible]
コト珍ナラス[illegible]
識ニ堪ヘサルモノアルニ依リ何時ニテモ辞表呈出ノ覚悟ハ[illegible]
ニ居リ御諒察請フ

1943年5月、一時帰朝を願い出る大久保の電報の下書き。にじんだ跡は涙か（筆者所蔵）

はじめに

本書は二〇一五年に上梓した『ハンガリー公使大久保利隆が見た三国同盟―ある外交官の戦時秘話』に、その後新たに入手した史料、写真、証言等を加えて書き改めたものである。

日本を破滅的な対米英戦争へと導くことになった三国同盟は、しばしば当初の締結国を冠して「日独伊」三国同盟と呼ばれる。そのせいか、この同盟に日独伊の三か国以外にも加盟国があったことは、日本ではあまり知られていない。ナチス・ドイツの圧力を受け、その影響下にあったハンガリー、ルーマニア、ブルガリアなどの国々も加盟している。これら「ドイツの衛星国」は、ドイツが戦争を続行するための兵力、農産物、石油等の供給源となった。

軍事大国のナチス・ドイツは当時の日本にとって最大かつ最重要の同盟国であり、ドイツの戦争の趨勢は、日本の命運をも左右するものだった。そのため、ドイツの戦況や国内情勢について客観的で冷静な情報や分析を本国に伝えることは、ヨーロッパに駐在した日本人大公使の重要な責務の一つだった。

ところが、この責務の遂行を困難にする人物がヨーロッパ、正確に言えばベルリンにいた。「ナチス・ドイツにもっとも食い込んだ日本人」と言われ、ヒトラー総統やリッベントロップ外相などナチス幹部と個人的に親しかった、陸軍中将の大島浩駐ドイツ大使だ。大島はヒトラーとナチス・ドイツに心酔し、ドイツとの軍事同盟である三国同盟を推し進めた。戦後はA級戦犯として、極東軍事裁判で裁きを受けた人物である。

大島や三国同盟については、すでに多くの書物や研究が世に出ている。

本書は、大島浩という大物人物の陰に隠れた一人の外交官の視点と生涯から、また日本の同盟国でありながら日本ではあまりそのことが認識されていないハンガリーの視点から、三国同盟と第二次世界大戦を見たものだ。

主人公の名は大久保利隆《としたか》。生え抜きの外交官で、三国同盟締結時は条約局第一課長、同盟締結後はハンガリーの特命全権公使、そして大戦末期には外務省軽井沢事務所の所長を務めた。政策決定には関わらないが、「大臣等の政策決定者に報告をする立場」にあった。

ハンガリーは独ソ戦に大軍を派兵しながらも、ドイツに抗った。ドイツに農作物を輸出しながらも、ユダヤ人の引き渡しは拒んだ。また他の枢軸国に比べると報道統制は緩く、中立国の新聞が容易に手に入った。そのハンガリーから、大久保は独ソ戦況、ハンガリーやドイツの国内情勢について観察し、本国に報告をした。

だが、時の首相東條英機は、「英米の宣伝に乗せられている」として、大久保の報告に不快感を示した。この頃ドイツや日本にとって不都合な情報はすべて、「英米の宣伝」の一言のもとに葬り去られていた。ナチス・ドイツは、「バルカン地域に親独的ではない日本人外交官がいる」と日本にクレームを言ってきた。何よりベルリンの大島大使は、周辺国の大公使がドイツに不利な情報を本国に報告することをよしとしなかった。東條首相とも親しかった大島大使はヨーロッパにおいて大変な権勢を振るい、人事にも口出しをしていたので、外交官たちは次第に口をつぐむようになっていった。

一九四二年一一月、ヨーロッパに駐在する大公使が一堂に会した会議がベルリンの日本大使館で開催された。この頃、対ソ戦で予想外に苦戦していたヒトラーは、日本に対ソ参戦を要望していた。その要望を受け、議長の大島大使は会議の冒頭、「皆の一致した意見として本国政府に対ソ開戦を具申しよう」と提案した。出席者が座して黙する中、ただ一人立ち上がり、正面を切って異を唱えたのが大久保だった。最終的に提案は多数決によって否決されたが、この一件で大久保は大島大使の激しい怒りを買い、半年後、降格の憂き目に遭う。

大久保はユーゴスラヴィア公使も兼任していたが、そのユーゴスラヴィアは大久保が公使としての信任状を奉呈してからわずか一か月後、ナチス・ドイツの侵攻を受け、あっという間に国が消滅してしまった。一つの国が、しかも自分の任国だった国が、わずか数週間のうちに地図上から消えるのを目の当たりにした大久保が、「日本も早く戦争をやめなければ、最悪の場合、国がなくなってしまうかもしれない…」という強い切迫感を持ったであろうことは容易に想像できる。

ドイツの戦況や経済状況について分析を重ねた大久保は、最終的に次のような結論に至る――「日本が頼みとするドイツは必ず負ける。その時期は今から一年から一年半後」

これは祖国の存亡にかかわる情報だ。なんとしても本国に伝えたい。だがヨーロッパにいては、伝えることができない…。悩んだ末、大久保は自らの職を賭し、万に一つの賭けに出る。

一時帰国を願い出るのだ。

このとき外務次官だった親友の尽力により帰国の許可が下り、日本人には滅多に発給されなかったソ連の通行ビザも奇跡的に発給され、大久保は万感の想いを胸に帰国を果たす。

直ちに、重光葵《しげみつまもる》外務大臣をはじめとする外務省幹部に「ドイツ敗北必至と早期終戦準備」を説いてまわった。重光は戦後に記した『昭和の動乱』の中で、当時「ドイツの崩壊を大体（一九四五年）四、五月の交となし、これに向って準備の必要がある」と判断し、木戸幸一内府と連絡を取り合っていたことを記しているが、このドイツ崩壊時期に関する情報の出所は、大久保の可能性が高い。

その後大久保は、自らのメッセージを天皇に直接伝える機会も得る。

だが、そうした声が聞き入れられるご時世ではなかった。

戦後、大久保は周囲の人々から、「大戦中の体験を書き残してほしい」と求められた。そして、「筆が進まない」とぼやきながらも、一九七六年、当時在籍していた鹿島平和研究所から、『回想―欧州の一角から見た第二次世界大戦と日本の外交』（以下『回想』）と題した、十六ページの冊子を出版した。青い表紙の冊子は外務省関係者を中心に配られ、「こんなことがあったのか」と反響があった。だが大久保は、「生々しすぎる」、「関係者に迷惑がかかるのではないか」と心配して、ごくわずかな部数しか配らなかった。そして自分の死後、自分の葬儀に参列してくれた人々に香典返しとともに配布するよう長男に指示した。さらに『回想』に記せなかったことは、「お前だけに話しておく。よく覚えておくように」と言って、ただ一人長男に明かしていた。

その『回想』と長男から聞き継いだ証言をベースに、関係者の回想録や当時の外交電などで裏を取り、肉付けしてまとめたのが、本書だ。

戦前・戦中に、東京の外務省本省と出先の在外公館との間でやり取りされた電報である「外交電」は、「アジア歴史資料センター」や外務省外交史料館で閲覧することができる。だが、空襲で焼失してしまったものも少なくないという。

戦中の日本の外交電が焼失せずに残っているのが、アメリカとイギリスだ。

アメリカが日本の外交電の暗号解読に早くから成功し、対米開戦前の東京とワシントンの日本大使館との交信が、アメリカ側に筒抜けだったことは有名な話だ。アメリカは日本の外務省が使用していた暗号作製機の模造機の製造に成功し、「パープル（Purple）」と名付け、このパープル機を使用して日本の外交電を解読した。解読の作戦名は「マジック（MAGIC）」。さらに解読し英訳した外交電の中から重要なものををピックアップし、要点をまとめ、コメントを付した報告書である『マジック・サマリー（MAGIC Summary）』を月曜から金曜まで作成した。アメリカからパープルの模造機を提供されたイギリスも、開戦前から日本の外交電を解読していた。

アメリカもイギリスも、日本の外交電の中でもベルリンの大島大使から出される「大島電」にとりわけ注目し、優先的に解読作業を進めた。その理由は何より、大島がヒトラーを筆頭とする政権幹部と個人的に親しかったことにある。本来大使や公使は、本国政府の意向や要求を相手国に伝える立場にある。ところが「ナチ党員よりもナチス」、「駐独ドイツ大使」とも揶揄された大島は、日本政府の意向をドイツ側に伝えるのではなく、ヒトラーやリッベントロップ外相の要求を口移し的に日本政府に伝えてきた。そのためアメリカやイギリスにとって大島電は、ヒトラーの頭の内をうかがい知る絶好の手がかりとなった。一九四四年六月、連合軍はフランス北部ノルマンディーに史上最大と言われる上陸作戦を敢行するが、大島電によってフランス北部海岸のドイツ軍の防衛状況が詳細にわかったことが、最終的な上陸地点の決め手になったといわれている。

これらの外交電は、アメリカはメリーランド州カレッジパークにある国立公文書館Ⅱに、イギリスはロンドン近郊のキューガーデンにある国立公文書館に保管されている。筆者は公文書館近くの宿に泊まり、バスや徒歩で公文書館に通い、電報の山を繰った。アメリカでは電報が箱の中にばらばらに入っていたのとは対照的に、イギリスでは、電報は選別され、日ごとに見出しをつけ、ファイルに綴じられていた。綴じられた電報は敵国だけでなく、中立国の公館から発信されたのもあった。また、同じ内容の報告が複数国の公館からなされている場合には、もっとも詳細なものや、信頼度の高いものが選出されているようだった。ブダペストから大久保が送った電報は、ハンガリーがイギリスの敵国になった一九四二年から、ハンガリーとイギリスとの間に極秘ホットラインが開設される一九四三年夏までの一年半ほど。期間は短いが、数は七〇本以上と、日本の在外公館からの電報では、ベルリンの大島電に次ぐほどの多さだった。大久保がいかに頻繁に報告していたか、そして東條首相には受けが悪かった報告も、イギリスは有用で信頼度が高いと見なしていたことが窺われる。

アメリカとイギリスの公文書館で、かつて国のトップだけが目にすることができたこれら超極秘文書も、時がくれば法に従って一般に開示されているのを目の当たりにし、「公文書は国民の財産である」という意識と、「公文書はすべて保管し、時期が来たら開示する」という制度が定着していることにつづく感銘した。近年日本では公文書の改ざんや廃棄が取りざたされているが、この点大いに見倣うべきだろう。

本書では、当事者の日記や回想録の記述を数多く引用した。その時その場にいた本人が、一番情景をうまく表現できると思うからだ。引用文献のうち、原文が英語とドイツ語のものは筆者が訳し、フランス語のものは翻訳会社に依頼した。ハンガリー語のものは、ブダペスト商科大学の佐藤紀子特任准教授に訳していただいた。日本語文献も翻訳文も適宜現代語や現代かな遣いに直し、部分的に要約した。現代では不適切な文言もあるが、歴史的史料としてそのまま使用した。

出典表記で、ＨＷから始まるものはイギリス国立公文書館、ＳＲＳで始まるものはアメリカの『マジック・サマリー』、ＤＯＤＩＳはスイス外交文書（Swiss Diplomatic Documents）、そしてＪＡＣＡＲは日本のアジア歴史資料センターからのものだ。『回想』は大久保が書き残した回想録であり、全文を巻末に収録した。他に大久保の講演を書き起こしたものや書き残した文章も、資料として収録した。写真は、出所を明記していないものは公知のものか、筆者が所蔵しているものだ。敬称は、ご存命の方を除き、省略させていただいた。

グローバル化時代の二一世紀。二〇世紀型の戦争はもはや過去のものになったかと思われたが、二〇二二年二月、ロシアはウクライナに侵攻した。キーウ（キエフ）、ハルキウ（ハリコフ）、ニコポリなど、第二次世界大戦の独ソ戦で戦場となったのと同じ都市が、八〇年後の今、再び戦禍にさらされている。独ソ戦がヒトラーの読みに反して長期化したように、ウクライナでの戦争もプーチンの読みに反して長期化しており、プーチンは核の使用さえちらつかせている。さらに一二月、日本の岸田政権は安保三文書を採択し、防衛費の大幅増額と敵基地攻撃能力の保有を発表した。これは戦後長く日本が掲げてきた「専守防衛」からの歴史的大転換とされ、「今は、新たな戦前かもしれない」と懸念する声もあがっている。二〇二三年一〇月には、中東でも戦禍が起こり、拡大の様相を呈している。「歴史は七、八〇年ごとに、形を変えて繰り返す」と言われる。歴史を振り返り、多角的に検証することがますます肝要になっているのではないかと思う。

ドイツ敗北必至なり　目次

第1章

三国同盟成立

出　発

一九四一年（昭和一六年）一月五日、正月三が日も明けてまもない東京駅。特急富士号が停車するホームは、大勢の人でごった返していた。富士号の最後尾には「展望車両」と呼ばれる、三方がガラス張りになった豪華な一等車両がついていた。展望車両の乗客は主にスーツや金モールのついた軍服姿の男性たち。辞令を受けて中国大陸やヨーロッパに赴任する外交官や武官、陸海軍の幹部だった。

その中に丸眼鏡をかけた、頭髪の薄い、長身で体格のいい男性がいた。手には、毛皮の襟のついた、どっしりとしたコートを抱えていた。裏にも毛皮がついているこのコートは、極寒のシベリアを横断するため特別にあつらえたものだ。男性の名は大久保利隆。このとき四五歳。外務省の外交官だった。めざす先はハンガリーの首都ブダペスト。ハンガリーとユーゴスラヴィアの特命全権公使として赴任するためだった。ハンガリーは、この二か月前に三国同盟に加盟したばかりだった。

その少し前、東京駅内のステーション・ホテルで、同僚や知人ら一〇〇人近くが集まり、昼食会を兼ねた壮行会が開かれた。このとき大久保は手に金属製の小さな箱を二つ握っていた。外務省が重要書類を運ぶのに使用していた小箱だった。この頃、重要書類は頑丈な金属製の箱に入れられ、「クーリエ」と呼ばれる通信員によって直接運ばれていた。二つの箱の中には、天皇からの信任状が一通ずつ入っていた。一通はハンガリーのもの、もう一通はユーゴスラヴィアのものだった。

「信任状」とは、相手国の国家元首に宛てた天皇からの書面である。特命全権大公使は天皇の名代として外国に遣わされる。信任状には、「この度××を貴国の特命全権大使（公使）に任命する。本人は朕が全権を委ねるに足る人物なので、貴殿も本人を信用され、貴我両国の関係についてはこの人物に話をしてほしい」といった内容が記されている。大公使は任国に着くと、この信任状を相手国の元首に直接手渡す。これを「信任状の奉呈」といい、重要な外交儀式となっている。大公使に任命されると、本人が願い出れば信任状を直接天皇から受け取るための拝謁が許可される。大久保も拝謁を願い出、前年の一一月八日に皇居でハンガリーの、一一月二一日に葉山でユーゴスラヴィアの信任状を下付されていた。

用心深い性格の大久保は、大切な信任状をなくしたら大変だと小箱に入れ、鎖で手首にくくりつけていたのだった。

壮行会が終わると、大久保は妻と一〇歳の長男、五歳の次男、三〇代の甥とともにホームへ向かい、列車に乗り込んだ。子どもは他に長女がいたが、まだ生後二か月だったため、自宅で親戚と留守番をしていた。

発車ベルが鳴り、列車が動き出すと、大久保は展望車から妻と次男に大きく手を振った。長男と甥は、同じ列車の二等車両に乗車していた。大陸行きの船が出る敦賀まで同行し、見送るためだった。

走り出した富士号は徐々にスピードをあげていった。大久保は、同じ車両の中に海軍の鈴木英《すぐる》少佐がいるのに気付き、歩み寄った。鈴木少佐は、後に首相となる鈴木貫太郎海軍大将の甥であり、岡田啓介大将の義理の息子でもあった。鈴木はこの年の一〇月、極秘任務によりハワイに赴き、真珠湾やオアフ島の軍事施設についての調査を行い、『ハワイ方面偵察報告』を記すことになる。

鈴木少佐の姿に、外交官としての情報収集本能が働いた大久保は、海軍は日本の空軍力についてどのように考えているのだろうと思い尋ねてみた。鈴木からは次のような答が返ってきた。

「日本の空軍力では英米との戦争など、到底不可能です」

アメリカやイギリスとの開戦を懸念していた大久保は、この言葉を聞いて、「海軍がしっかりしている限り、英米との戦争はないだろう」と思い、少し安堵した。


大久保と長男、甥の三人は京都で下車した。義理の親兄弟が集まって都ホテルで壮行会が開かれ、この夜は京都に宿泊した。翌日、義長兄の荒木有三も加わって四人となった一行は敦賀行きの列車に乗った。

日本からヨーロッパに向かうルートは、一九〇四年までは二つだけだった。一つは、船でインドを経由するルート。もう一つは船で太平洋を渡り、アメリカ大陸を列車で横断した後、大西洋を船で横断するルート。いずれも長い日数を要した。そこへ一九〇二年、敦賀とウラジオストックとの間に直航航路が開かれ、その二年後にウラジオストックとモスクワを結ぶシベリア鉄道が全線開通したことにより、三番目のルートが出現した。この第三のルート、「敦賀―ウラジオストック―シベリア鉄道」の登場によって、日本からヨーロッパへの渡航日数は大幅に短縮された。敦賀港は日本とユーラシア大陸を結ぶ交通の要衝となり、大陸への日本の玄関口となった。

敦賀港にはヨーロッパから逃れてきた人々も多く上陸した。日露戦争後にはポーランドやユダヤ系の難民や孤児が、一九四〇年から一九四一年にかけては何千人ものユダヤ人避難民が上陸した。彼らが肌身離さず握りしめていたのが、リトアニアの都市カウナスにある日本領事館の杉原千畝《ちうね》領事代理が外務省の命令に背き、離任の最後の瞬間まで発給し続けた日本の通行ビザだった。彼らは日本を経由してアメリカや上海、パレスチナなどへと渡っていった。

列車が敦賀駅に到着したとき、日はすでにとっぷり暮れていた。四人は港近くの熊谷ホテルに宿泊した。木造二階建ての建物は「ホテル」というには古びていて、狭い階段は上るときぎしぎしと音を立てた。四人は大久保と荒木、長男と甥との二部屋に分かれて宿泊した。

翌朝、大久保と荒木の部屋は煙草の煙がもうもうと立ち込め、灰皿は吸殻でいっぱいだった。二人は戦況と日本の行く末について、一睡もせず朝まで語り明かしたのだった。

大勢の見送り客でにぎやかだった東京駅とは打って変わって、敦賀港には見送りの人もほとんどいなかった。

午後三時過ぎ、ウラジオストック行きの連絡船「天草丸」は静かに岸を離れ、冬の日本海に吸い込まれていった。見送りの三人は次第に小さくなっていく船の姿を、無言のままじっと見つめていた。灰色の冬の日本海は、そのまま日本の行く末を暗示しているようだった。

その夜、大久保はなかなか寝付けなかった。桟橋でいつまでもハンカチを振る長男の姿が頭から離れない。大久保にとって初めての単身赴任だった。船室にいると寂しさが募るので、食堂に行って、陸海軍の武官たちと話をして気をまぎらわした。そのなかに、スウェーデンに赴任する陸軍の小野寺信《まこと》大佐もいた。

翌朝、天草丸は漂流する船員五人を発見し救助した。五人は乗っていたソ連船が遭難した後、一二日間も漂流し、その間何も食べていないと語った。

生い立ち

大久保利隆は一八九五年（明治二八年）八月三日、大久保利貞《としさだ》と妻奈加《なか》の七男、末っ子として大阪で生まれた。その後、短期間名古屋と奈良に住んだ後、両親の郷里である鹿児島県鹿児島市の冷水《ひやみず》町で育った。「利隆」という名は、父利貞が敬愛する西郷隆盛から「隆」の字をもらったものだった。利隆には上に兄が六人、姉が二人いたが、次兄、三兄、四兄は養子に出されている。この頃、跡取りの男子がいない家は養子を取ることが多かった。男の子を産むたびに養子に出されてしまうので、五男と六男は手元で育てたいという奈加のたっての願いで、二人は養子には出されなかった。ところが幼くして相次いで疫痢で死んでしまった。その後に生まれたのが利隆だった。両親は大層喜び、利隆をとてもかわいがった。

　一家は軍人一家だった。父利貞、長兄徳二、次兄（弓削《ゆげ》）満二、三兄（山田）四郎ともに陸軍の軍人だった。父利貞の初陣は一七歳のときで、一八六三年（文久三年）の薩英戦争に山手鉄砲隊の一員としてイギリス軍艦への斬り込み隊に参加した。以後、鳥羽・伏見の戦い、越後の戦いに参加。越後の戦いで薩摩十番隊の隊長を務めて負傷し、新潟県小千谷の慈眼寺で療養した。明治新政府では長野県で公職に就いたが、西郷隆盛が鹿児島で私学校を興したと知ると、上京して大久保利通内務卿の許可を得て職を辞し、鹿児島の西郷のもとにはせ参じた。その後海軍を経て、日清戦争では仙台第二師団の参謀長として旅順、威海衛《いかいえい》、台湾で戦った。

大久保利貞

大久保奈加と利隆

　利貞は武人らしい豪放磊落《ごうほうらいらく》な性格で、大変な酒豪だった。書の達人でもあり、鹿児島県内には利貞が揮毫した碑がいくつか残っている。鹿児島市城山の西郷隆盛洞窟に建つ「南洲翁洞中紀念碑」、西郷隆盛終焉の地に建つ「南洲翁終焉之地」、また山田村（現在の姶良《あいら》市）から日露戦争に従軍した兵士の無事の帰還を祝して建立された「山田の凱旋門」などだ。「南洲翁洞中紀念碑」の背面には当初、「陸軍中将大久保利貞」の名が刻まれていたが、太平洋戦争直後の戦争に対する反動から、軍人である利貞の名は塗り消されてしまった。利貞の父、勘兵《かんべ》衛《え》利武《としたけ》は、大久保利通と従兄弟の関係にあった。

一九〇四年（明治三七年）、日露戦争が勃発すると、日本はロシア相手に大苦戦した。利貞はすでに退役していたが大山巌《いわお》元帥に呼び出されて師団に相当する「大久保支隊」を編成。奉天会戦で激戦の末に勝利をあげ、その功労により男爵を授与するという申し出を受けるが、なぜか辞退している。晩年は西郷隆盛を偲び、写経に勤《いそ》しんだ。

日本軍大苦戦を伝える報道、そして父のような退役軍人まで召集されたことに、小学生だった利隆もロシア軍の強さと戦況の厳しさを感じ取り、日本は負けるのではないかと不安になった。

翌年に終結した日露戦争は形の上では日本の勝利とされている。だが実際にはロシア側が社会主義革命運動によって国内が大混乱し早期の戦争終結を希望したためであり、長引いていれば国力で劣る日本に勝ち目はなかった。しかしそうした事情は国民には知らされず、勝利を祝って日本各地で盛大な提灯《ちょうちん》行列が行われた。アメリカのあっせんによりポーツマスで講和条約が締結されたが、日本は賠償金を得ることはできなかった。多額の増税に耐えて戦争を支え、日本の大勝利と聞かされてきた国民は不満を爆発させ、東京の日比谷では焼き討ち事件も発生した。

小学校を卒業した利隆は鹿児島一中に進学した。そして親友となった有馬正文《まさふみ》とともに、海軍に入ることを夢見た。有馬は中学卒業を待たずに海軍兵学校に合格して進学し、大久保に書き送った、「貴様も早く兵学校に来い」。海軍兵学校の入学試験に鉄棒があった。そのために練習をしていた利隆は、ある日鉄

大久保利貞揮毫の
西郷隆盛洞窟の石碑

棒から落ちてアキレス腱を切ってしまう。海軍の夢はあきらめざるをえなかった。

利隆は方向転換して役人を志すことにした。鹿児島一中の卒業生は第七高校に進学する者が多く、日米開戦時と終戦時に外務大臣を務めた東郷茂徳《しげのり》もこのコースだ。だが利隆は、東京にある第一高校を受験した。この年鹿児島一中から一高を受験したのは二名だけだった。試験の日、利隆は大遅刻をした。てっきり落ちたものと思い、合格発表を見に行ったときも、まず同級生の名前を探し、見つけると、「やはりあいつは合格したか」と満足して帰ろうとした。しかし「待てよ。せっかく来たのだから、俺の名前も探してみよう」と探してみたら、自分の名前もあったので驚いた。このときの大遅刻から、約束の時間よりも大幅に早く行くことが生涯、利隆の信条となった。

一九一四年（大正三年）春、利隆は上京し、第一高等学校に入学する。この頃、数字を冠した高校は全国に一高から八高まで八校あり、その中で一高は唯一の全寮制だった。校長は新渡戸稲造や天野貞祐《ていゆう》など、いつ文部大臣になってもおかしくないような人物だったが、寮の空気は自由闊達で、寮生たちは全寮茶話会で公然と校長を批判したり、寮費が月六円の割には飯がまずいと、六人用のテーブルをひっくり返す「まかない征伐事件」を起こしたこともあった。同級生の中には、後に政治家となり、日米開戦時に商工大臣、戦後は首相となり、「昭和の妖怪」と呼ばれた岸信介もいた。

利隆が一高に入学した年、陸軍を退役後、霧島神宮の宮司を務めていた父利貞が七二歳で他界した。同じ年、ヨーロッパでは第一次世界大戦が勃発した。

高校時代、大久保は生涯の趣味となる音楽に出会う。当時クラシック音楽は「西洋音楽」と呼ばれ、日本の一般市民にはまだなじみの薄いものだった。大久保はこの目新しい音楽の虜《とりこ》になった。

一高を卒業し、東京帝国大学法学部に進学した大久保は外交官を志すようになっていた。外国語はフランス語を専攻した。日清戦争で戦死した長兄徳二がフランスに留学したことがあったからだった。学友たちの間で大久保は音楽通として知られ、フルートを手に入れて吹いてみたりした。

大学の友人の中に同じ外交官を志す野尻清彦がいた。しかし、もともと外交官が親の希望だった野尻は勉学に身が入らず、演劇にのめり込んだ。そして劇団を設立し、女優と出会って結婚。生活費を得るために小説を書き始めた。これが大ヒットし、野尻は小説家の道を進み始める。ペンネームは鎌倉の大仏の近くに住んでいたことから、大佛《おさらぎ》次郎とした。二人は生涯の友となり、後に失職して困窮する大久保を野尻が助けている。

一九一八年、人類史上初の世界大戦はようやく終結し、敗戦国ドイツと連合国との間にヴェルサイユ条約が締結された。戦争の反動から平和を求める気運が国際的に高まり、アメリカのウィルソン大統領の提唱によって国際連盟が創設され、本部がスイスのジュネーブに置かれた。

大学在学中に外交官高等試験に合格した大久保は、一九二一年（大正一〇年）、卒業と同時に外務省に入省した。同じ年、母奈加が七一歳で亡くなった。

初仕事

世界大戦中、イギリスがドイツに宣戦すると、日本は日英同盟を根拠にドイツに宣戦し、中国大陸のドイツの拠点だった青島《チンタオ》を攻略した。さらに中国の袁世凱政権に対し、いわゆる「二一カ条の要求」を突きつけ、中国東北部、内モンゴル、華北地方を事実上日本に隷属させることを要求した。ヨーロッパの大国は戦争中のため手出しができず、中国は日本の要求をのまざるをえなかった。日本は自らの要求を通したものの、国際的な信用を落としてしまった。当然ながら中国国内では反日の気運が高まった。

大久保が外務省に入省したのは、そのような頃だった。配属先はアジア局第一課。重要な外交案件を一手に引き受けていた部署だ。

入省から一か月ほどが経った日、大久保が書類を持って課長室に入ると、重光葵《まもる》条約局第一課長をはじめ、アジア局と条約局の局長・課長クラスの人々が一様に沈痛な面持ちでうなだれていた。

「何ごとかあったのですか？」

大久保が尋ねると、川越アジア局第三課長が教えてくれた。

「とうとう来たんだよ。日英同盟の廃棄通告が……」

イギリスはこの頃日本が国際会議の場で唯一頼りにしていた国だった。二一カ条要求で国際的な信用を落とし、アメリカを仮想敵国とした大規模な艦隊整備計画、「八・八艦隊」によってアメリカに脅威を与えていた日本にとって、国際舞台で頼りとなるのは日英同盟だった。頼みの綱とする日英同盟の破棄は、列強との交渉の場で日本が孤立無援となることを意味した。

電話が鳴った。大久保が取ると、国策通信会社の同盟通信からだった。「アメリカ政府は、海軍軍縮と中国の諸問題についてワシントンで列強会議を招集する」という内容だった。大久保が課長室に入って電話の内容を伝えると、先ほどまでうなだれていた上司たちの表情が一変した。一堂、何やら急に元気が出たような感じだった。いよいよ国難来たる、と腹をくくったのかもしれない。

ワシントン軍縮会議に向けた、対華二一カ条問題の調書作成が、大久保の初仕事となった。調書を作成しながら大久保は初めて、日本外交が直面する現実をまざまざと学ぶことになった。

翌一九二二年、ワシントン海軍軍縮条約が調印された。世界大戦後の平和の風潮に乗っ取り、軍拡競争抑制のため、英米日仏伊の主力艦の保有比率が、五：五：三：一・六七：一・六七と定められ、伝統的な海上王国イギリスと新興国アメリカの比率が同率になった。会議で全権を務めた幣原喜重郎《しではらきじゅうろう》外相は国際協調外交を進め、そのために妥協や譲歩も行った。幣原外交は国際的には賞賛され、「日本外交の成功は一〇〇%」と称えたアメリカの新聞もあったが、日本国内では「軟弱外交」と批判された。
この頃の日本の外交について、大久保は次のように振り返っている。

日清戦争後の三国干渉で苦杯をなめた日本の外交は、その後日英同盟が唯一の頼りであった。日露戦争終結に対する日本の軍の態度も、よく止るところを知る適切なものであった。しかし二十一カ条要求頃からの日本外交は次第に常軌を逸して来た。すなわち中国に対する独占的な支配欲である。日本が中国の人的物的資源を独占的に利用するようなことになることは米国にとっては一大脅威であり、米国が絶対にこれを阻止しようとするのは当然である。

（『回想』）

結婚とベルギー赴任

一九二九年、ニューヨーク市場で株が大暴落した。これに端を発した金融恐慌はまたたく間に世界中に波及し、各国で銀行や企業がばたばたと倒産した。都市は失業者であふれ、影響は農村部にも広がった。アメリカを最大の輸出市場としていた日本も、例外ではなかった。

世界では恐慌の嵐が吹き荒れ、日本国内では、ロンドン海軍軍縮会議で日本の補助艦の保有率がアメリカ・イギリスの七割と定められたことに海軍などが猛反発していた頃、大久保は書記官としてベルギーに赴任することになった。戦前、日本の在外公館のうち大使館が置かれていたのはアメリカ、イギリス、フランス、中国など一部の重要国のみであり、多くは公使館だった。しかしベルギーは日本の皇室と関係が深いことから、例外的に大使館が設置されていた。

一九三〇年（昭和五年）三月、出発を控えた大久保は、カナダサン生命保険会社の関西支部長を務める

荒木和一

荒木和一《わいち》の次女数美《すみ》と見合いをした。荒木は若い頃、大阪の心斎橋で輸入雑貨店の「荒木商店」を営み、欧米で蓄音機やレントゲン写真、映写機などといった目新しい商品を見つけてきては輸入し販売していた。発明王トーマス・エジソンに直談判し、発明されたばかりの投影型映写機を輸入し、苦労の末、一八九六年（明治二九年）に大阪難波で日本初上映した。「活動写真」という訳語も考案したとされる。独学で複数の外国語を習得し、一九二二年のウィンザー英皇太子訪日、一九三二年の国際連盟リットン調査団の大阪訪問の際に通訳を務めたほか、英俗語辞典の出版や古書の収集も手がけた。

数美は大久保より九歳年下で、フランス語の素養があり、性格は大久保と対照的でおっとりしていた。縁談は、名古屋での荒木の活動写真興行を、幼かった大久保が偶然見ていたことで盛り上がり、二人が一度顔を合わせただけであっという間に決まった。大阪での結婚式の当日、数美は夫となる男性の顔をすっかり忘れてしまっていた。「どんな顔やったかな……」、数美は横目で隣にいる大久保の顔をちらりと見やって思った、「そうか、こんな顔やったか…」

数美は人一倍、地震に敏感だった。一九二三年九月一日、横浜港から渡米する長兄の有三夫妻を見送るため、父和一、次兄正清《まさきよ》とともに大桟橋にいたときに関東大震災に遭い、九死に一生を得たからだった。

正午に出港予定だったエンプレス・オブ・オーストラリア号が大桟橋を離れようとしていたまさにそのとき、激しい横揺れに続いて、突き上げるような縦揺れが襲った。数美は船が桟橋に衝突したのかと思った。写真を撮っていた正清ははずみで海に転落したが、自力で這い上がってきた。港内に停泊していた船はすべて、津波を恐れ、大急ぎで港外へと避難していった。崩れた桟橋でしばし途方にくれていた三人は、港内にたった一隻ぽつんと残っていた船に逃れた。エンジン故障で動けなかったフランスの貨客船アンドレ・ルボン号だった。だが、助かったと思ったのもつかの間、周辺のタンクから流出した重油に火がつき、折からの強風にあおられて、炎は徐々に船に迫ってきた。フランス人船長は、「せっかく皆さんを助けましたが、あの火が来たらもうだめです」と言う。甲板の被災者は泣きながら着物の帯を解き、海に飛び込む覚悟を決めた。やがて皆の祈りが通じたのか、炎は次第に船から遠ざかり始めた。風向きが変わったのだ。船上の人々は大歓声をあげて抱き合い、涙を流して喜び合った。アンドレ・ルボン号は約二〇〇〇名もの被災者を救助し、フランス語が堪能だった和一は被災者の取りまとめ役となり、下船する際には帽子をまわして船長への感謝の拠金を募った。

ヨーロッパへ向けて旅立つ日、数美の荷物はベージュ色のスーツケース一つ。中には洋服と下着がそれぞれ三着ずつ、それに畳の上で履き慣らした靴だけだった。

ソ連の広大な草原を走るシベリア鉄道の道中を、大久保は数美にフランス語の動詞の活用を叩きこむのに費やした。活用を間違えるたびに怒られ、数美は「えらいところに嫁に来てしまった」と後悔しそうになった。独身時代が長かった大久保は、途中駅ではホームに数美を残し、一人でさっさと列車に戻ってしまった。発車ベルの音もなく走り出した列車に、あわてた数美の腕を乗員がつかんで列車に引っぱりあげるという一幕もあった。

ベルギーの大使は佐藤尚武《なおたけ》（終戦時にソ連大使、戦後は参議院議長）、参事官は芦田均（戦後に首相）だった。仕事は忙しかったが、時代は平穏で、大きな出来事といえば、昭和天皇の弟である高松宮夫妻のベルギー訪問と、国民に絶大な人気のあった国王アルベール一世が趣味の登山中に滑落死したことくらいだった。数美の妹、和子がベルリンでシュナーベルにピアノを師事しており、姉夫婦がブリュッセルに来たことを喜んで週末や休暇ごとに遊びにやって来た。数美にとっても慣れないことばかりの生活の中、妹の訪

ベルギー大使館時代。左から、本野書記官、大久保、一人おいて芦田参事官、佐藤大使

1930年夏、高松宮夫妻のベルギー訪問。最前列左よりレオポルド三世皇太子（後の国王）、アストリッド妃、高松宮、右端喜久子妃

1931年、左より大久保、数美、長男利宏と荒木（後の青木）和子

問は唯一の安らぎだった。翌一九三一年（昭和六年）一月、待望の長男が誕生し、利宏《としひろ》と命名された。

満州事変

しかし、時代は次第にきな臭くなっていた。この年の九月一八日、日本の関東軍は中国東北部の柳条湖で南満州鉄道を爆破し、これを中国軍のしわざだとして軍事行動を起こした。満州事変である。政府はこれ以上軍事行動を拡大させないという方針をとったが、関東軍はこれを無視して拡大させ、国内の世論もこれを支持した。翌年三月、日本は傀儡《かいらい》国家満州国を建国し、清朝最後の皇帝だった溥儀《ふぎ》を執政に据えた。

1934年、ニューヨークのエンパイア・ステート・ビル102階の展望デッキにて。大久保夫妻と長男

柳条湖での爆破事件について中国は国際連盟に訴えを起こし、これを受けてイギリスのリットン伯爵を団長とする調査団が現地に派遣された。その調査結果に基づき、一九三三年二月、国際連盟総会で、「満州事変は日本の謀略である」、「満州は独立国として認められず国際管理下に置くべきである」、そして「日本軍は撤退すべきである」ことが提案され、採択された。日本はこの提案を拒否。妥協を模索したが、結果的に国際連盟を脱退した。このときの日本の首席全権は、後に外務大臣となる松岡洋右《ようすけ》だった。

一九三四年、大久保はベルギー勤務を終え、フランスのルアーブルから客船マンハッタン号に乗り、帰朝の途についた。「帰朝」とは「帰国」を意味する外務省用語である。大西洋では二〇年に一度と言われる大しけに遭い、船は波間を漂う木の葉のように激しく揺れた。乗客は皆船酔いで船室に引きこもり、関散とした食堂では食器やカトラリーが床になだれ落ち、けたたましい音をたてた。大久保の幼い長男も船室の片隅でうずくまっていた。

ニューヨークに二泊した後ワシントンに移動し、大久保は日本大使館に斎藤博大使を訪ねた。

「今夕、キャッスル国務次官が晩餐《ばんさん》に来るから君も来ないか」

斎藤大使に誘われ、大久保は急遽《きゅうきょ》晩餐会に出席した。食事が終わりブリッジが始まると、キャッスル次官と大久保の二人があぶれてしまった。大久保はこのときとばかり、次官の横に座り、日米関係に関するアメリカ国務省の考えを尋ねてみた。最初は遠慮がちに語っていたキャッスル次官は、やがて日本軍の対中政策を批判し始めた。日本の軍部と外務省との意見が異なることを知っていたからだ。次官の一連の言葉の裏には、「満州国の存在がどうしようもなくなった今、日米間には戦争の原因となるものは何もない」というニュアンスが感じとれた。

満州国は国際連盟では独立国として認められなかったが、徐々に承認する国や国書を交わす国が現れてきた。

満州事変の落着は一応軍の外交の成功という錯覚を国民に与えてしまった。明治の軍閥のように止まるところを知る慎重さがあったら、それでも致し方なかったであろう。何れにしても外交らしい外交はこれで終わってしまったといってよいであろう。

（『回想』）

満州事変以降、外交より軍が優先されるようになった。外務省と在外公館との間の電報はすべて軍部にも送るのが通例となり、陸軍大臣の机の上には毎朝外務省からの電報がうず高く積まれるようになった。しかし在外武官から陸海軍省への電報は、基本的に外務省には送られなかった。

二・二六事件で首相官邸に

一九三四年（昭和九年）、岡田啓介海軍大将を首相とする内閣が成立した。岡田首相は、ロンドン海軍軍縮会議では「軍拡による英米との戦争を避け、国力の充実に努めるべき」とのスタンスを取り、海軍内の意見を取りまとめ、条約の締結に貢献した。総理大臣秘書官には、大蔵官僚の迫水久常《さこみずひさつね》が就任した。迫水は岡田の娘婿で、大蔵省きっての切れ者でもあり、その手腕を見込まれての抜擢だった。迫水はまた、大久保の甥でもあった。

岡田内閣で大久保は外務省から出向し、総理大臣秘書官に任命された。海軍軍縮問題において内閣と外務省と間の連絡を円滑にするためのポストであり、岡田首相に付いて国会の委員会に出かけることが多かった。

国外では軍縮問題、満蒙問題、国内では農村の疲弊という問題を抱え、内憂外患の日本では過激な思想が広がっていった。

そして起きたのが、二・二六事件だった。一九三六年（昭和一一年）二月二六日、陸軍の青年将校率いる兵士約一四〇〇名が、国家改造を求めて首相官邸や警視庁を襲撃。高橋是清蔵相、斎藤実《まこと》内府、渡辺錠太郎陸軍教育総監らを殺害した。鈴木貫太郎侍従長、牧野伸顕《のぶあき》前内府らも襲撃を受けたが、九死に一生を得た。東京の中心部は若い反乱軍兵士によって制圧された。子どもたちは急遽学校から自宅に帰され、首都は緊迫した空気に包まれた。雪の降る日だった。

官邸で就寝中だった岡田首相は、間一髪で難を逃れた。反乱軍兵士は官邸にいた松尾伝蔵陸軍大佐を殺害し、その遺体を岡田首相のものと勘違いした。松尾は岡田の義弟で、義兄が首相に就任すると、「役に立ちたい」と官邸に住み込み、無給で身辺警護にあたっていた。

丹生誠忠

迫水久常

官邸の向かいに寝泊まりしていた迫水秘書官は、反乱軍兵士がうろつく首相官邸に潜入し、岡田首相が存命で女中部屋の押し入れに身を隠していていることを知ると、救出作戦をひねり出す。迫水はまた、叔父の大久保に電話をかけ、直ちに官邸に来るよう依頼した。自宅に迎えの車が到着すると、大久保は家族に「しばらく帰れない」とだけ告げて、車に乗り込んだ。

日本の中枢を震撼させたクーデターも、わずか数日のうちに鎮圧された。七月には軍法会議で、決起した青年将校らに対する判決が下された。叛乱罪で一六人に死刑判決が下った。

二・二六事件は、大久保にとって二重の意味で衝撃的な事件だった。首相官邸で、殺害された松尾大佐の遺体を迫水らと棺に納めるなどして凄惨な現場を目にしたからだけではなかった。

反乱を指揮した青年将校の中に大久保の別の甥がいたのだ。大久保には姉が二人いた。二人は男の多い九人兄弟の中の二人だけの姉妹だったため、大層仲が良かった。迫水久常は長姉歌子の息子だった。そして次姉広子の息子が丹生誠忠《にゅうまさただ》中尉だった。丹生は首謀グループの一員ではなかった。しかし一個中隊を動かせる立場にあり、無類の酒好きだった丹生は、首謀者の安藤大尉と栗原中尉から何度もただ酒をふるまわれ、断れなくなってしまった。それでも「殺生はしたくない」と強固に主張したため、丹生が率いた部隊は陸軍省を包囲したものの、襲撃はしなかった。その丹生への判決も死刑だった。

刑執行の前日、面会が許され、大久保は獄中の甥を訪ねた。大久保が帰ろうとすると、丹生が言った。

「おじさん、安藤にも会っていってください」

大久保は思わずどなった。

「ばかものっ！　お前の母がどれほど悩んでいるのか、わかっているのか！　安藤になど会えるかっ！」

同じ日、迫水も丹生に面会している。丹生は岡田首相が存命だったことについて従兄に言った。

「岡田の伯父さん、生きていらしたそうですね。本当《ほんとー》によかったと思います。救われた感じがします」

「本当に」のところを長く伸ばしながら、丹生は言った。

鹿児島から上京し、東京で肩を寄せ合うように暮らしていた親族に、二・二六事件は深い傷を残した。以後、大久保は「一体首相官邸で何をしていたのですか？」と何度長男が尋ねても、「言いたくない！」と言って生涯一言も語らなかった。

二・二六事件の後、岡田内閣は解散し、大久保は外務省勤務に戻った。

盧溝橋事件――大戦争を直感

二・二六事件以降、軍部の発言力はますます強まり、内閣はめまぐるしく入れ替わった。本来外務省が一元的に担うはずの外交も、軍が独自の外交を行うようになり、さらに軍も陸軍と海軍とがそれぞれ独自に外交を行った。

一九三六年（昭和一一年）にはワシントン軍縮条約が失効。ロンドン軍縮条約からも脱退した日本は、国際社会で孤立を深めた。

一九三七年（昭和一二年）、第一次近衛文麿内閣が成立した直後の七月七日、日本軍は北京郊外の盧溝橋で中国軍と衝突した。発生直後は「盧溝橋事件」と呼ばれたこの武力衝突を、数日後政府は「北支事変」

と表現。近衛首相は「この事件をもって事変とす」と宣言した。「事変」とは、宣戦布告こそないが実質的な紛争や戦争を意味する。近衛首相の宣言に、大久保は直感した。

「大戦争になる！　東京は焼け野原になるぞ！」

すぐさま住んでいた青山から郊外への引っ越しを決め、家探しを始めた。そして五か月後、年が終わる頃には引っ越しを終えていた。新居は世田谷区北沢（現在の代沢）。帝都電鉄（現在の京王井の頭線）の池之上駅から歩いて五分ほどだった。この頃の井の頭線はまだ単線で、線路の両脇は麦畑だった。池之上駅も駅前に商店はなかった。駅から遠方に家が二軒見え、そのうちの一軒が大久保の購入した家だった。「東京は焼け野原になる」という大久保の直感は、八年後に的中する。

近衛内閣は中国との戦争については不拡大の方針をとった。しかし現地の日本軍はこれを無視して戦闘を拡大させ、一二月には南京を占拠。その際多数の市民を殺害した。

明けて一九三八年（昭和一三年）一月、近衛首相は「蒋介石を相手にせず」と勇ましい宣言をする。これは日中戦争の解決については中国国民党の指導者である蒋介石を交渉相手としないことを意味し、この宣言によって日本は戦争解決の道をふさいでしまうことになった。

日独伊防共協定の成立

その頃ヨーロッパにおいて、同じように軍事力を伸ばし国際的孤立を深めている国があった。第一次世界大戦で敗北し、多額の賠償金によるハイパーインフレにあえいでいたドイツだ。世界恐慌が追い打ちをかけ、国民は苦しい生活から極右思想に走った。一九三三年、アドルフ・ヒトラー率いる国家社会主義ドイツ労働者党、いわゆるナチ党は、選挙によって政権をとると、敗戦によって課せられていた再軍備禁止を無視して再軍備に着手。兵役義務も復活させ、軍備平等権を主張して国際連盟を脱退した。

一九三八年には同じドイツ語圏のオーストリアを併合。さらにチェコスロヴァキア領内のうち、ドイツ系住民の多いズデーデン地方の併合も要求した。この要求に対し、イギリス、フランス、イタリアの首脳がドイツのミュンヘンでヒトラーと会談することとなった。

「また世界大戦が始まるのではないか…」

ヨーロッパの日本公館から東京の本省に、懸念する電報が続々と届いた。

ところが大方の予想に反し、英仏伊の首脳は、これ以上領土を要求しないことを条件にズデーデン地方のドイツへの割譲を認めてしまった。戦争の危機が去り、ヨーロッパは一息ついた。「ミュンヘン宥和」である。

しかし領土拡大の野心に燃えるヒトラーは、約束をあっさり反故《ほご》にした。チェコスロヴァキアを東西に解体して東半分のスロヴァキアを保護国とし、リトアニアからメーメル地方を奪い取って併合。さらに、ポーランドに対し、ヴェルサイユ講和条約でポーランド領となったポーランド回廊とダンチヒの返還を要求した。ポーランドはイギリスとフランスの支援をあおいだが、両国の反応は鈍かった。ヨーロッパは再び緊張に包まれた。

「ドイツ軍がポーランドとの国境近くに集結している」

またもヨーロッパの日本公館から、緊迫した電報が東京に届いた。大久保は同期入省の中でも、一番の親友である松本俊一（後に外務次官、戦後は衆議院議員）と会って意見交換をした。今度はミュンヘン宥和のような奇跡は起こらないだろうというのが、二人の一致した意見だった。

ヨーロッパにもう一か国、領土的野心を燃やし、国際社会から孤立しつつある国があった。一九二二年にファシスト党のムッソリーニが政権の座に就き、一党独裁体制を構築していたイタリアだ。ムッソリーニのイタリアはユーゴスラヴィアのフィウメ地方を併合し、アルバニアを保護国化。一九三五年には東アフリカのエチオピアにも侵入し、国際連盟決議を無視して征服してしまった。

国際的に孤立し、パートナーを求めていた三か国は、引き寄せられるように接近し始めた。中国に軍事援助をしていたドイツは、日本に配慮して中国から軍事顧問団を引き揚げ、満州国を承認した。

一九三六年（昭和一一年）、日本とドイツは反共産主義を掲げ、ソ連を仮想敵国とした防共協定を締結。翌年、大久保が条約局第一課長に異動となった年、これにイタリアが加盟し、日独伊防共協定が成立した。

泥沼の防共協定強化問題

その後ドイツは、防共協定を強化し、仮想敵国にイギリスとフランスも加えた軍事同盟に格上げしようとたびたび日本に提案してきた。この提案を受け、日本では条約案を検討する首相、陸相、海相、外相、蔵相による「五相会議」が何度も開かれた。

条約案の作成は外務省条約局の担当である。この頃条約局は第一課、第二課、第三課に分かれ、第一課が条約の起草、解釈、締結、批准、公布、編纂、調査、廃棄という中心的業務を担当していた。

千九百三十七年「ファッショ」暦十六年十一月六日の日、「伊、日、獨防共協定」調印の記念として贈呈す

伊太利亞國王兼エチオピア皇帝陛下の大使ヂァチント・アウリッチ

條約局第一課長
大久保利隆貴下

L'AMBASCIATORE DI S. M. IL RE D'ITALIA
E
IMPERATORE D'ETIOPIA
GIACINTO AURITI
OFFRE QUESTA MEDAGLIA
Al Sig. Toshitaka OKUBO, capo della Ia sez. della Direzione Trattati del Gaimusho
IN RICORDO DELLA FIRMA DEL PATTO ANTICOMUNISTA
ITALO-NIPPO-TEDESCO

6 NOVEMBRE 1937 XVI E. F.

Auriti

1937年、イタリアの防共協定加盟記念

条約局の局長は三谷隆信、第一課長は大久保だった。しかし三谷局長も大久保も、「中国との戦争が泥沼化している中、ドイツと軍事同盟を結べば、日本はヨーロッパの戦争にまで巻き込まれ大戦争になってしまう」として防共協定の強化には反対だった。大久保は部下の下田武三（戦後は外務次官、プロ野球コミッショナー等）らとともに条約案を作成した。三日三晩徹夜したこともあった。

外務省、陸軍、海軍それぞれが条約案を提出し、検討会議が重ねられた。大久保が中心となって作成した外務省案は、ドイツが第三国と戦争に入っても日本は自由に自らの行動を決められる余地を残した、拘束力の弱いものだった。そのため、会議では常に軍事同盟化に積極的な陸軍側の反対に遭った。ある日、陸軍と海軍の意見が対立したので、大久保は「アメリカの重工業力、生産力を十分考慮しなければならない」と力説した。同盟がアメリカを仮想敵国としているのは明白であり、締結すれば対米戦争のリスクが高まる。戦争となれば、どの国も国を挙げて軍備増強に取りかかる。日本とアメリカは海軍力に限ればこの時点ではまだそれほど大きな差はなかった。しかし開戦となれば、アメリカはその巨大な経済力を背景にフルスピードで軍備を強化し、あっという間に日本を凌駕《りょうが》するだろう。

だが大久保の説明に陸軍側は強く反論した。

「アメリカの重工業力なんてことを考えていたら、何もできない」

これに対し同盟強化に消極的な海軍側からも何の発言もなかった。大久保は思った。三国同盟は何か絶対命令によって、ドイツの主張する形で、締結せざるをえないのではないか……。

防共協定強化問題は、五相会議が七〇回ほども開かれた。しかし陸相と他の四相との意見が対立し、何度開いても、いくら議論を重ねても結論が出ず、ついに棚上げになった。しびれを切らしたドイツは一九三九年五月、日本抜きでイタリアと軍事同盟を結んでしまった。

ヨーロッパ開戦と貿易省創設騒動

ところがあろうことか、反共産主義の旗印の下、ソ連を仮想敵国として日本とイタリアと手を結んだドイツは、一九三九年八月二三日、突如ソ連と不可侵条約を締結してしまった。ドイツの豹変ぶりに日本は天地がひっくり返るほど仰天した。陸軍は狼狽し、平沼騏一郎内閣は「欧州情勢は複雑怪奇」という有名な言葉を残して総辞職してしまった。

ソ連と不可侵条約を締結したドイツはその直後の九月一日、ポーランドに攻め入った。条約には、両国でポーランドを二分割しようという密約がついており、それに従っての軍事行動だった。その裏には、イギリスとフランスは介入してこないだろうという読みがあった。しかしヒトラーの読みに反し、英仏両国は直ちにドイツに宣戦。ヨーロッパは再び戦火に見舞われることになった。

一方の日本は、その四か月ほど前から、満州とソ連との国境近くのノモンハンでソ連軍と戦闘状態にあった。「ノモンハン事件」と言われているが、実質的には戦争だった。精鋭とうたわれた関東軍はソ連の戦車部隊に完膚なきまでに完敗し、日露戦争に続きソ連軍の底力と脅威を改めて日本陸軍に印象付けるものとなった。しかしヨーロッパで再び戦争が勃発したことで、日ソは停戦協定を結ぶことになった。

> かくて九月三日には、第二次欧州大戦が始まり、九月一五日には、日本陸軍の肝を冷やしたノモンハン事件も停戦協定が成立した。かくしてわれわれ外務官僚は、うまく行けば世界戦争から日本は免れるのではないかという一時的な安堵感を得たのである。
>
> （『回想』）

平沼内閣の後を継いだのは、阿部信行陸軍大将の内閣だった。阿部内閣は「欧州戦争不介入」の方針をとり、中国問題をめぐって悪化していたアメリカとの関係改善を図るため、親米派の野村吉三郎海軍大将を外務大臣に起用した。野村は一九三二年に上海で開かれた天長節の祝賀会で爆弾テロに遭い、右目を失って、義眼を入れていた。

この阿部政権時代、外務省全体を揺るがす一大騒動が起きる。

九月二六日、「貿易省創設案」なるものが閣議に提出されたのだ。世界経済はブロック化が進み、世界恐慌により保護貿易主義が広がっていた。日本の中国進出は、国際社会における日本のイメージを悪化させ、中国では日貨排斥運動が起きていた。追い打ちをかけるように、アメリカから日米通商航海条約破棄の通告が届いた。これを受けて、陸軍と貿易業界、そして右翼官僚の後押しにより「貿易省創設案」が提出されたのだ。その趣旨は、「苦境に立つ日本の貿易振興のため、貿易省を創設して、外務省と商工省の貿易業務を一元化しよう」というものだった。

貿易省の創設は、すでに対中外交など外交の多くの部分を軍に持っていかれてしまっている外務省にとって、通商外交も持っていかれることを意味した。外務省が骨抜きにされてしまう！　省内は蜂の巣をつついたような騒ぎになった。松島鹿夫局長をはじめとする貿易局の幹部は直ちに辞意を表明し、他の部局でも同調者が増えていった。

部課長一七名から成る「幹部会」が設立され、大久保も一員となった。幹部会は業務に支障をきたさないよう夕方から夜にかけて会合を開き、「外交一元化」を掲げて外交大権を守り、目的が貫徹できなければ全員辞表を提出すると覚悟を決めた。

しかし阿部内閣は貿易省設立を推し進めたので、外務省の課長級、事務官級のほぼ全員、百数十人が内閣書記官長に辞表を提出した。騒ぎは国外へも伝わり、在外公館から「進退をともにする」という電報が届いた。外務省全体が上へ下への大騒ぎをしているさなか、大久保は軍の友人からある情報を耳にする。

「外務省の中堅層が辞職した後に強硬派を補充し、軍部からも人員を出向させて、いわゆる霞が関の軟弱外交を一掃しようという動きがある」

これを聞いた大久保は、このとき人事課長だった松本俊一を急かせて、すべての辞表をいったん取り戻させた。

騒ぎの大きさに驚いた阿部内閣は貿易省創設案を取り下げたので、外務官僚も全員が辞表を撤回。半月に及んだ騒動は一件落着となった。とはいえ、一九四二年一一月には東條内閣の下で「大東亜省」が創設され、大東亜圏の外交は外務省の管轄から外されてしまう。

貿易省騒動で弱体ぶりを露呈した阿部内閣は、対米関係改善等でも成果をあげられず、わずか一四〇日足らずで崩壊。一九四〇年（昭和一五年）一月、米内光政海軍大将を首相とする内閣が発足した。

三国同盟の成立と脅し

ポーランドに攻め入ったドイツは、その後デンマーク、ノルウェー、オランダ、ベルギー、フランスにも侵攻し、またたく間にこれらの国々を征服してしまった。フランス軍は首都パリを守るどころか逃げ出し、一九四〇年六月、ヒトラー率いるドイツ軍はパリに無血入城した。フランスは南北に分断され、パリを中心とする北部はドイツの支配下に置かれた。南部にはヴィシーを中心とし、ペタン元帥を首相とするフランス政府が設立された。ドーバー海峡の対岸では、イギリスがドイツ軍の激しい空襲に息も絶え絶えだった。

ドイツ軍のめざましい戦果に、イタリアも日本もすっかり心奪われてしまった。イタリアはドイツに便乗する形で参戦した。日本のマスコミもドイツを礼賛し、「イギリスはドイツに屈伏し、ヨーロッパの戦争はドイツの勝利で終わるだろう」と書きたてた。そして「バスに乗り遅れるな！」のかけ声の下、お蔵入りしていた防共協定強化問題がゾンビのように復活し、ドイツとの同盟強化に反対する者は国賊のように非難されるようになった。

七月、陸軍の圧力によって親英米的な米内内閣が倒れ、国民に人気のある近衛文麿の内閣が再び成立した。陸軍大臣には東條英機陸軍中将が、外務大臣には国際連盟脱退時に全権を務めた松岡洋右が就任した。九月七日、ドイツのリッベントロップ外相の特使としてスターマーが来日すると、あれほど議論を重ねても結論が出なかった防共協定強化問題は、松岡外相の私邸において、わずかな人々の手によってあっという間に日独伊三国同盟となって締結の運びとなった。

担当であるはずの条約局は「かやの外」だった。前述したように、三谷条約局長も、第一課長の大久保も、防共協定の軍事同盟化には反対だった。このとき次のように脅されたことを、大久保は後年長男に明かしている。

「賛成しなければ、お前などハルビンの総領事館に飛ばして、外交官人生終わらせてやる」

領事とはいわゆる「ノンキャリア」であり、高等試験に合格して入省した「キャリア」組とは、歩むコースが全く異なる。つまりこの脅しは、同盟に賛成しなければノンキャリアに落として、二度と外交の表舞台に戻れなくしてやる、という意味だった。ハルビンの総領事館は、杉原千畝もロシア語を学んだところだ。その位置づけについて、大戦中ベルリンの外務書記生だった吉野文六の次の証言がある。

外務省にとってのハルビンというのは、ともかくロシアに直接送るには及ばない外交官を、まず白系（非ソ連系）ロシア人からロシア語を勉強しろと送る場所で、彼らの面倒をみるのが総領事館の役割だったんです。

（『私が最も尊敬する外交官』三一六頁）

九月二七日、ベルリンでドイツのリッベントロップ外相、イタリアのチアノ外相、日本の来栖《くるす》三郎大使により調印式が行われた。チアノ外相はその様子を日記に記しているが、その筆致は署名した本人とは思えないほど冷めている。

同盟が署名された。調印式は鉄鋼協約（筆者注・一九三九年五月に独伊が締結）に似ていたが、空気はもっと冷めていた。ベルリンの通りにいる群衆も比較的小さく、しかも主に学童たちだ。群衆は定期的に歓声をあげるが、あまり確信していない様子だ。日本は遠い。助けになるかは疑問だ。一つだけ確かなことは、戦争は長引くということだ。

（"The Ciano Diaries" p296）

調印を祝して、日本でも外務大臣官邸や帝国ホテルなどで祝賀会が催された。挨拶に立った松岡外相は、「日独伊三国は大東亜、及びヨーロッパにおける新秩序の建設で協力し、……全世界の国家と人民に永久の平和を協約せしむる」と演説した。祝賀会には大久保も出席したが、気が進まず、写真撮影のときには後ろの方で小さく写真に収まった。駐独大使でありながら、同盟の締結を知らされていなかった来栖大使は、職務として条約文書に署名した後、駐独大使を辞している。

三国同盟では、日本はヨーロッパにおける独伊の指導的地位を、独伊はアジアにおける日本の指導的地位を互いに認め合うこと、三国のいずれかが現在交戦していない他国から攻撃された場合には支援し合うことなどが取り決められた。三国同盟がアメリカを仮想敵国としていることは明白で、同盟の締結はアメリカやイギリスの対日姿勢を著しく悪化させた。

日本はまた東アジアと東南アジアにまたがる「大東亜共栄圏」構想を打ち出し、南方に進出したため、アメリカは初の対日経済制裁を発動し、日本を経済的に包囲し始めた。

辞令と密命

外務大臣に就任した松岡洋右は、「新時代の外交」を掲げた。それはつまり、松岡枢軸外交だった。大規模な省内人事異動が行われ、在外のほとんどの大公使、参事官、総領事約四〇人が帰朝を命じられた。「松岡人事旋風」と呼ばれるほどの大異動だった。

この「旋風」で大久保はハンガリーの特命全権公使に任じられた。ドイツの影響下にあったハンガリーは、一九三九年二月に日独伊防共協定に参加し、四月には国際連盟を脱退していた。辞令に際し大久保は、松岡外相から「三国同盟状況をハンガリーからウォッチせよ」という密命を受けた。

大久保はまた、ユーゴスラヴィア公使も兼任することになった。バルカン情勢の複雑さから、引き受け手がいなかったからだ。大久保は三等書記官としてイタリアに赴任していた時にたびたびバルカン地域に出張したので、多少知識があった。治安が悪いバルカン半島に出張するときには、スーツの下に防弾チョッキを着用し、内ポケットにピストルをしのばせていった。大久保はそのたびに寿命が縮まる思いがしたものだった。

同じ人事旋風で、三谷条約局長はスイスの特命全権公使に任じられた。条約局長といえば外務省の中核的ポジションで、在外勤務に転ずる場合は重要国の大使級で赴任するのが通例だった。同盟に反対した条約局トップとしての責任をとらされての、降格人事だった。三谷は東京駅を出発する時、「果たして無事再びこの地に帰れるのだろうか。帰れるとしても恐らく自由の身ではないだろうと思った」と記しているが、この予感は六年後に現実のものとなる。

大久保が辞令を受けたのは一〇月二八日だったが、ソ連の通行ビザがなかなか下りず、出発は遅れた。先述したように、この頃日本からヨーロッパへのルートは三つあり、そのうち敦賀―シベリア鉄道のルートが所要約二〜三週間と最短だった。このルートでは、ソ連の通行ビザが必要となる。しかし、ソ連は日本人にはなかなかビザを発給せず、何か月も待たされるのはざらだった。民間企業関係者では当初からシベリアルートはあきらめて、遠回りの太平洋―アメリカ―大西洋ルートで赴任する者もいた。

独ソ不仲説は英米の宣伝

二か月近くかかって、ソ連のビザが下りた。大久保は当初、妻と次男を連れていこうと思っていたが、ビザを待っている間に単身赴任へと考えを変えていた。独ソ関係が悪化の様相を呈してきたからだ。

不可侵条約を結んだドイツとソ連は、密約に従ってポーランドを二分割した。ドイツがポーランドに攻め込んで西半分を占領し、半年後、ソ連も攻め込んで東半分を占領した。しかし共産主義のソ連と、反共産主義を掲げて政権に就いたナチ党とはそもそも相容れない者同士だった。また、独ソどちらも領土拡大の野心に燃え、バルト海やバルカン地域という、戦略的に重要な地域をめぐって勢力争いを始めていた。

一九四〇年六月、ソ連はバルト三国のエストニア、リトアニア、ラトヴィアを併合し、ルーマニアに圧力をかけてベッサラビアと北ブゴヴィナ地方を手に入れた。このときドイツはフランスとの戦争のただなかにあり、火事場泥棒的なスターリンのやり口にヒトラーは激怒した。対するドイツは九月、フィンランドに領内のドイツ軍通過を認めさせ、ルーマニアにドイツ軍を送って軍事訓練にあたらせた。さらにハンガリー、ルーマニア、スロヴァキアに圧力をかけて三国同盟に加盟させた。

独ソ関係は緊迫し、ベルリンとモスクワの間で覚書の交換や大使の釈明が繰り返された。関係修復のため、一一月にはソ連のモロトフ外相がベルリンを訪問してリッベントロップ外相やヒトラー総統と会談したが、物別れに終わった。独ソ関係は急速に雲行きが怪しくなっていた。

こうした情勢から、大久保は単身赴任を決めたのだった。

年明け早々という出発の日取りも決まり、大久保は大橋忠一外務次官に赴任の挨拶に行った。次官室に入り、家族を日本に残していくことを告げると大橋次官は不思議そうに尋ねた。

「単身赴任するのか？」

「いずれドイツとソ連が衝突するでしょう。家族を連れて行くと足手まといになりますから」

大久保の返答に大橋次官は言った。

「独ソが仲が悪いというのは、英米の宣伝だよ」

この頃軍部をはじめとして、日本に都合の悪い情報はすべて「英米の宣伝」の一言の下に葬り去られていた。大久保は反駁したが、大橋次官は真剣に取り合わなかった。

このときヒトラーはすでにソ連侵略作戦の命令を下していたのだが、そんなことをまだ誰も知る由もなかった。

ブダペスト着任

東京駅を出発し、敦賀港から連絡船に乗った大久保らヨーロッパ赴任者一行は一月八日、ウラジオストック港に到着した。ウラジオストックはシベリア鉄道の始点でもある。八日出発の列車には間に合わず、一二日の夜まで総領事館の世話になった後、列車に乗った。ここから九日間、厳冬の平原をひた走る。列車の中で大久保はドイツ語の勉強をした。ハンガリーではドイツ語も使用されていたからだ。テキストを開きながら大久保は一一年前、やはりシベリア鉄道でベルギーに赴任したときのことを、なつかしく思い出した。あのときは数美にフランス語を教えたが、今度は自分がドイツ語を学んでいる……。大久保はふっと笑うと、窓の外へと目をやった。そこには白銀の平原が広がっていた。

モスクワ、次いでベルリンで列車を乗り換え、一月二八日、大久保ら五人はブダペスト東駅に到着した。他の四人は、井上益太郎一等書記官の妻子と、公使館付き料理人の海宝《かいほう》章夫妻だった。

ハンガリーではこの前日、外相のチャーキーが死去していた。その六週間前、チャーキー外相はユーゴスラヴィアを訪問していたが、食事の後、急に具合が悪くなった。直ちに帰国し入院したが、病状は重く、病室には「面会謝絶」の札が下げられた。それでもチャーキーは、ベッド脇に電話を置き、病室に書類を持ち込んで職務を続けようとした。だが懸命の治療もむなしく、腎不全により亡くなったのだ。

大久保はハンガリー到着早々、忙しい日々を送ることになった。到着の翌日にはハンガリー外務省に出向いて日本政府の哀悼の意を伝え、その翌日にはチャーキー外相の国葬に参列した。ブダペスト在任中、大久保は何度も国葬に参列することになるのだが、それはひとえに、ハンガリー情勢の複雑さを示すものだった。

ハンガリー誌に掲載された、ブダペスト到着時の大久保。右は井上夫人とその息子　（“Tolnai Világlapja” 1941.02.05）

その少し前の一月一五日、日比谷公会堂で、ある大物の壮行会が盛大に開かれた。会場には松岡外相をはじめとする外務省幹部のほか、南京陥落時に先頭に立って南京に入城した松井石根《いわね》大将など陸軍の幹部も顔をそろえていた。壮行会の主役は、日本の最重要同盟国ドイツに大使として再赴任する大島浩陸軍中将だった。連日連夜の壮行会の中でも、日比谷公会堂での壮行会はとりわけ盛大で、格式高いものだった。

戦前・戦中の日本の対ヨーロッパ外交を語る際、大島を抜きにして語ることはできない。

大島浩は大島健一陸軍大臣の長男として一八八六年（明治一九年）、岐阜県に生まれた。ドイツびいきの父から幼少時よりドイツ流を叩きこまれ、流暢なドイツ語とドイツ式の考え方を身につけていた。人柄は明るく闊達、竹を割ったような性格だった。

陸軍に入隊後、ドイツ駐在武官を二度経験。ドイツを愛し、ヒトラーを信奉していた大島は、「ドイツと命運をともにすることこそ日本の進むべき道」と信じ、日独両国の緊密化に邁進する。そして後にナチス・ドイツ外相となるリッベントロップと日独連携交渉に着手。だが交渉は両国政府の承諾を得ておらず、政府を飛び越えての暴走は当初問題視された。日独防共協定が締結されると、大島は武官から大使に任命された。その後、ドイツは防共協定を軍事同盟へと高めることを要望し、日本では延々と議論されるも結論が出ず、棚上げになった。一九三九年、独ソ不可侵条約が締結され、阿部内閣が「欧州戦争不介入、対米関係改善」の方針をとると、大島は帰朝を命じられ、依願退職した。

だが翌年、ドイツが西ヨーロッパに侵攻し快進撃を遂げると、日本では「バスに乗り遅れるな！」とのかけ声の下、防共協定強化の声が復活。ドイツのリッベントロップ外相の特使としてスターマーが来日すると、あれほどもめた防共協定強化問題は、松岡外相の私邸で通訳も介さず、交渉記録すら残さないまま、あっという間に日独伊三国同盟となって締結され、大島は再び駐ドイツ大使に任命された。この間の経緯について、大島自らが語るテープが、二〇二一年にNHKのBSドキュメンタリーで初公開された。最晩年のインタビューの中で大島は、来日したスターマーはまず自分のところにやってきたこと、自分がスターマーを松岡外相に引き合わせたこと、スターマーは同盟の成案を持って来たわけではなく、自分が松岡外相に頼まれて便箋のようなものに同盟の骨子案を書いて渡したことなどを語っている。

　壮行会で挨拶に立った松岡外相は、大島を称賛して述べた。

「大島閣下のドイツ研究は数十年の長きに及び、ドイツの事情に造詣深きは申すまでもなく、ドイツ政府首脳とは膝を交えて話すことのできる、絶大なる個人的信用を築いておられる」

　日比谷公会堂での壮行会は、「大島大使万歳！」の三唱で締めくくられた。

　一月二九日、大島は豊《とよ》夫人と外交官六名、軍関係者四名とともに東京駅を出発した。見送りの人々の中には、松岡外相やオット駐日ドイツ大使の姿もあった。

　満州を抜け、ソ連との国境手前の満州里に到着すると、そこにはモスクワの日本大使館が用意した豪華な特別車両が用意されていた。この特別車両でシベリア平原を横断し、モスクワに二泊した後、ドイツ領に入りリッベントロップ外相らの出迎えを受けた。

大島 浩

　二月一七日には、ベルリンの長距離駅であるアンハルター駅に到着。大勢のドイツ政官界人による盛大な出迎えを受けた。

　大島が着任したドイツは工業大国であり、日本の最大にして最重要の同盟国であり、ヨーロッパ大陸の大部分を掌握している軍事強国だった。

　一方、大久保が着任したハンガリーは農業中心の小国だった。ハンガリーは第一次世界大戦で敗北して多大な領土を失い、それを取り戻すことが国民の悲願となっていた。これにつけこんだのがナチス・ドイツだった。ハンガリーはドイツと経済的、政治的、軍事的な結びつきを強め、ドイツとの同盟関係ゆえに、戦争の大きな渦に巻き込まれていく。

　大国ドイツと小国ハンガリー。対照的な日本の二つの同盟国に、再任の大使と新任の公使が相前後して着任したこの冬、ヨーロッパはとくに寒さが厳しかった。

第2章

「否、否、絶対に！」――ハンガリーと「トリアノン条約」

マジャール人とツラン主義

ヨーロッパ東部に位置するハンガリーは、キリスト教を信仰しながらも、アジア人を祖先とする、ヨーロッパでも特異な国だ。ハンガリー人がアジア人を祖先とする証の一つだと言われているのが、産まれたばかりの赤ん坊に蒙古斑が出ることがあること、そして日本などの東アジアと同じように、人名では名字を先に、名前を後に言うことだ。本書でもこれに従って、ハンガリー人の名前は名字・名前の順に表記する。

ハンガリー国の起源は、五世紀頃に中央アジアから移動してきた騎馬民族のマジャール人が建国した国家だ。ハンガリー人は自分たちを「マジャール人」と呼び、ハンガリー語は正式には「マジャール語」という。ハンガリー語はヨーロッパやアジアのどの言語とも系統が異なり、母語としない人が習得するのは非常に難しい言語だとされる。周囲をスラブ系民族に囲まれ、言語的にも孤立しているハンガリー民族は、ヨーロッパという海の中で同胞や友邦がいないという、一種独特の民族的孤立感を抱いているといわれる。

「ツラン主義（Turanism）」という思想がある。これは東は日本から、西はハンガリー、北はロシア・北欧、南は中国北部にわたる広大な地域に分布する人々は、もともとはイラン北部のツラン平原を発祥としている――つまり民族的ルーツが同じだという思想であり、二〇世紀初頭から一九三〇年代にかけてハンガリーで隆盛した。「ヨーロッパの中のアジア人」という意識を底流に持つハンガリー人は、ツラン主義思想もあり、日本をはじめとするアジアに親近感を抱く者が少なくなかった。（なお、ツラン主義には科学的根拠がなく、現在では否定されている。）

第二次世界大戦中、同盟通信社の特派員として、主にバルカン地方で取材した小田善一《よしかず》は、ハンガリー人の親日ぶりについて、次のように回顧している。

ハンガリー人はよく、「ドイツは負けても日本は負けない」という程の日本びいきで、しばしば恐縮させられた。実際これほど日本や日本人に好意を持ってくれる人達も少ないと思う。日本人が町を歩いている時、同じ振り返って見るのでも、ここでは大概好意を示すためと思っていい。子供がこっちを指さして、「ヤパンパチ」（日本人のおじさん）などと云うのも快い調子だ。だから旅の日本人でも、こんな居心地の良い所はないという事にもなる。

一つには自分たちが東洋人で、異民族に囲まれているという感じが、戦時中には特に強いかららしい。またツラン文化圏といったハンガリー、トルコ、日本を結ぶ運動を考えている人にも会った。

……

歴史的に君主を敬愛する気持ちがあるのか、その点から、日本の皇室に憧れる風潮もあった。高松宮が行かれた時、大変な歓迎だったというし…、陛下がお乗りになった白馬はホルティ摂政からの贈物で、そのホルティ氏は若い武官の頃、日本を訪れて腕に日本娘の顔を刺青し、よく人にも見せていたという。

（『青春の夢を求めて』七〇頁）

実際にはハンガリーの国家元首だったホルティ摂政に刺青はなく、昭和天皇の白馬もホルティからの贈り物ではない。しかし白馬がハンガリー産であったことは事実で、これについては次章で触れる。

ハンガリー王国は、一九世紀後半にハプスブルグ家のオーストリア帝国とともに「オーストリア・ハンガリー二重帝国」を形成した。ハンガリー側の首都ブダペストは、ドナウ川沿岸の街々の中でも、もっとも美しく、もっとも繁栄した都市で、バラの名所も多いことから「ドナウのバラ」、「ドナウの女王」、「ドナウの真珠」と称えられた。ブダペストは街並みが美しいだけでなく、文化都市でもあった。カフェには文化人が集い、多くのすぐれた文学作品が生み出された。とりわけクラシックやオペラといった音楽の水準は高く、リスト、バルトーク、コダーイといった著名な音楽家を輩出している。

ブダペストはもともとは、ドナウ川を挟んで西岸のブダ、東岸のペストという二つの街だった。一九世紀半ばからくさり橋など五つの橋がドナウ川にかけられ、一つの街になった。ペスト側は平地で、川岸には世界屈指の規模と豪華さを誇る国会議事堂がそびえ、絢爛豪華なオペラ劇場、古代ギリシャ神殿のような国立博物館、中央市場や英雄広場、目抜き通りが広がり、下町的な雰囲気がある。

対照的に、対岸のブダには小高い丘が多い。中心を成すのは「王宮の丘」。その頂きには威風堂々とした王宮が建ち、街を見下ろしている。この丘を取り囲むように「ばらの丘」、「鷲の丘」などが連なっている。南に位置する「ゲッレールトの丘」は高級住宅地で、外国公館や貴族の邸宅が点在していた。

日本公使館もゲッレールトの丘にあった。ケレンヘジ通りにあるツタの絡まる白い建物は、正面中央の壁に金色の菊の御紋章が付いていた。建物は公使館であるとともに、公使の私邸も兼ねていた。

日本とハンガリー

日本とハンガリーとの関係は、一九世紀終わりの文化的、人的交流から始まった。二〇世紀に入ると、政治・経済的な結びつきも顕著となり、一九二九年に通商協定を締結。同じ年、ブダペストで国際見本市が開催され、日本も出展した。一九三一年には高松宮夫妻がブダペストを訪問。日本文化を紹介するイベントが開催されるようになり、一九三八年一一月には、ハンガリー側からの提案で「日本ハンガリー文化協定」が締結された。これは日本が最初に外国と結んだ文化協定の一つだった。

一九三八年には日本とハンガリーとの関係において、もう一つ大きな出来事があった。それまで日本はハンガリーに公使館を開設しておらず、ウィーンのオーストリア公使館が兼轄していた。しかしこの年、ナチス・ドイツがオーストリアを併合し、オーストリア国が消滅してしまったため、日本はオーストリアの公使館を移管する形でハンガリーに公使館を開設した。初代公使は松宮順、二代目は井上庚二郎、三代目が大久保だった。

一方、軍事情報の収集を任務とする駐在武官は芳仲和太郎《よしなかわたろう》陸軍大佐だった。芳仲と大久保は大変気が合い、交流は帰国後も長く続いた。

この頃ドイツのベルリンには五〇〇〇人くらいの日本人が住んでいたというが、ブダペストには一体どのくらいの日本人がいたのだろうか。大久保は家族に宛てた手紙に、「当地は日本人も少ないので、飲む付き合いも少ない」と記している。ルーマニアに駐在した筒井潔公使は、ルーマニアの在留邦人について「一五～一七人」と記している。ハンガリーの在留邦人もそのくらいだったのではないか。留学生としてブダペストに滞在し、後に日本のハンガリー研究の第一人者となった徳永康元の回想や日記には、公使館に頻繁に出入りし、公使である大久保と朝まで議論を交わしたことが記されている。徳永は戦後もたびたび大久保の自宅を訪れている。母国から遠く離れた異国の地で、少ない同胞同士の結びつきは強く、大公使館の敷居も今よりもずっと低かったようだ。

大久保が着任した一九四一年初め、ヨーロッパではすでにドイツがイギリス、フランスと戦っていた。しかし戦場はまだハンガリーから遠く、国民に戦争の実感はなかった。首都ブダペストにも泰平的な空気が漂っていた。ベルリンやパリは、夜になると灯火管制により暗闇の中に沈んでいたが、ブダペストでは王宮やくさり橋、国会議事堂が美しくライトアップされ、オペラやコンサートも開かれていた。食料も豊富で、ドイツに住む日本人が国境を越えて買い出しに来ていたという。

大久保はブダペストの街の美しさと文化水準の高さに感銘し、「なかなかいいところだ」と家族に書き

1941年、ブダペストの日本公使館員。右より1人目出納功二等通訳官、2人目井上夫人、4人目井上益太郎一等書記官、6人目大久保利隆

1942年8月、国際見本市の日本館を訪問したホルティ摂政を案内する大久保

送った。週末はドイツ製カメラで街や祭りの様子を撮影して単身赴任の寂しさを紛らわせ、マルギット島の温泉につかって、中学時代に鉄棒から落ちて痛めたアキレス腱をいたわった。ハンガリーには、市民の娯楽として温泉を楽しむ文化がある。湯の温度が低く、日本人から見ると「温泉」というより「温水プール」という感じだが、ドナウ川中州のマルギット島にある温泉は湯温が高めだった。

一九四二年の夏、ブダペストで再び国際見本市が開催され、日本だけでなく満州国も出展した。八月一四日、ホルティ摂政が見本市を訪れ、大久保が日本館を案内した。

第一次世界大戦とハンガリー

しかし美しい街並みと高い文化水準、そして平和な空気とは裏腹に、ハンガリーは政治的、外交的に極めて複雑で微妙な状況にあった。

この頃のハンガリー事情を知るには、第一次世界大戦まで戻らなければならない。そもそも第一次世界大戦の発端は一九一四年六月、オーストリア・ハンガリー二重帝国の皇位継承者がサラエボで暗殺されたことだった。

短期的な局地戦で終わるだろうとの予測に反し、戦争は人類史上初の世界大戦へと拡大。同盟国側は、オーストリア・ハンガリーの他、ドイツ、トルコ、ブルガリア。対する連合国側は、フランス、イギリス、ロシア、日本、さらにイタリア、アメリカも加わった。

四年余りにも及んだ戦いの末、同盟国側は降伏し、一九一八年一一月に休戦協定が結ばれた。オーストリア・ハンガリー帝国の皇帝カール一世（ハンガリー王としては、カーロイ四世）は、国事への関与を放棄することを宣言してスイスへ亡命し、ハンガリーは共和国を宣言した。

だが、脆弱だった新政権は共産党と組み、実際の権力は共産党が握った。そして反政府勢力に厳しい弾圧を加えたため、さまざまな反政府勢力が大規模なテロを行い、国内は混乱状態に陥った。このときの恐怖と混乱は、ハンガリーの人々の心に共産主義に対する激しい嫌悪感と恐怖を植え付け、これがこの後ソ連との戦争を市民が支持する素地となる。

混乱を収束させたのが、反政府勢力のリーダーの一人ホルティ・ミクローシュ（Horthy Miklós、英語名はNicholas）だった。ホルティは元オーストリア・ハンガリー帝国海軍の提督で、帝国海軍に大変な誇りをもち、退役後もその制服を着用し続けた。人柄は温厚、誠実で威厳があり、ドイツ語、英語、フランス語が堪能だった、白馬に乗ったホルティは一九一九年一一月、ブダペストに入城した。

ホルティ

テレキ

議会選挙が実施された。新議会は共産政権時代の法律を無効とし、王国を復活させた。ただし王位は空位とし、摂政を置くことになった。議会で摂政の選出が行われ、圧倒的多数でホルティが選出された。摂政には首相や内閣の任免、議会の解散など広範な権限が与えられた。こうしてハンガリーは「王国だが国王がおらず、摂政が統治する」という珍しい国家形態を取ることになった。

一九二〇年七月、ホルティは首相にテレキ・パール（Teleki Pál）伯爵を任命した。トランシルヴァニア地方出身のテレキは、もとは著名な地理学者であり、著作の中には日本の古地図に関する研究もある。学者時代にアメリカを講演してまわったため西欧に知己が多く、親西欧的な人物だった。またツラン主義思想の持ち主でもあった。

ハンガリー政治がようやく安定するかに見えた矢先の一九二一年、かつての国王カール一世が突如亡命先から帰国し復位を求めた。政府は動揺し、テレキ政権は崩壊してしまった。後任の首相には、第一次大戦後のパリ講和会議でハンガリー代表を務めたベトレン伯爵が指名された。ベトレン政権は一〇年に及ぶ長期政権となり、ハンガリー政治はようやく落ち着きに向かった。

屈辱のトリアノン条約——一九二〇年代

第一次世界大戦に勝利した連合国は、敗北したドイツとヴェルサイユ講和条約を締結し、不当なほど多額の賠償金をドイツに課した。ドイツ国民はハイパーインフレに苦しみ、これにアメリカに端を発した世界恐慌が追い打ちをかけ、過激なナチズムが勃興する土壌を生み出したことはよく知られている。

連合国はハンガリーに対しても同様の条約を締結し、厳しい処遇を課した。「トリアノン条約」がそれである。ホルティが摂政に選出された一九二〇年に締結されたこの条約によって、ハンガリーは強大なオーストリア・ハンガリー帝国の東半分からヨーロッパの小国へと転落してしまった。

トリアノン条約はあらゆる面でハンガリーを徹底的に打ちのめした。

国土は三分の一に縮小され、人口も二一〇〇万人から七六〇〇万人へと激減。約三〇〇万人ものマジャール系の人々が、一夜にして別の国の国民になってしまった。ハンガリー領だった広大な地域は周辺国に分配された。北部は新たに誕生したチェコスロヴァキアに、南部はユーゴスラヴィアに、南東部の広大なトランシルヴァニア地方はルーマニアにそれぞれ割譲された。ルーマニアに割譲された面積は、残されたハンガリーの面積よりも広く、ルーマニアは国土面積が二倍になった。割譲された地域にはまた、多くの少数民族が混在していた。戦勝国が引いた新たな国境線は、ハンガリーと周辺国との間に極めて深刻な領土問題を生み出した。

ハンガリーが敗戦で失ったのは領土と国民だけでなかった。穀物を産出する広大で肥沃な平原を、豊かな森林地帯を、石油や鉱物資源が埋蔵されている地域を失った。水力発電に適した河川も、輸出に適したアドリア海の港も失った。そのため戦前に輸出超過だったハンガリーの貿易収支は、戦後は輸入超過に転じてしまった。国防面では、国境を形成し、天然の防壁となっていたカルパティア山脈とトランシルヴァニア山脈を失った。

ハンガリー軍は陸軍三万五〇〇〇人に制限され、空軍、戦車の保有は禁じられた。ハンガリーは国防の面でも大きな不安を抱えることになった。

このような厳しい処遇は、ハンガリーにとって到底受け入れがたいものだった。トリアノン条約によって失われた領土の回復と国境線の修復は、ハンガリー民族全員が共有する「悲願」となった。「トリアノン」は屈辱を表す言葉となり、周辺国に散らばるマジャール民族を団結させる合い言葉、挙国一致のスローガンとなった。そしてこの後、何度政権が変わろうとも、どれほど政権が右や左に振れようとも、すべての政権に共通する「使命」となった。そのスローガンは、「**Nem, Nem, Soha!**」。意味は英語では「**No, No, Never!**」、日本語では「否、否、絶対に！」。「トリアノン条約は断じて承服できない！　承服しない！」という、ハンガリー民族の強い決意を表したこのスローガンは、多くのポスターや出版物に表示され、マッチやソーダ瓶などの日用品にも印字された。

こうしたハンガリーに対し、ハンガリー領だった地域を獲得した近隣国は当然ながら非常に警戒した。そして互いに手を結んだ。一九二〇年には、まずチェコスロヴァキアとユーゴスラヴィアが、翌年にはチェコスロヴァキアとルーマニアが、続いてルーマニアとユーゴスラヴィアが、それぞれ防御同盟を結んだ。いずれも「アンチ・ハンガリー」を唯一の共通利益とする同盟だった。

包囲されたハンガリーは孤立状態を脱しようと、第一次世界大戦で敵国だったイタリアに接近し、一九二七年、友好協力条約を締結した。イタリアはその少し前にムッソリーニ率いるファシスト党が政権をとっていた。

ドイツへの危険な傾倒――一九三〇年代

一九二九年、ニューヨークのウォール街に端を発した大恐慌は、翌年、農業恐慌という津波となってハンガリーに襲いかかった。農産物価格は下落し、都市の広場は仕事を求めて地方から出てきた農民であふれた。

政治も社会も再び不安定になり、右傾化した。一九三二年、急進右派の代表ゲンベシュが首相となった。ゲンベシュは翌年六月、政権を取ったばかりのヒトラーを外国の首脳として初めて訪問。ドイツと貿易条約を締結し、以後ドイツはハンガリー産の小麦ととうもろこしの最大の輸出先となった。ヒトラーはハンガリーに「失われた領土の回復」を約束した。もちろん、そこには下心があった。

ドイツとの結びつきは、一九三六年にゲンベシュが病死した後も強まり、ハンガリーは政治的にも経済的にもますますドイツに依存していった。そして一九三八年五月には、「第一次反ユダヤ法」を施行。この法律では、「ユダヤ人とはユダヤ教を信じる者」と定義され、商業者や医師、弁護士、ジャーナリストといった知的職業者に占めるユダヤ人の割合が二〇％に制限された。一〇月には、ドイツによるチェコスロヴァキア分割を承認する。

こうした一連の親独政策の見返りとして、ヒトラーは約束通り、失われた領土の一部を取り戻してくれた。ナチス・ドイツのリッベントロップ外相とイタリアのチアノ外相によるウィーンでの裁定により、南スロヴァキア地方の一部とポトカルパツカー・ルス地方（現在のウクライナのザカルパッチャ地方）の一部、面積にして約一万二〇〇〇平方キロメートル、人口にして約八七万人がハンガリーに戻ってきたのだ。ハンガリー国民は狂喜してこれを歓迎した。

ハンガリーのホルティ摂政がヒトラーと初めて対面したのは一九三八年の夏だった。伍長あがりのヒトラーをホルティは心の底から嫌い、軽蔑した。信頼関係を築いていたアメリカ公使館のトラヴァース参事官に、ホルティはもらした。

「世の中変わったものだ。摂政が下品な下士官に指図されるとは」

リッベントロップ

チアノ

ホルティは、右に振れていたハンガリー政治を修正しようと、テレキ元首相を再び首相につけた。テレキ首相は、親独的な政策をとりながらもドイツと距離を置き、イギリスやアメリカと良好な関係に努めるという、二兎追い的な政策をとる。しかし、ドイツ傾化と右傾化は止まらなかった。

一九三八年にはトリアノン条約で課された軍備制限の破棄を一方的に宣言し、軍備の増強に着手。混合旅団を編成し、空軍も創設した。

一九三九年二月には日独伊防共協定に加盟し、四月には国際連盟を脱退。五月の選挙では、ハンガリー版ナチ党の「矢十字党」が第二党にまで躍進した。

「ユダヤ人」の定義がより厳しい「第二次反ユダヤ法」が施行され、「両親のいずれか一方、または祖父母のうち二人以上がユダヤ人である者」とされた。これにより、キリスト教に改宗した者でもユダヤ人と見なされることになった。知的職業に占めるユダヤ人の割合は二〇％から六％に引き下げられ、ユダヤ人は公務員から排除された。

揺れる「不本意な衛星国」

九月一日、ドイツがポーランドに攻め込むと、イギリスとフランスは直ちにドイツに宣戦布告した。ハンガリーのテレキ首相はドイツの戦争に巻き込まれないよう、難しいかじ取りに直面した。ドイツはハンガリーに対し、ドイツ軍のハンガリー領内通過を求めてきた。だが、テレキ首相はこれを拒否。それどころか人道的理由から国境を開放し、一〇万人以上のポーランド難民を受け入れた。しかしほめられることばかりではなかった。ハンガリーも、かつてハンガリー領だった残るポトカルパツカー・ルス地方に軍隊を派遣し、占領してしまった。

一九四〇年四月、ドイツはデンマーク、ノルウェー、さらに中立条約を締結していたオランダとベルギーにも攻め入り、わずか数週間で西ヨーロッパの大半を掌握してしまった。これを見たイタリアはドイツに便乗して参戦し、日本では「バスに乗り遅れるな」のかけ声の下、またたく間に三国同盟が締結されたが、ハンガリーも同じ空気に呑み込まれた。「ドイツ軍不敗信仰」が生まれ、参戦派や極右の矢十字党の声が強くなった。

テレキ首相は、「ドイツが勝つかどうかは、なお定かではない」と述べて慎重な姿勢を維持しながらも、国民の支持を得るためにルーマニアへの領土要求を急いだ。困ったルーマニアはドイツとイタリアに仲裁を求めた。

八月、ドイツの主導によって再びウィーンで裁定が行われた。会議の席上、ドイツのリッベントロップ外相はさんざんハンガリーを罵倒した後、最後の最後に「トランシルヴァニア地方の北部、面積にして四万三〇〇〇平方キロ、人口にして二五〇万人をルーマニアからハンガリーに割譲する」と宣言した。この大どんでん返しにハンガリーの代表団は大歓声をあげたが、ルーマニアの外相はショックで気を失ってし

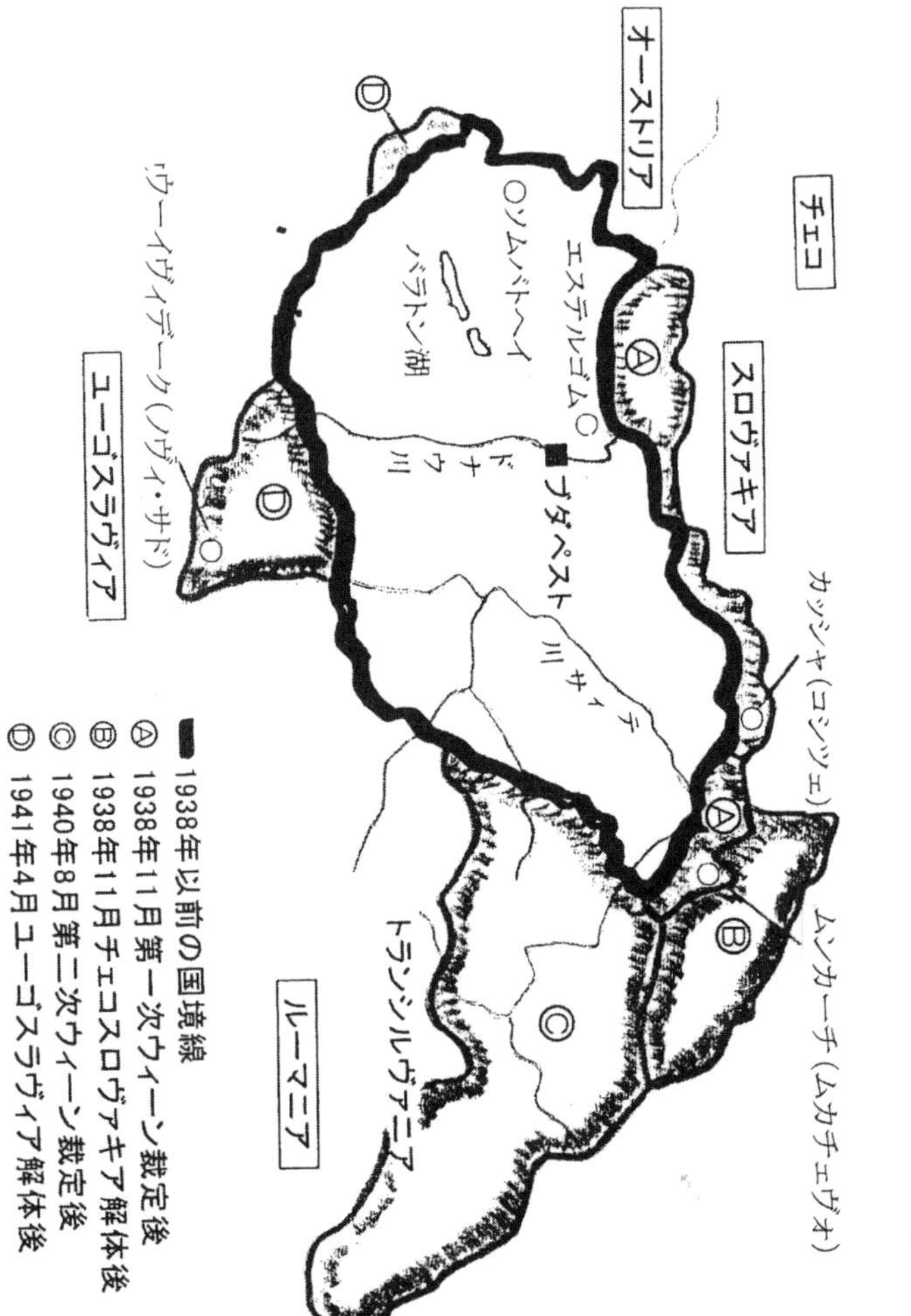

ハンガリー領の拡大（1938年～1941年）

（『図説ハンガリーの歴史』110頁をもとに作成）

まった。

ドイツのおかげで、またも戦争によらず領土を取り戻すことができた！　ハンガリー国民は沸き立った。

戦争をする上で欠かせないものに食料と石油がある。ドイツにとってハンガリーは食料の、ルーマニアは食料と石油の供給源だった。ルーマニアはこの頃有数の産油国だった。ナチス・ドイツが戦争を続ける上で、ハンガリーとルーマニアをコントロール下に置くことは非常に重要だった。

ハンガリーとルーマニアは、領土問題をめぐって激しく対立していたが、ドイツの圧力を受けて三国同盟に加盟する。こうして敵対し合う二国が同盟国になるという、極めて微妙な状況が生まれた。

矛盾に満ちた不安定なハンガリーの立ち位置を、このときハンガリー駐在のアメリカ公使、モンゴメリーは、「不本意な衛星国（the unwilling satellite）」と表現している。

この後、日本がアメリカと戦争状態に入ると、ドイツの圧力を受けてハンガリーもアメリカに宣戦布告し、さらに不安定な状況に陥ってしまうのだが、そんなハンガリーの状況を揶揄した小話を、イタリアのチアノ外相が日記に記している。


ハンガリーの座りの悪い立場は、最近ブダペストで出回っているこんな小話によく表現されている。

ハンガリーの公使がアメリカに宣戦布告した。しかし報告を受けた高官はヨーロッパ事情にあまり通じていなかった。彼は尋ねた。

「ハンガリーは共和国なのか？」

「いいえ、王国です」

「では、国家元首は王様なのだな？」

「いいえ、提督です」

「では海軍があるのか？」

「いいえ、ハンガリーは海に面していません」

「ハンガリーには何か対立している利害があるのか？」

「あります」

「その相手はアメリカか？」

「いいえ」

「イギリスか？」

「いいえ」

「ソ連か？」

「いいえ」

「では一体どの国と利害対立があるのか？」

「ルーマニアです」

「ではハンガリーはルーマニアに宣戦布告するのか？」

「いいえ、ハンガリーとルーマニアは同盟国です」

この話は多くの真実と逆説に満ちている。


（“The Ciano Diaries” p484）


大久保がブダペストに着任したとき、街にはまだ平穏な空気が流れていた。市民はカフェに集い、コンサートを楽しみ、温泉につかり、日々の暮らしを楽しんでいた。

しかし気付く人々は気付き始めていた。一部の知識人は、ドイツによる失地回復の代償が高くつくので

1941年2月、ハンガリー信任状奉呈式。
左から、西少佐、井上一等書記官、大久保、芳仲大佐、出納二等通訳官

大久保の信任状奉呈を報じるハンガリー誌の記事より。
右は侍従武官（“Tolnai Világlapja” 1941.02.19）

1941年3月、ベオグラードでのユーゴスラヴィア信任状奉呈式。
最前列左は大久保、右はパヴレ摂政

はないかと懸念し始めていた。事態を打開しようと、テレキ首相は一九四〇年一二月、それまであまり関係が良くなかったユーゴスラヴィアと恒久友好条約を締結した。

気付かないうちにゆっくりと引き始める潮のように、平和な空気は次第に薄れ始めてきた。

着任した大久保は各国の公使と面会し、ハンガリー情勢についての意見を聞いたが、その意見は悲観的なものが多かった。

二月六日、大久保は信任状奉呈式に臨んだ。井上一等書記官、芳仲大佐、西少佐、出納《すいどう》二等通訳官とともに、迎えの車三台に分乗し、警備のオートバイに先導され、王宮へと向かった。王宮前で衛兵隊の敬礼を受けた後、外務大臣の案内で謁見の間に入り、ホルティ摂政に自らの信任状と前任者の解任状を奉呈した。

三月一一日にはユーゴスラヴィア王国の首都ベオグラードに赴き、兼務するユーゴスラヴィア公使としての信任状をパヴレ摂政に奉呈した。

だが、そのわずか一か月後、ユーゴスラヴィアはドイツに侵攻され、国が消滅してしまう。その余波は、予想以上に増幅されてドイツやハンガリーに影響を与えていく。

第3章

「ヒトラーのあやつり人形」――一九四一年

松岡外相のヨーロッパ訪問

大久保がブダペストに着任して三か月が経ち、季節は春になった。

この春、日本、ドイツ、ハンガリーそれぞれにとって大きな出来事が相次いで起きる。

日本にとっては、まず松岡洋右外務大臣のヨーロッパ訪問だった。

日本とドイツ、イタリアは軍事同盟を結んだが、この同盟は外交や軍事などの戦略面での連携がまるでなかった。首脳同士が顔を合わせたことも一度もなかった。ヒトラーとムッソリーニは何度も会談しているが、地理的に離れていた日本の首脳が、ドイツ・イタリアの首脳と顔を合わせることはなかった。

それだけに松岡外相のヨーロッパ訪問は、発表されると話題を呼んだ。日本からヨーロッパへ行くにはソ連を横断しなければならない。間には敵国もある。長い旅は危険も伴う。多くのリスクを冒して日本の外務大臣がヨーロッパを訪れるのには相応の目的があるはずだ。そう推測するのはごく自然なことだった。

日本政府は、松岡外相の主な訪問先はドイツとイタリアであり、訪問の目的は、「同盟国と意見交換し、親交を深めるため」と説明した。

松岡洋右

しかし本当にそれだけでは、リスクに見合わないのではないか。隠された裏の目的があるのではないか。ヨーロッパではさまざまな憶測がささやかれた。なかでも有力だったのが、松岡外相がロンドンとフランスのヴィシーも訪問し、泥沼化しているドイツとイギリス・フランス間との戦争終息に向けた仲介をするのではないか、という期待をこめたうわさだった。

フランスを屈伏させたドイツは、イギリスに激しい空爆を加え、イギリス本土上陸を計画していた。

当時のヨーロッパ戦局はまったく行き詰まりの情勢にあった。ヒットラーはその前年フランスを屈伏させたが、これだけでは欧州戦争は終わらなかった。その頃独逸の軍部は在ベルリンの日本側に対して、対英上陸作戦成功の可能性を宣伝していたようである。これはわれわれの間でも、しばしば検討したことであるが、当時独逸空軍は英国空軍を制圧していたことは事実である。しかし英仏海峡の制空権だけでは、まったく一時的な対英上陸しかできず、英仏海峡の制海権を確実に、しかも長期にわたり確保しないかぎり、大軍を上陸させても引き続き作戦を継続することは絶対に不可能なことである。英国が強力なる海軍力を保持しているかぎり、英仏海峡における英国の制海権はまず動かないというのが一般の常識である。

『回想』

ハンガリー駐在のフランス公使、ダン・ピエール伯爵は、松岡外相訪欧の真の目的について、期待をこめながら、大久保に探りを入れてきた。

「現在のヨーロッパ戦局は誰が見ても膠着状態です。ドイツ軍のイギリス上陸作戦も到底成功の見込みはない。連合国側も、アメリカが参戦しないかぎり勝ち目はない」

ピエール公使は言葉を続けた。

「失礼ながら、日本も中国大陸での戦争が相当長引いているようですから、ヨーロッパに和平の気運が生まれることは、日本にとっても中国の戦局を収拾する上で有利でしょう」

前説明を終えると、公使は核心部分について尋ねてきた。

「独伊と連合国との間に話し合いのきっかけを作るには今が絶好のチャンスであり、その仲介者として、松岡外相はその手腕からもっとも適任と思われます。松岡外相の独伊訪問には、そうした可能性はないのでしょうか」

ピエール公使の考えは外交官として極めて妥当な判断だった。戦争は長引けば長引くほど資源の少ない国にとって致命的となる。戦局が悪くならないうちに多少の不利は忍んでも停戦したほうがよい、というのは責任ある政治家なら考えることだ。大久保は公使の質問に納得しながらも、こう答えざるをえなかった。

「あなたの観測は実にごもっともだと思います。しかし私たちはそうした話は全く聞いていないのです」

大久保の答えに、フランス公使の顔には強い失望の色が浮かんだ。

ベルリン、ローマの松岡外相

三月一二日、松岡外相一行は東京を出発した。公表された訪問先はドイツとイタリアだったが、ロシア語の通訳者も同行していた。

松岡外相のヨーロッパ訪問は滞日外国人の間でさまざまな憶測を呼んだ。イギリス国立公文書館の外交電ファイルに、松岡外相不在の間、外相を兼任した近衛首相が、ベルリンの松岡外相に宛てて、日本に駐在するアメリカとイギリス大使の見立てを知らせた電報がある。それによれば、イギリスのクレーギー大使は、「出発を控えた松岡外相に会った。松岡外相からは、『モスクワに一日ほど寄るが、特に目的はなく単なる旅のおまけだ』と説明された」と報告している。一方、アメリカのグルー大使は、「日本はソ連との同盟を望んでいる。松岡外相の訪欧は、独伊は視察と一般協議のみで、主な目的はソ連との協定締結だろう。松岡が手ぶらで帰国すれば、彼だけでなく近衛内閣の先行きにも影響を与える」と報告している(HW12/262-089239)。

大陸に渡りシベリア鉄道に乗車した一行に、ソ連側は外が見えないよう列車の窓に覆いをかぶせ、監視員をつけた。ソ連の国内状況が察知されるのを防ぐためだ。

途中のモスクワで松岡外相はモロトフ外相と会談した。会談にスターリンも出席したことが現地の新聞に大見出しで報じられると、モスクワに駐在する各国の外交団は一斉にこのニュースを本国に打電し、「今や日ソ両国は商業協定のみならず、政治協定を結ぶ可能性もある」との見方を伝えた。

三月二六日、旗や花で華やかに飾り付けられたベルリンのアンハルター駅に到着した松岡外相を、リッベントロップ外相、ゲッペルス宣伝相、カイテル元帥、そして日本の大島大使らが出迎えた。

日独の外相は同じオープンカーに乗り、ベルビュー宮までパレードした。ベルリンの街はブランデンブルグ門をはじめ、いたるところナチス旗と日の丸で飾り付けられ、沿道はハーケンクロイツと日の丸の小旗を振る何十万人ものドイツ市民で埋め尽くされていた。松岡は帽子を取って、歓呼する大群衆に応えた。

アメリカの国立公文書館で、箱の中にバラバラに入っていた電報の中に、松岡外相のベルリンでのスケジュールを知らせる、大島大使からの電報があった。

「ベルリン、大島発
東京宛て
一九四一年三月二六日

松岡外相の予定の一部は以下の通りである。
この情報の取り扱いは極秘に願う。当方は予定すべてを一度に発表しないので、そちらも以下の予定は翌日の分のみ発表願いたい。
二六日　午後六時、アンハルター駅到着。ベルビュー宮で杯を交わす。この日は他に予定はなし。
二七日　午前一〇時四五分、栄誉の花輪の贈呈
　午前一一時、リッベントロップ外相との会談
　午後二時、リッベントロップ外相との昼食会
　午後四時、ヒトラー総統との会談
　午後八時、リッベントロップ外相主催の晩餐会
二八日　午前一一時、フンク経済相との会談
　午後二時、ヒトラー総統との昼食会の後、ドイツ内外の新聞記者とのインタビュー
　午後七時、日本人協会との会合
　午後八時、大島大使主催の晩餐会
二九日　ゲーリング元帥との昼食会

午後六時、大使たちとのレセプションパーティー

三〇日　ポツダム観光

外相との昼食会（古宮にて）

午後四時三〇分、ベルリンを発ちローマへ」

二七日午前一一時、日独両外相は初めての会談に臨んだ。しかし会談のさなか、ちょうどリッベントロップが対英戦況について説明していたとき、大きな知らせが飛び込んできた。ユーゴスラヴィアでクーデターが発生したというのだ。ユーゴスラヴィアは二日前の二五日にドイツの圧力を受けて三国同盟に加盟したばかりだったが、これに反発した軍部が翌二六日、クーデターを起こして親独政権を倒してしまった。一大事の知らせに、リッベントロップは松岡を置いて、そそくさとヒトラーのところへ行ってしまった。

日本とドイツの思惑の違いと信頼関係の欠如は、松岡外相とヒトラーとの会談でも明らかになった。ヒトラーは松岡外相に、日本軍によるシンガポール攻撃を強く要請する一方で、ドイツ軍によるイギリス本土上陸作戦は必ず成功すると宣伝した。しかし実状は上陸作戦どころではなかった。そこで、日本がイギリスのアジア植民地の拠点であるシンガポールを攻撃してくれれば、イギリス軍に打撃を与えられるとヒトラーは考えた。ヒトラーの要望に対し松岡は、「私は日本の指導者ではないので確約はできない。帰国後、貴国の希望を討議する」とだけ答えた。

対する松岡外相は、日独伊ソの四か国でアングロサクソンに対抗するブロックを形成する、という自らの構想を提案した。しかしヒトラーはまるで興味を示さなかった。リッベントロップに至っては、「絶対に不可能」、「その問題は時局と全く合わない」と断言して取り合わなかった。すでにイギリス本土上陸をあきらめ、本来の敵であるソ連攻略の準備を進めていたドイツとしては当然の態度だったが、ドイツ側は

これを日本側には知らせなかった。

ともあれ、ベルリンでヒトラー、リッベントロップ外相らナチス首脳部と親交を深めた松岡外相は、三月三〇日夕刻、ベルリンを発ってローマへ向かった。


ローマではムッソリーニ首相とチアノ外相と会談した。松岡とムッソリーニは旧知の仲で、再会は八年ぶりだった。通訳はムッソリーニの娘婿でもある、チアノ外相が務めた。松岡が英語で話し、それをチアノがイタリア語に訳してムッソリーニに伝えた。親日家のムッソリーニは上機嫌で、北アフリカでの対英戦況やソ連情勢について、自身の楽観的な見通しを語った。クーデターが起きたばかりのユーゴスラヴィアについても、「問題は早急に解決するだろう」と述べた。

ローマで松岡外相はヴァチカンも訪れ、ローマ法王に謁見した。

松岡外相はさらにフランスのヴィシーも訪れ、このとき駐英大使を務め、松岡と意見の隔たりが大きかった重光葵と意見交換をする予定だった。ところが松岡は「急に日本に早く帰国せねばならなくなった」として、ヴィシー行きをキャンセルし、重光に「難しいだろうとは思うが、四日頃にベルリンか、九日頃にモスクワに来てもらえないか」と尋ねている（HW12/263-089433）。

松岡外相のベルリン再訪に合わせ、ヨーロッパ各国に駐在する日本の大公使に対し、ベルリンに集合し任国の情勢について報告せよ、との通達が出された。大久保もベルリン行きの準備を整え、前日の夜は早めに就寝した。

しかし結局、大久保はベルリンに行かなかった。この夜、ハンガリー国を揺るがす重大事件が起きたからだった。

テレキ首相の死

四月四日の朝六時頃、大久保は寝室のドアを激しく叩く音で目を覚ました。ベッドから下りドアを開けると、公使館付きの運転手が立っていた。運転手は大久保に告げた。

「テレキ首相が急死しました」

大久保はハンガリーの複雑な対外事情を思いめぐらし、瞬間的に暗殺だろうかと思った。急いで身支度を整え、弔意を表すべくハンガリー外務省に赴いた。

大久保が外務次官に弔意を表すると、次官は感謝の言葉を述べた後、小声でテレキ首相は自殺したのだと告げた。

事情はこうだった。ハンガリーはドイツのおかげで、失った領土と国民の一部を取り戻すことができた。ドイツが農産物を大量に買ってくれたおかげで、世界大恐慌による打撃から立ち直ることができた。しかしドイツとの結びつきが強まることは同時に、イギリスやフランスとの関係が難しくなることを意味した。ドイツがイギリス・フランスと交戦状態に入ると、ハンガリーの立場はさらに難しくなった。事態を少しでも打開しようと、テレキ首相はユーゴスラヴィアに接近し、恒久友好条約の締結にこぎつけた。

そのユーゴスラヴィアはドイツの要求に屈して三国同盟に加盟した。しかし第一次大戦でドイツ相手に戦った軍の幹部は激しく反発。直ちにクーデターを起こして親独政権を倒してしまった。松岡外相がリッベントロップと会談中に飛び込んできたニュースである。

ユーゴスラヴィアの新政権は、「三国同盟は維持するも、協力は放棄する」と宣言し、ソ連と中立条約を結んだ。イギリス、ソ連、トルコはこのクーデターを「ヒトラーの政策に対するドイツ衛星国による最初の反逆」として歓迎した。しかしソ連攻撃を計画していたドイツにとっては、背後に突然ソ連の同盟国が現れたことを意味した。こうしてユーゴスラヴィアは、ドイツがソ連を攻撃する前に絶対に取り除かなければならない脅威となった。

直ちにヒトラーはユーゴスラヴィアを武力で解体するよう命じた。すでに五月一五日と決められていたソ連侵攻作戦は延期され、ソ連攻撃用に準備していた兵力や武器、備品の一部は急遽ユーゴスラヴィアに振り向けられることになった。

ドイツからユーゴスラヴィアへ進攻するには、ハンガリーを通らなければならない。ヒトラーはテレキ首相に、ドイツ軍のハンガリー領内通過の許可と、軍事行動への参加を求めてきた。そして応じなければ、ウィーン裁定でハンガリーが取り戻したトランシルヴァニア地方を再び取り上げると脅した。

ドイツの要求に応じれば、友好条約を結んだばかりのユーゴスラヴィアを裏切ることになり、ハンガリーは「裏切り者」として歴史に汚名を残すことになる。追い打ちをかけるように、ロンドンに駐在するハンガリー公使がイギリス政府からの警告を伝えてきた。

「ドイツ軍がハンガリー領を通過してユーゴスラヴィアに進攻すれば、イギリスはハンガリーを敵国と見なす」

テレキ首相の二兎追い政策ももう限界だった。ハンガリーは完全にドイツとイギリス・フランスとの板挟みに陥ってしまった。

緊急閣議が開かれた。

最終的に決断したのはホルティ摂政だった。ヒトラーから「要求に応じれば、ユーゴスラヴィアに割譲された、かつてのハンガリー領土を回復できるだろう」というにんじんを目の前にぶら下げられ、ドイツ軍のハンガリー領内通過を認めたのだった。

日付けが四月四日に変わる頃、テレキ首相のもとに、ドイツ軍がハンガリー領に向かっている、という知らせが届いた。午前一時、テレキ首相はアメリカ公使館のトラヴァース参事官に電話をかけ、すぐに来て欲しいと頼んだ。このときブダペストのアメリカ公使は交替のため不在だった。モンゴメリー前公使は帰国し、後任の新公使はまだ着任しておらず、トラヴァース参事官が臨時代理公使を務めていた。

約三〇分後、トラヴァースは王宮内の首相公邸に到着した。別人のように憔悴していたテレキは、苦しそうに語った。

「トラヴァース、あなたがホルティから聞いたことは本当だ。今このとき、ナチス軍はハンガリーに向かって進軍している。神よ、私に何ができるのだろう。私は手を尽くした。だが失敗した……」

トラヴァースが去って間もなく、絶望したテレキ首相はドイツへの抗議の意味を込め、そして母国ハンガリーの尊厳を守るため、ベッドで自らピストルの引き金を引いた。

後にはホルティに宛てた短い遺書が残されていた。

弔問のため外務省を訪れた大久保は、バールドシ外相と面会した。

大久保が哀悼の言葉を述べると、沈痛な面持ちをした外相は、首相の死因が自殺であることは明かさないまま、語り始めた。

「ハンガリーはもっとも重要なときに大切な人物を失ってしまいました。テレキ首相は多分に東洋的な、ことに日本人に似た性格の人でした。彼はひとたび方針を立てると勇敢にこれを推進しました」

そう言うと、外相は指をテーブルの縁に持っていき、言葉を続けた。

「ここまで来ると、彼は念入りに下をよく見る。そして絶壁の上でしばらく考える。これはいけないと思ったら、すぐに引き返す。そして二度と同じ道をたどろうとはしない。その慎重さと思い切りのよさには本当に敬意を表します」

公使館に戻った大久保は夕刻まで事務所で過ごしたが、「首相は多分に日本人に似た性格を持った人だった」という外相の言葉が頭から離れなかった。それが日本人へのほめ言葉だったからではなかった。単なる日本人へのほめ言葉なら、もう聞き飽きている。

テレキ首相のような慎重さと思い切りのよさを兼ね備えた良識ある政治家が、日本にもいるかもしれない。もしかしたら一人ではなく、複数いるかもしれない。そうした勢力が、日本で台頭してくることはありうるだろうか。可能性は非常に低いだろう。しかしゼロではないかもしれない……。

重苦しい潮流の中で、大久保は祖国の行く先に一筋の希望を見出そうとしていた。

ハンガリー首相の急死を知らせる電報を本国に打つと、東京からは「ベルリンには行かず、首相の葬儀に参列するように」との指示が返って来た。松岡外相を苦手とし、ベルリン行きに気が進まなかった大久保は内心少しほっとした。

その頃ベルリンでは、ヨーロッパ各地から集まった日本の大公使が、松岡外相の宿舎となっていたベルビュー宮で松岡外相と面会していた。任国情勢について報告せよとの指示を受けての集合だったが、雄弁な松岡は一人でしゃべり続け、大公使らは口を差し挟む暇もなかった。ヴィシーで会談する予定をドタキャンされた重光は、ベルリン行きを拒否した。

その様子を筒井潔ルーマニア公使が回顧している。

松岡外相が四月ベルリンに来た際、在英重光大使以外の在欧大公使を集めて任地の情勢報告を聴く会があったが、例の通り外相が大いに談じ他人の話はうわの空であった。松岡さんは日独同盟はもともと自分が考え出したものであると吹きまくったので、傍に坐った同盟の生みの親大島中将も呆れて口あんぐりの姿だったのはおかしかった。

（『風雲急な欧州に使いして』一七〇頁）

ハンガリーの「ポイント・オブ・ノー・リターン」

ハンガリー市民が首相自殺のニュースを知る頃、ウィーンを出発したドイツ陸軍の第一陣は早くもブダペスト市内にさしかかろうとしていた。市民の憩いの場であるドナウ川岸の散歩道に、突如出現したドイツ軍の隊列にブダペスト市民は仰天した。うわさを聞きつけた人々が集まり、困惑する市民が見つめる中を、延々と続くドイツの大軍が通過していった。

ドイツ空軍がユーゴスラヴィアの首都ベオグラードをはじめとする主要都市を空爆した翌日、ハンガリーではテレキ首相の国葬が執り行われた。荘厳な教会での葬儀の後、棺は馬車に乗せられ、肌寒い曇り空の下、沿道を埋め尽くした市民の間を、長い葬列が粛々と進んでいった。イタリアからはチアノ外相が、ドイツからはカイテル陸軍元帥、リッベントロップ外相に加え、ヒトラーの特別代理としてレーダー海軍元帥が参列した。第一次世界大戦に従軍したレーダーは、ホルティとも親交があった。しかしレーダーはただ弔意を表しにきたわけではなかった。ユーゴスラヴィア平定に対するハンガリーの全面協力という、ヒトラーからの要求もひっさげてきた。

テレキ首相の自殺の理由は、「病気の妻を心配し、性

ブダペストのドナウ川岸を進軍するドイツ軍車両
（出典：Fortepan/Divéky István）

市民が撮影したテレキ首相の葬列　（出典：Fortepan/Rosta László）

格が弱かったため」などと報道され、真の理由は国民には伏せられた。

ホルティは後任の首相に、バールドシ・ラースロー（Bárdossy László）外相を任命した。複雑な対外情勢を鑑み、外交経験者がよいだろうとの判断からだった。バールドシは生え抜きの外交官で、駐ルーマニア公使だったが、チャーキー外相の死により外相に抜擢。そして今度はテレキ首相の死により、首相に任命されたのだった。親独的で急進的な考えの持ち主だったバールドシは、首相に就任すると、ドイツとの関係を緊密にすればさらに領土を回復できるとの思いから、強力な親ナチス政策を推し進めていく。

そしてテレキ首相の死からわずか一週間後の一一日、ハンガリー第三軍はドイツ支援のためユーゴスラヴィアへと進軍していった。ドイツの戦争と距離を置いてきたハンガリーが、戦争参加へ大きく舵を切った瞬間だった。

「ポイント・オブ・ノー・リターン」という言葉がある。「回帰不能点」、「帰還不能点」などと訳され、そこを過ぎるともう後戻りできない、引き返せない地点や状態のことをいう。ハンガリーにとってはテレキ首相の死が、「ポイント・オブ・ノー・リターン」となった。以後ハンガリーは、ナチス・ドイツの戦争に深く大きく巻き込まれていく。

ユーゴスラヴィアの消滅と日ソ中立条約

ブダペストに駐在する各国外交官は、「スラブ民族を中心とするユーゴスラヴィア軍は頑強に抵抗し、戦闘は長引くのではないか」と予想した。ところがユーゴスラヴィア軍はあっけなく降伏。一七日にはベオグラードで停戦協定が取り交わされた。

ユーゴスラヴィア王国は解体され、一部地域はドイツの保護国クロアチアとなり、残りは周辺国に分配された。ハンガリーも約束通り、かつてハンガリー領だった地域を手に入れた。ハンガリー軍はドイツがさんざん空爆した後に出兵したため、損害も少なかった。少しの代償で勝ち取った勝利と失地回復を、新聞は熱狂的に報じた。

こうして、わずか一〇日余りのうちに一つの国が侵略され、解体され、地図上から消えてしまった。ドイツによるユーゴスラヴィア・クーデターの電光石火的な平定は、ドイツ軍の優秀さを国内外に印象付けただけでなく、対ソ戦を前にしたナチス幹部の自信をいたずらに増幅させてしまった。

しかしユーゴスラヴィア平定によって、ドイツは予定していたソ連攻撃の時期が遅れ、備品の一部を想定外に消耗してしまった。これが後の独ソ戦において少なからぬ影響を及ぼす。

松岡外相はヨーロッパからの帰途、モスクワでスターリンと再び会談した。そして一三日、電撃的に「日ソ中立条約」を締結した。

この条約は、バルカン半島をめぐってドイツと関係が悪化していたソ連にとっては、願ったりかなったりのものだった。上機嫌のスターリンは松岡に「我々は同じアジア人だ」と言って連帯をアピールし、自ら駅まで見送りに出向き、列車の発車を遅らせ、ホームで松岡を抱擁した。

日ソの中立条約締結は世界をあっと驚かせた。

イタリアのムッソリーニ首相は、日ソ中立条約締結についての堀切大使からの説明に対し、「イギリスとアメリカに打撃を与えるという点でドイツとイタリアにとってもメリットがあるだろう」と述べて理解を示した。

しかし、ソ連攻撃を計画していたナチス・ドイツにとっては大迷惑だった。リッベントロップは困惑し、ヒトラーは激昂した。松岡外相に独ソ関係が悪いことを示唆した大島大使も「全然わかっていない！」と激怒した。

そうとは知らない松岡外相は、日ソ中立条約という大きな手土産を持って、意気揚々と帰国した。

ブダペストのソ連公使

ユーゴスラヴィア王国が消滅してしまったため、大久保は兼任していたユーゴスラヴィア公使の任を解かれた。複雑なユーゴスラヴィアの担当を外れ、大久保は内心安堵した。

その頃ブダペストの外交官の間では、大挙してブダペストを通過していったドイツ軍が、ユーゴスラヴィアを平定した後、どこへ行ったのかが話題になっていた。ドイツに戻るには、再びハンガリー領を通過するはずだ。ところが何日経っても戻ってこないのだ。あれだけの大軍がいったいどこに消えてしまったのか。大久保は親しくなったハンガリー軍の幹部に尋ねてみた。しかし言葉をにごすばかりで、明快な答えは得られなかった。

やがて、どうやらドイツ軍はユーゴスラヴィアから旧ポーランド領へと移動したらしい、そして東側のソ連との国境付近に集結しているらしい、という情報が有力になってきた。

いよいよドイツはソ連に攻め込むのではないか、その裏付けとして、ドイツ軍はイギリス上陸作戦を行っていないではないか。いや、ドイツは軍事力を誇示してソ連に圧力をかけているだけなのではないか、その裏付けとしてソ連は意外に冷静ではないか……。さまざまな憶測が外交官たちの間で飛び交った。

大久保もあれやこれやと可能性を推測してみた。だが、手がかりとなる情報がない。そこで自らベルリンへ行って真相を確かめようと思い、ベルリン行きの寝台列車の切符を手配した。ところが旅行会社から「日本の公使がベルリンに行く」という情報が漏れ、時期が時期だけに新聞に掲載されてしまった。

記事が掲載された夜、大久保は会合でソ連のシャルノフ公使と同席になった。

ソ連は、一九三九年一月にハンガリーが日独伊防共協定に加盟するとハンガリーとの外交関係を断ち、ブダペストのソ連公使館を閉鎖した。しかし半年後の八月に独ソ不可侵条約が締結されると、ハンガリーとの外交関係を復活させ、ソ連公使館を再開した。公使として赴任してきたのは、かつて駐ポーランド公使だった、若いニコライ・シャルノフだった。語学に堪能なシャルノフは、敵国・友好国を問わず、大勢の外交官を招いて派手なパーティーを開いた。シャルノフはまた、大久保が着任した当初、聞きもしないのにハンガリー事情、とりわけハンガリー外務省の内情を教えてくれた。それは例えば、外務省幹部の誰それの言うことは当てにならないが、誰それの言うことは本当だ、というような情報だった。大久保は当初警戒しながら聞いていたが、やがてそれらが正しいことに気がついた。とはいえ、そこは恩を売っておいて後で重要な情報をかぎ取ろうという魂胆かもしれない。大久保は慎重を期し、個人的な交際は避け、パーティーなどでの雑談に留めるようにしていた。

その夜、シャルノフ公使は大久保を見つけると近づいてきて言った。

「ベルリンに行くそうですね。おもしろいニュースがあれば、後で是非教えていただきたい」

ベルリンで大久保が得た情報は、「ドイツ軍は確かに東部国境に集結している。だが独ソ間では何の交渉もないようだ」というものだった。

ブダペストに戻った翌日、大久保はベトレン邸でのガーデンパーティーに出席した。ベトレン伯爵は第一次世界大戦後の混乱期に首相を務め、ハンガリー政治を安定に導いた。しかし一〇年の長きに及んだベトレン政権も、世界恐慌の荒波が押し寄せ、国内が右傾化すると終焉。ベトレンは下野したが、ナチス・ドイツとの連携に反対する少数派として声をあげ続けていた。

バラの名所でもあったベトレン邸の庭では、多くのバラが今が盛りと咲き誇っていた。大久保が会場に入ると、遠くにシャルノフ公使の姿が見えた。シャルノフは大久保に気づくと、すぐに大久保の方に向かって歩き始めた。

しかしシャルノフ公使は途中で別のお客につかまり、話しこみ始めた。大久保はしばらく様子を眺めていたが、話が終わる気配はなかった。次の予定もあった大久保は、これ幸いと主催者らに挨拶し、会場を後にした。

ドイツ軍が国境を越えてソ連領内に進攻したのは、それから一か月ほど後のことだった。

独ソ開戦、ハンガリーの参戦

六月二二日未明、独ソ国境に集結していたドイツの戦車と輸送車両は堰《せき》を切ったようにソ連領内へとなだれ込み、ドイツ軍の火器は一斉にソ連に向かって火を吹いた。史上最大の陸上作戦、「バルバロッサ作戦」の火ぶたが切って落とされた。宣戦布告なしの開戦だった。

国境近くの飛行場に配備されていたソ連軍機は激しい空爆によって、大部分が撃破された。

その頃ハンガリーのホルティ摂政のもとに、ヒトラーから手書きのメモが届いた。そこには、「ハンガリーもソ連との戦いに参加するように」と書かれていた。

ドイツからの参戦要求について、議会で審議が行われた。

最終的に、参戦はせず、ソ連との外交関係を断つにとどめる、という道が選択された。ホルティはヒトラーに返信した。

「ハンガリー軍は兵力も少なく、装備も訓練も不十分だ。ソ連とハンガリーの国力の差を鑑み、ハンガリーはソ連から先制攻撃を受けない限り参戦しない」

二六日、ホルティを飛び上がらせんばかりに驚かせる知らせが入る。ハンガリー北部の町カッシャ（現在のスロヴァキアのコシツェ）とムンカーチ（現在のウクライナのムカチェヴォ）が空爆されたというのだ。爆弾の破片に、「スターリングラード」とソ連の都市名が記されていたことから、ハンガリー政府は「空爆はソ連軍によるもの」と断定。バールドシ首相はソ連に宣戦布告をした。この宣戦布告は必要な議会の承認も、ホルティの承認も得ていなかったが、第一次世界大戦直後の共産主義政権時代のテロの記憶が生々しく残り、共産主義を嫌悪していた国民はソ連との開戦を支持した。

だが、ソ連によるものとされたこの空爆については今も謎が多い。ソ連軍の国境付近の飛行場と機体はドイツ軍による空爆で壊滅的なダメージを受けており、爆撃機を飛ばすことができたのか。飛ばせたとしても、なぜハンガリーを狙ったのか。誤爆だったのか。当のソ連も関与を否定しており、ハンガリー軍内の参戦派による自作自演説や、ドイツによる罠《わな》だったという説もある。カッシャ空軍基地の当時の司令官が戦後、「ドイツ軍機が爆弾を落とすのを見た」と証言したとも言われている。真相は今も藪の中だ。

いずれにせよ、ハンガリーはソ連との戦争に突入し、第二軍に動員がかかった。ハンガリー軍は第一軍から第三軍まであったが、ユーゴスラヴィア平定に動員された第三軍に対し、対ソ戦への動員がかかった第二軍は、ハンガリー軍の中でももっとも装備の整った精鋭部隊だった。

七月、ドイツ第一七軍の支援にあたるため、ハンガリー第二軍約三万人が東部戦線に向けて出発して行った。ドイツの勝利を信じての参戦だった。

ブダペストのアメリカ公使

独ソの開戦は日本にとっても衝撃だった。ドイツはソ連攻撃について、同盟国である日本に事前に何の通知もしなかった。大島大使はベルリン訪問中の松岡外相に独ソの関係悪化を告げ、さらに外相の帰国後にはドイツのソ連攻撃計画について詳細に報告したという。ルーマニアの筒井公使は、「自分は早くも一月から独ソ開戦必至なことを証拠を挙げて何度も本国に打電し、その電報を『独ソ開戦はありえない』と主張していたモスクワの建川美次大使にも転電した」と自らの回想に記している。五月になると、ヨーロッパから続々と「独ソ開戦近し」の報告が届いていたらしいことが、イギリス国立公文書館のファイルから見て取れる。五月九日、山路章ウィーン総領事（この後ブルガリア公使）は「ドイツは六月中のソ連侵攻に向けて準備中であり、そのためにイギリスへの攻撃を控えている」と報告している（HW12/262-091079）。五月一六日には、独ソ開戦を全面否定していたというモスクワの建川大使も、「ドイツが近くソ連を攻撃するというのは、もはやうわさではない」で始まる長い電報を打っている（HW12/262-091306）。ヨーロッパからこれだけ報告が届いていたにもかかわらず、松岡外相は実際に開戦の報を聞くまで半信半疑だったという。日独伊ソの四か国で一大ブロックを形成することを構想していた松岡の頭には、自らの構想と相容れない情報は響かなかったのかもしれない。

筋金入りの枢軸派だった松岡外相はドイツの対ソ攻撃の知らせを聞くとすぐさま、「日本もソ連を攻撃すべし」と主張した。ソ連と中立条約を結んできたばかりの当人の変わり身の早さに、周囲も仰天した。

ハンガリーがソ連と交戦状態に入ったため、ブダペストのソ連公使館は再び閉鎖され、シャルノフ公使は本国へ帰っていった。入れ替わるように、別の公使が大久保に近づいてきた。

ヘーベルト・クレイボーン・ペル、五七歳。五月二〇日に着任したばかりのアメリカの公使だった。ヨーロッパ事情に精通していたペルは、ルーズヴェルト大統領の再選に貢献した功績によりポルトガル公使に任命され、その後ハンガリーに転任してきた。ペルは自らを、「ルーズヴェルトのパーソナル・フレンド」と紹介した。

政治や外交の話を抜きに人付き合いを進めたペル公使は、またたく間にハンガリーの政官界の間で親交を広めていった。その人気ぶりに、ブダペストの政官界で嫌われていたナチス・ドイツのヤゴー公使は嫉妬し、ハンガリー外務省に苦情を言ったこともあった。

ペル公使は大久保にも積極的に近づいて来た。当初大久保は戸惑い、「日米関係を懸念する本国から、日本の外交官と親交を深めるようにと指示されているのだろうか……」と勘繰った。

中国問題、三国同盟で冷え込んだ日米関係は、日本の南進政策によりさらに冷え込んでいた。日本はソ連との中立条約によって北方の不安がなくなったため、南部仏印（フランス領インドシナ、現在のカンボジア、ベトナムとラオスの南部分）へ目を向けた。これに対しアメリカとイギリスは、南部仏印に進駐しないよう日本に求めた。

七月、近衛首相は内閣を改造し、日米関係改善のため、松岡外相を更迭した。若い時分にアメリカに留学し、皿洗いからたたき上げた松岡は、留学中に人種差別も体験し、根はアメリカ嫌いだった。対米強硬派の松岡をやめさせなければ、日米交渉の継続は難しいとの判断からだった。

後任の外相には豊田貞次郎海軍大将が就任し、駐米大使には野村吉三郎海軍大将が任命された。野村はアメリカ駐在武官だった時、当時海軍次官だったルーズヴェルトと親交を深め、離米後も個人的な付き合いを続けていたので、冷え込んだ日米関係の好転が期待された。

しかし日本が予定通り南部仏印に進駐したため、アメリカ、イギリス、オランダとの対立は決定的となった。アメリカは在米日本資産を凍結し、石油の対日禁輸に踏み切った。さらにイギリス、中国、オランダとともに、日本を経済的に追いこむ作戦をとった。

こうした状況から、大久保はペル公使の親しげな態度を勘繰ったのだが、やがてその人柄がわかると、ペル公使のみならず、トラヴァース参事官とも親しく付き合うようになった。ドナウ川中州のマルギット島のゴルフコースで、日米両公使館のゴルフコンペをしようという話も持ち上がった。

しかしペル公使自身は、アメリカと枢軸国との関係が悪化の一途をたどっていることから、ハンガリー公使としての自分の任期はそれほど長くないだろうと着任前から予測していた。ハンガリーに赴任する直前、ワシントンに一時帰国した際にもルーズヴェルト大統領に次のように頼んでいた。

「早いうちに私の次のポストを見つけておいてください。早々に問題が起きると思いますから」

着任後も私邸は構えず、ドナウ川沿いの高級ホテル「ホテル・リッツ・ドナパロタ」のバルコニー付きスイートを六室借り上げ、そこを住まいとした。

ホテル・リッツ・ドナパロタ

事態は早々にペル公使の予想通りに展開する。日米公使館のゴルフコンペも、ついに開かれることはなかった。

三国同盟強化に邁進する大島大使

筆者の手元に画質の悪い、短い動画がある。そこには、夏季と思われる明るい日差しの中、スーツ姿の大島大使、帽子をかぶりハイヒールを履いた女性、日本人軍人らが歩く姿の後、白馬の四頭立ての馬車が走り去る様子が映っている。前書上梓後のリサーチで、この動画の撮影日や場所などの詳細が判明した。

大久保は後年、長男に次のように語っていた。

「大島大使は三国同盟強化のため、夫人を伴って自らハンガリーまでやってきた。自分は大島大使のために、白馬の四頭立ての馬車を用意した」

一九四一年七月、大島大使は、ドイツの衛星国であり、三国同盟の加盟国であるハンガリー、ルーマニア、ブルガリアを巡った。同行者は、豊《とよ》夫人、坂西一良《ばんざいいちろう》陸軍武官と内田藤雄書記官。ベルリンを車で出発し、二三日午前にドナウ川沿いのハンガリー側国境の町、コマーロムに到着した。ここでブダペストから大久保と井上書記官の出迎えを受け、バーボルナの町に移動した。バーボルナは小さいながらも、日本と縁の深い町だった。ハンガリーのこの小さな町と日本を結びつけたもの、それは馬である。

明治時代の日本は西洋に追いつくために、必死の努力をした。欧米から「お雇い外国人」を招聘して技術の習得に努め、富国強兵策に着手した。重要政策の一つが、「馬匹《ばひつ》の改良」だった。近代戦争では鉄、弾薬、将兵と並んで軍馬が重要だった。しかし、日本の在来馬は西洋種と比べて体高が小さかった。さらに、戦のなかった江戸時代、馬は主に農作業に使役され、武士の馬の乗り方も前躯に重きを置いていた。そのため日本の馬は後躯が弱く、性格も軍馬にはまるで適さなかった。馬匹改良の必要性を痛感した明治新政府は、西洋から優秀な馬を輸入して在来和種と交配させ、軍馬に適した体格と能力を備えた馬を育成するという国家プロジェクトに乗り出す。

馬の輸入元の一つが、ハンガリーだった。前述したように、ハンガリーを建国したマジャール人の祖先は中央アジアの騎馬民族だ。ハンガリー産の馬は美しく俊敏なだけでなく、性格は従順でストレスに強く、度胸がありながら命令には敏感と、まさに軍馬に適していた。ハンガリー産の馬は世界で高く評価され、引く手あまただった。

白馬にまたがった昭和天皇の有名なご真影がある。馬の名は「白雪」。後に順天堂大学病院長となる医学博士の佐藤達次郎男爵が、ハンガリーで見て一目ぼれした馬だった。佐藤男爵は、日本馬術の基礎を築き、「馬の神様」とも呼ばれた陸軍の遊佐幸平騎兵少佐（最終階級は少将）に、この馬の買い付けと調教を依頼した。御料馬にふさわしい調教を施された白雪は一九二六年に献上され、昭和天皇は白雪を大層気に入ったという。その白雪が生まれたのが、バーボルナの種馬牧場だった。

同年一一月には、日本陸軍の渡辺大佐がバーボルナ牧場を訪れ、白雪号に騎乗した昭和天皇のご真影を贈呈し、感謝の言葉を伝えた。ハンガリー紙によれば、渡辺大佐はさらにハンガリーから馬一万頭を購入するべく、バーボルナの他、セゲド、メズヘージェシュの種馬牧場をまわった後、次のように述べた。

「このたびハンガリー各地をまわり、トリアノン条約によって押し付けられた国境線がいかに不自然で不条理なものか、よくわかった」

ハンガリー国民の心情に寄り添ったこの発言について、ハンガリー各紙は、「日本の大佐による、この発言の意義は大きい」と期待をこめて報じた。この「渡辺大佐」を特定するのに、歴史ジャーナリストの渡辺延志氏と防衛省防衛研究所図書館にご教示をお願いした。「そのような場合はベルリンから駐在武官を派遣するはず」と防衛研究所図書館からご教示いただき、調べた結果、一九二四年（大正一三年）から二七年までドイツ駐在武官を務めた渡辺良三砲兵大佐（最終階級は中将）と思われる。

バーボルナ牧場は大島にとって、個人的にも思い入れのあるところだった。父健一が一九〇〇年（明治三三年）に、伏見宮（閑院宮）戴仁《ことひと》の随行団の一員としてこの牧場を訪れていたからだ。牧場のゲストブックに父の名を見つけた大島は、「四一年の時を経て、父のサインと対面できた」と大層喜んだ。昼食後、大島夫妻、大久保、ハンガリー軍大佐の四人は、四頭立ての馬車に乗り、牧場内を一周した。（なお、二〇一九年には秋篠宮家の佳子さまがバーボルナ牧場を訪れ、同じように白馬の馬車に乗車されている。）

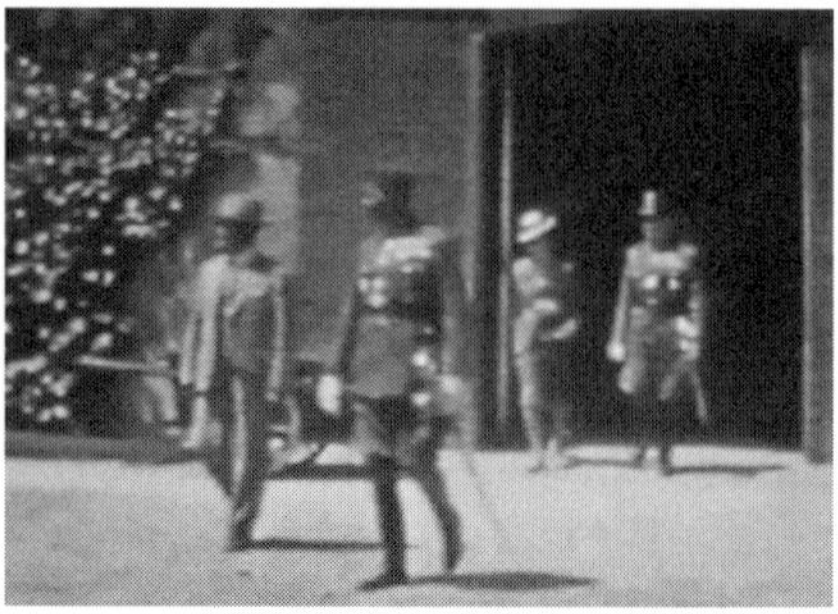

1941年7月、バーボルナ牧場を訪れた大島大使（左端）。後方の女性は豊夫人と思われる（筆者所蔵動画より）

バーボルナ牧場を走る馬車
（筆者所蔵動画より）

上に映るのと同じ建物。現在は馬博物館になっている（Kiss Sándor氏提供）

ブダペストでは、バールドシ首相との会談、ドイツ・イタリアの代表も出席しての首相主催の午餐会、ハンガリー政官界人との交流会など、多くの行事が続いた。ホルティ摂政からは、大島に「第十字功労勲章」が授与された。

ハンガリーの新聞各紙は大島の訪問をにぎにぎしく報じ、「大使が発するすべての言葉から、ハンガリー人に対する愛、友好、称賛がほとばしり出ていた。友人としてハンガリーにやってきた大使は、親友となってベルリンに帰っていくだろう」などと報じた。

ブダペストを離れる直前、大島は対ソ戦でのハンガリー軍の戦いぶりを称賛した後、次のように語った。「ハンガリーで私は本当にくつろぐことができました。皆さんが最高のもてなしで歓迎してくださったことはもちろん、日本人とハンガリー人の共通点を多く見出せたからです。ハンガリー人と日本人は親戚関係にあり、これをさらに発展させていかねばなりません。ツラン族に属する人々には、新たな世界史における大きな役割が期待されています」（"Magyarság" 1941.07.26）

大島大使は翌年四月と七月にも、ハンガリーをはじめとするドイツの衛星国を歴訪した。

枢軸同盟の結束強化に邁進する大島をドイツのゲッベルス宣伝相は称賛し、一九四二年四月二三日の日記に次のように記している。

大島の南東方面の出張に同行した記者から詳細な報告を得た。それによれば、大島は枢軸同盟のために極めて雄弁に語り、非常に賢明に立ち振る舞った。自分の意見、とりわけ自らの親独ぶりを率直に認め、ブカレストでも、ブダペストでも大きな成功を収めたそうだ。…大島はもっとも成果をあげている枢軸同盟の戦士の一人だ。将来彼の功績を称える記念碑をドイツ国内に建立すべきだろう。

1942年4月、ブダペストを再訪した大島大使（中央）。左隣大久保、後方芳仲少将
（ハンガリー国立博物館所蔵）

1942年7月、ブダペストを三度目に訪問した大島大使。右はバールドシ首相
（ハンガリー国立博物館所蔵）

（"The Goebbels Diaries"p181）

ちなみに、一九四二年四月七日付けのアメリカの『マジック・サマリー』には、ドイツの衛星国に関する大島の報告が掲載されている。本心が透けて見えるようだ。

「ベルリンから東京。一九四二年四月五日。大島大使の報告。

バルカン地域では、とりわけハンガリー、ルーマニア、スロヴァキア、クロアチアとの間に相当の軋轢《あつれき》が存在する。なかでもハンガリーとルーマニアの間には、少数派と失地回復の問題を巡る深い怨念がある。だが、『ドイツはこれらの国々の生殺与奪権を握っている。これらの国々はまるで同じ籠に入れられ、互いにわめき合う、種類の異なる鳥のようだ』」

（SRS-564）

ヒトラーの誤算

ソ連領内に侵攻したドイツ軍は破竹の勢いで進軍した。兵力面でも戦力面でも勝るドイツは、九月二六日にはキエフ（現在のウクライナの首都キーウ）を包囲した。ヒトラーは二、三か月で首都モスクワを陥落させ、秋までの三、四か月でソ連を屈服させられると踏んでいた。

しかし、ことはヒトラーのもくろみ通りには進まなかった。

ドイツの電撃作戦に虚を突かれたソ連だったが、急ピッチで交戦態勢の整備に取りかかった。軍の組織を再編し、軍需工場を戦線から離れた東方へ移転。スターリンはラジオ演説で、対ドイツ戦への積極参加を呼びかけ、国民の士気を高めた。徐々にソ連は戦時態勢を整えていった。

対するドイツでは、多くの誤算が表面化し始めていた。まず、ロシアの大地はとにかく広かった。見渡す限り、果てしなく広がる真っ平らな草原。戦線は南北に長く伸び、弾薬や食糧を最前線に届けるための補給路も長く伸びた。ソ連とドイツの鉄道システムの違いも想定外だった。ソ連の鉄道はドイツのようには整備されていなかった。線路の幅も違ったため、ドイツの貨車をそのままソ連領内に乗り入れることができなかった。前線に物資を届けるには、まず線路を修正しなければならず、この作業に予想外の資材と労力、そして時間がかかってしまった。広大なソ連は兵力も無尽蔵のようだった。ソ連兵は倒しても倒しても、湧き出てくるようだった。フランスやオランダ、ユーゴスラヴィアに通用したドイツの戦法は、ソ連には通用しなかった。

それでも粘り強いドイツ軍は、南方面ではキエフを包囲した後大勝利をあげ、東方面では一〇月半ばには先頭部隊がモスクワから一三〇キロの地点にまで到達した。

この知らせにスターリンも腹をくくった。首都が敵の手に落ちることを覚悟し、首都機能をモスクワから東のヴォルガ川沿岸の都市クイビシェフ（現在のサマーラ）へ疎開させると宣言した。モスクワ市内の主な建物には爆破命令が出され、市全体に戒厳令が敷かれた。男性も女性も子どもまで駆り出されて、市の周囲に敵の進軍を阻むための塹壕《ざんごう》が掘られた。モスクワ市民はパニック状態に陥った。駅や東へ通じる道路には、市から脱出しようとする人々が殺到した。

ソ連政府に同行する形で、日本を含めた各国外交団もクイビシェフへ移転した。しかしスターリン自身は、いつでも脱出できる準備を整えた上で、クレムリンに留まって指揮を取る道を選択した。

そこへ、ロシアの秋の長雨シーズンが始まった。ドイツと異なり、ソ連には舗装されていない道路が多かった。ロシアの土は水を含み、重くなった。性能はいいが、舗装された道路を走るために製造されたドイツの車両はぬかるみにはまり、身動きがとれなくなった。一方、ソ連の戦車は悪路でもずんずん進み、構造がシンプルなため、故障も少なかった。風土や戦法の違いがドイツ軍を苦しめ始めた。ドイツ大本営に、前線の司令官から悲鳴が届き始めた。「越冬の準備が必要だ」、「今のような作戦ではだめだ。我々は徐々に消耗してきている」。しかしこうした前線からの声に、ヒトラーは耳を貸さなかった。

雨はみぞれに変わり、みぞれは雪に変わった。冬になる前に決着できると思っていたため、ドイツ軍の装備は夏のままだった。総司令官ヒトラーの出す指令も一貫性を欠いていた。演説はうまかったが、話の中身は支離滅裂だったヒトラーは、作戦も場当たり的で合理性を欠いていた。ようやくレニングラードを目前にした部隊に、突然モスクワへ転戦を命じたりした。二転三転する大本営の指示に、前線の指揮官らは混乱し、兵士たちは士気をそがれた。

ドイツ軍の進軍のペースが落ちてきた。早くも一〇月一八日、イタリアのチアノ外相は日記に記している。

複数の情報筋によれば、ドイツ軍の進軍ペースはモスクワを前にして落ちてきている。これは彼らが勝利の歌を早くに歌いすぎたということなのだろうか?

（"The Ciano Diaries" p394）

大久保は現状を知ろうと、ベルリンの日本大使館に電話をかけてみた。相手は同期入省で親友の加瀬俊一《しゅんいち》参事官だった。

大久保の問いに、加瀬は答えた。

「コーヒー豆の粒が大きすぎて、せっかく挟んでも豆がつぶせないのだ」

この言葉を聞いた大久保は、ドイツ政府の受け売りのような説明だなと思った。

ベルリンからの使者

そんな頃だった。ベルリンから松島鹿夫公使が、大島大使の命を受けて出張してきた。貿易省設立騒動の時に貿易局長だった松島公使は、このとき日独伊混合専門委員会の委員としてベルリンの日本大使館にいた。混合専門委員会は、三国同盟締結の際に日独伊三か国の政治、軍事、経済の連携を目的として設立された委員会だった。

松島公使(左)と大久保

ドイツの衛星三か国——ハンガリー、ルーマニア、ブルガリアの三公使に集合がかかった。松島公使の出張の目的は、「東部戦線戦況についての説明」であり、その主旨は、「ドイツ軍の作戦は予定通り進んでいるので、余計な心配はするな」というものだった。三人はその裏に、「ドイツ軍に不利な報告を本国にするな」という大島大使からのメッセージを感じ取った。

特命全権大使（または公使）はいわば「一城の主」であり、本来お互いの間に上下関係はない。ところが松岡外相はベルリンの日本大使館を一段上に置き、大島大使にドイツ周辺国の公使を監督する権限を与えた。そしてヨーロッパに駐在する大公使らに、「職務の執行に際しては大島大使の内面指導を受くべし」と訓令した。これにより、ヨーロッパの在外公館から東京の外務大臣宛ての重要公電はすべてベルリンにも転電され、チェックを受けることになった。ドイツに不利な報告をした者は叱責されたり、ベルリンまで呼び出される者まで出てきた。こうした状況に大公使らは内心ひどく苛立ったが、権勢を誇る大島大使を前になすすべもなく、次第に大島大使の気に触るような報告を控えるようになっていった。

ルーマニアの筒井公使と、スウェーデン駐在武官の小野寺夫人の次の証言がある。

ある時、本省から「バルカンに親独的でない日本外交官がいるとドイツ側から苦情があったから注意ありたし」というバカな電報がきたことがあった。あるいはドイツに解読された電報が親独的でなかったのかもしれないし、あるいはまた私のことではなかったのかも知れない。

（『風雲急な欧州に使いして』一七七頁）

ドイツは駐独大使の大島さんやベルリンの武官室には故意に都合のよい情報だけを流して、日本の中央に届くように取り計らっていたのに、それとは全く違ったドイツに不利な情報がストックホルムから日本へ送られるというのでは、ドイツにとって我慢のならないことであったに違いない。……在独大使館からも武官室からもわざわざ人を派遣してまで、また中央からも、ドイツ批判の報告は差しひかえるようにと夫に注意があったが、夫は一向に気にとめなかった。批判ではなく真実を報告しているのだから。

（『バルト海のほとりにて』一五四頁）

松島公使がベルリンに戻っていった後、三人の公使は忌憚なく意見交換をした。その結論は明るいものではなかった。

行き詰まった日米交渉

独ソ戦はヒトラーが当初予定していた「三、四か月」を超え、開戦から五か月が経っていた。ドイツ大本営が流す戦況情報は景気のいい戦勝情報ばかりであり、それを受けて大島大使がベルリンから本国に送る報告も同様だった。東京側は、ヨーロッパの中でもとりわけベルリンからの情報を重視していた。大島とヒトラーをはじめとするナチス首脳部との親密さから信頼度も高いと見ており、ドイツは対ソ戦を有利に進めているものと信じていた。

その頃、日米交渉はついにデッドロック状態に陥っていた。アメリカによる対日石油禁輸制裁と、イギリス、中国、オランダとの対日包囲網はじわじわと日本を締めあげていた。内閣の中にも、もはや武力対決は避けられない、という空気が醸成されていった。交渉継続を主張する近衛首相と豊田外相と、開戦を主張する東條陸相とが対立し、ついに近衛首相は一〇月一六日、閣内不一致で内閣を放り出してしまった。

後任の首相には東條英機陸相が就任した。陸軍大臣であれば、陸軍の暴走を抑えられるのではないか、また天皇を崇拝する東條ならあまり無茶なことはしないのではないかという、木戸幸一内府の淡い期待を込めた人選だったが、この人選には東條本人が一番驚いたという。理由の一つは、東條が陸軍中将だったことにある。中将は大臣にはなれるが、首相にはなれない。首相になるには大将でなければならない。そのため東條は首相就任後に大将に昇格する。

東條とベルリンの大島大使は陸軍大学校の同期入学で、「おい」「おまえ」と呼び合うほど親しい仲だった。

外相には駐ソ大使や駐独大使の経験を持つ、東郷茂徳が就任した。

東條新内閣は当初、日米交渉については継続の方針をとった。しかしデッドロック状態は打開されず、一一月に入ると閣内の交渉継続派はついに東郷外相一人となってしまった。最後の望みを託し、来栖三郎前駐独大使が二人目の駐米大使としてワシントンに派遣された。

ところが同月二六日、アメリカのハル国務長官から野村、来栖の両大使に手渡された回答は妥協の余地のないものだった。このいわゆる「ハル・ノート」は両大使のみならず、日本政府を絶望の底に突き落とした。孤軍奮闘してきた東郷外相も落胆し、働く意欲を失ってしまった。

意気消沈した外相とは対照的に、軍の多数派はそれ見たことかと勢いづいた。同盟国ドイツがソ連相手に戦いを有利に進めているという情報も、勢いを後押しした。

東郷外相から、ベルリンの大島大使とローマの堀切大使のもとに電報が飛んだ。

「日米交渉は最終局面に入りつつある。交渉が決裂した場合、英米との関係は断絶し、独伊との関係強化が必要になるので、貴使は精力的に動いて欲しい。また、ヒトラー、ムッソリーニとの特別面会を要請するかもしれない。ただし実際に指示するまで、独伊側にはこのことは一切漏らさぬように」

(HW12/271-098413)

一一月二九日の重臣会議、続く一二月一日の御前会議で、日本政府はついにアメリカ、イギリス、オランダとの開戦を決定。これを受けて日本はドイツとイタリアに対し、「日本と英米が交戦状態に入った際には独伊も宣戦し、単独講和を結ばない」という単独不講和協定の締結を申し入れた。

一二月三日、この申し入れをイタリアの堀切大使がムッソリーニに伝えた時の様子を、チアノ外相が日記に記している。

日本による度肝を抜く動き。日本の大使がドゥーチェ（筆者注・ムッソリーニのこと）との面会を求めてきた。大使は、日米交渉は長い交渉の末、行き詰まったという声明文を読み上げた。そして、戦闘開始時には三国同盟の付帯条項に従ってイタリアも直ちにアメリカに宣戦布告することを求め、アメリカと単独講和しないという協定を日本と結ぶことを提案してきた。メモを取る通訳の手は、木の葉のように震えていた。

（"The Ciano Diaries" p414）

続けて次のように記している。

この新たな出来事は何を意味するのだろうか？　今やルーズヴェルトの策略は成功した。戦争に直接参加するだけでなく、日本にアメリカを攻撃させるという間接的なルートでの参戦にも成功したのだ。和平へのあらゆる可能性がさらに遠のいていく中、長期戦になるだろうと予想するのは非常に簡単だ。問うべき質問は、もっとも長く持ちこたえられるのは誰か、というものだ。

（"The Ciano Diaries" p414）

ムッソリーニは日本側の要請を即座に承諾しながらも、正式にはドイツと相談してから検討すると回答した。

そのドイツはソ連の予想外の反撃に遭い、総司令官のヒトラー自ら前線に出向いていたため、回答が遅れた。ソ連相手に苦戦していたヒトラーにとって、日本に攻撃して欲しいのはアメリカではなくソ連であり、アメリカの参戦は迷惑だった。リッベントロップが、「日本の対米攻撃は英米の注意をヨーロッパからそらし、ドイツ軍の士気向上に貢献するだろう」と言ってとりなしたことで、ようやくヒトラーは日本の申し入れを承諾した。その心の底には、「ドイツが日本を助ければ、日本もドイツを助けてソ連に宣戦するのではないか」という期待もあったといわれる。

対米英単独講和を禁じた日独伊三か国の協定は、一二月一一日にベルリンで署名される運びとなった。

一二月六日、ブダペストではアメリカのペル公使が、バールドシ首相にイギリス政府の通告を手交した。「手交する」とは、「手渡す」という意味の外交用語だ。イギリスは、四月にハンガリーがドイツ軍の領内通過を許可したことからハンガリーと断交したので、ハンガリーにおけるイギリスの権益はアメリカ公使館が代表していた。

イギリスはソ連から、ドイツの衛星国に対して宣戦するよう要請されていたが、ついにその要請を受け入れた。ペル公使がハンガリー政府に手交した通告には、「イギリスは明日、ハンガリーと戦闘状態に入る」と記されていた。

イギリスに続き、英連邦に属するカナダ、オーストラリア、ニュージーランド、南アフリカもハンガリーに宣戦布告した。

一二月七日の夜、大久保は拡大する戦争に不安を募らせながら、いつものように床に入る直前、ラジオのスイッチを入れた。日本の海外向け短波放送を聴くためだ。日本はすでに翌日の朝。朝のニュースの後、ラジオ体操の音楽に合わせて体を動かす長男と次男の姿を思い浮かべながら眠りにつくのが、ブダペストに来てからの習慣になっていた。だが、この夜は様子が違った。ニュースを中断して天気予報が流れたのだ。

「ニュースの途中ではありますが、天気予報をお伝えします……」

大久保ははね起きた。

本省から、「開戦の直前に、天気予報の形で相手国を知らせる。北の風と言えばソ連、東の風と言えばアメリカだ」と知らされていたからだ。力んだ声が「東の風」を繰り返した。

対米開戦だ！

大久保は目の前が真っ暗になった。

翌日、ブダペストに住む日本人全員が公使館に集まった。皆、一様に大きなショックを受け、神妙な面持ちだった。朝日新聞の笹本駿二特派員が記している。

> 公使のＯさんがあいさつした。Ｏさんは途中で泣きじゃくってしまい、それにつられて参会者の半ばも涙した。戦争をはじめたからには勝たなくては、という単純な論理だけがはっきりしていて、それ以外のことは考えることを許さない国家の倫理が、一万キロも離れた外国にある日本人サークルを支配する、ということに誰も疑念をいだかなかった。参会者一同は、Ｏさんの音頭で万歳を唱え涙をぬぐって大声をあげた。誰もが（軍事専門の陸軍武官も含めて）明快な見透しを持っていたわけではなかったが、「勝たねばならないのだ」という気持ちは強かった。
>
> （『第二次世界大戦下のヨーロッパ』一〇九頁）

真珠湾における日本海軍大勝利の報は、日中戦争で停滞感に包まれていた日本国内の空気を一変させた。皇居前広場には大勢の人々が集まり、歓喜の声をあげた。東京のビルの屋上からは、「屠《ほふ》れ！米英われらの敵だ」、「進め！一億火の玉だ」という垂れ幕が下がった。日本中に「万歳！」の声がこだまし、国民は沸き立った。

日本軍の勝利にハンガリー国民も沸き立った。開戦直前から、ハンガリー紙は日本の陸空軍がいかによく訓練され、装備もそろっているか、日本がいかに満州や太平洋諸島、アジアの植民地をうまく統治し、日本国民がどれほど高い犠牲的精神を持っているかを書き立て、「日本は英米との戦争を望んでいない。だが、もし戦争になっても、日本は確実に勝利を手にするだろう」などと論評していた。

再び笹本特派員の記述。

ハンガリーは古くからの親日国である。〝マジャール人はアジアに起源する〟というのがこの国の親日の土台である。ハンガリーがパール・ハーバー奇襲の成功に示した喜びは、ほかの枢軸諸国には見られぬ異常なものがあった。……日本の陸軍武官は、ブダペスト社交界のスターにされてしまった。「枢軸側の最後の勝利をもたらすのは、ドイツではなくて日本である」という神話がハンガリーでは信じられていたのである。「ヨーロッパのまん中に、たったひとりいるアジア民族」という感傷から、ハンガリー人の見る日本はバラ色に染めあげられていた。（『第二次世界大戦下のヨーロッパ』一一一頁）

しかし日本の真珠湾攻撃に世界でもっとも喜んだのは、イギリスのチャーチル首相だったかもしれない。イギリスはドイツの猛空爆に苦しめられ、なんとかアメリカを参戦させようと説得を試みてきた。しかしアメリカは物的支援はしてくれても、参戦については首を縦に振らなかった。それを日本がやってくれたのだ。チャーチルは、「これで我々は勝った。イングランドは生きるだろう。ヒトラーの命運は決まった。日本人は微塵に打ち砕かれるだろう」と喜び、安堵し、感謝した。

アメリカのルーズヴェルト大統領は直ちに議会で対日宣戦を布告。三国同盟に基づいてドイツ、イタリアも、アメリカに宣戦布告をした。

奇しくも同じ日、ドイツはモスクワ攻略作戦の停止を宣言。ソ連相手に苦戦していることを、初めて認めた。

踊るあやつり人形

ドイツはハンガリーに対しても、三国同盟を理由に対米参戦を求めてきた。

しかしハンガリーには、アメリカやイギリスと戦う理由がなかった。ユーゴスラヴィアとは領土問題があった。ソ連には共産主義の脅威があった。しかしアメリカやイギリスと戦う理由は何もなかった。国民の誰も、アメリカやイギリスとの戦争など望んでいなかった。ホルティをはじめとする親米英派だけではない。議会も、親独派のバールドシ首相さえも望んでいなかった。何より、ハンガリーにはそれだけの国力がないことを、誰もが認識していた。

ハンガリー議会は審議の末、対ソ参戦要請を受けたときと同じように、アメリカとの外交関係を断つだけに留めることを提案した。

議会の提案を受けてバールドシ首相は一二日、アメリカのペル公使を官邸に呼び、ハンガリーがアメリカと断交することを伝えた。ペルは尋ねた。

「それは宣戦布告という意味ですか？」

「そうではない」とバールドシは答えた。

翌日、イタリア公使がムッソリーニからの次のメッセージを携えてきた。

「ハンガリーが枢軸同盟国とともにアメリカに対して行動を取らなければ、今後イタリアはハンガリーを支援しない」

イタリアからも参戦を求められ、苦悩したバールドシ首相は再びペル公使を呼んだ。

ペル公使が部屋に入ると、バールドシ首相は不安そうな表情をして、涙を流していた。そこへドイツのヤゴー公使が荒々しく入ってきた。いきり立つヤゴーは、対米宣戦を強く迫った。迫力に屈したバールドシ首相は、ペル公使に宣戦布告を通告した。時刻は午後五時三〇分。対ソ開戦のときと同様、法で定められた議会や摂政による承認のない、宣戦布告だった。

ドイツの圧力を受けて、衛星国三か国、ハンガリー、ルーマニア、ブルガリアは、アメリカとイギリスに宣戦布告をした。しかしアメリカのルーズヴェルト大統領は、これらの国々の状況に理解を示し、次のように述べて、連邦議会に対して宣戦布告を求めなかった。

「ドイツの衛星国はヒトラーのあやつり人形であり、ヒトラーが糸を引いたら踊らなければならない」

ハンガリー軍第一陣の帰還式典

夏に派兵されたハンガリー第二軍は独ソ戦の南方面、現在のウクライナ領でドイツ第一七軍の指揮下に入り、最前線で戦闘を続けていた。七月中旬には早くもカメネツ・ポドリツキー（現在のウクライナのカームヤネツィ・ポジーリクシイイ）、さらにニコラエフ（同ムィコラーイウ）へと歩を進め、その後キエフ（同キーウ）とウマニを包囲するドイツ軍を防衛するため、ドニエプル川沿いの町ドニエプロペトロフスクとニコポリとを結ぶ、一〇〇キロ以上に及ぶ長い前線を任された。一〇月には黒海に注ぐドニエプル川を渡り、ドネツクに達した。だが一連の戦闘で三〇〇〇名もの死傷者を出し、装備の七五％を失い、その戦闘能力は著しく低下した。

その第一陣が一一月、ハンガリーに戻ってきた。

一二月一四日、ブダペスト市内東部の英雄広場で帰還した将兵のために式典が開かれた。

英雄広場は、ブダペスト市の目抜き通りであるアンドラーシ通りの端に位置する市内最大の広場だ。一八九六年にハンガリーの建国一〇〇〇年を記念して造られ、中央には、高さ三五メートル、頂上に大天使ガブリエルをいだく、建国千年記念碑がそびえ立っている。記念碑の左右には、歴代の国王や将軍、芸術家などハンガリーの英雄一四人の銅像が並んでいる。

式典には、ブダペストに駐在する外交団も招待された。ドイツと日本は来賓の中でもトップに位置づけられ、大久保は首相夫妻とドイツ公使夫妻とともに観謁台に立った。

戦功をあげた将校に勲章が授与された後、兵士を乗せたトラックや戦車が通りをパレードした。沿道は大勢の市民によって埋め尽くされ、前線から戻ってきた兵士たちを大きな歓声で包んだ。

しかしハンガリー国の威信をかけた盛大な軍事パレードを眺めながら、大久保はふとあることに目がいった。兵士たちの顔に浮かぶ疲労の色、破損したトラック。大久保は困惑した。

「これが戦いを優勢に進めている軍隊の凱旋だろうか……」

そして直感した。

「東部戦線の現状は、言われている以上に厳しいものに違いない」

脳裏を、一八一二年、ロシアの冬将軍の前に敗退したフランスのナポレオン軍がよぎった。

「独ソ戦は相当の長期戦になるだろう。最悪の場合、ドイツに勝ち目はないかもしれない」

さらに思った。

「日本は最終的にドイツが勝てないことを知らずに対米英戦に入ってしまったのではないか……」

独ソ戦の戦況は、日本の戦争の行方にも大きな影響を与える。これは重要な情報だ。一刻も早く本国に伝えたい。しかし重要公電はすべてベルリンに転電するよう指示されている。ベルリンの逆鱗に触れるのは確実だ。しかも先日ベルリンから直々に松島公使が来て、釘を刺されたばかりだ。何とかベルリンの横槍を受けない形で、本国に伝える方法はないものか…。

大久保は知恵を絞った。しかしいい方法はなかなか見つからなかった。

大久保の直感通り、冬の訪れとともに、独ソ戦の最前線は壮絶なものになっていた。一一月に入ると、北部の前線では最低気温が零下二〇度から四〇度にまで下がった。この冬は例年にも増して寒さが厳しく、吹き荒れる強風は体感温度をさらに下げ、兵士たちの体力を容赦なく奪っていった。

ドイツ政府は急遽国民に毛皮やスキーを供出させた。しかしせっかく用意された防寒着や凍結防止剤なども、線路の軌道の修正作業が追い付かず、前線には届かなかった。弾薬や燃料も不足していた。だがヒトラーは退却を禁じ、ドイツ兵は酷寒の中、防寒用のコートも手袋も靴もないまま、戦闘を続けなければならなかった。凍傷で手足の指を失う者が続出した。この冬、凍傷にかかったドイツ兵は二三万人近くにも上ったといわれる。

対するソ連側は、日本に潜入させたゾルゲなどのスパイがもたらした情報から、日本が当面ソ連を攻撃する意思がないことを知り、極東に配備していた「シベリア師団」を、一部を残して西へ大移動させるという大きな賭けに出た。ドイツ兵は夜になると小部隊を残して付近の民家に入って眠った。一方、厳冬戦の訓練を受けていたシベリア師団の兵士は分厚い毛皮のコートを着たまま、どこででも眠った。そのためドイツ軍が日中にいくら包囲しても、夜になり包囲が手薄になると逃げてしまう。本格的な冬の訪れとともにソ連軍は各地で反攻に転じ、前線は少しずつ西へ押し戻されていった。

消えた外交の良識

この年の状況について、大久保は次のように振り返っている。

一九四一年春頃までは、ヒトラーがユーゴー攻撃のあと、ヨーロッパの戦局打開のため、ソ連に侵入するなどということを予想する人は一部の人びとを除いては少なかった。と同様に、中国大陸であれだけの消耗戦を続けている日本が、その動機の如何はさておき、さらに英米に対して戦争に入るなどという大冒険を冒すことなど夢想だにしないというのが、ヨーロッパにおける常識だった。（『回想』）

結果的に日独両国は大方の予想や常識を覆す道を進むが、その理由については次のように記している。

当時こうした外交の良識の働く余地はまったく閉ざされていた。独逸でも日本でも、ある行き詰り自体を多少の犠牲を忍んでも解決しようとするのではなく、さらに大きな事態に突入することによって、一時的に難局を解決しようという安易な考え方が支配的であった。

（『回想』）

ハンガリーがアメリカに宣戦布告したので、ブダペストのアメリカ公使館は閉鎖されることになった。帰国するアメリカ館員たちに対し、別れを惜しむ声があちこちからあがった。

ある書記官は送別会に招待され、会場に着くと、ハンガリー政官界の重鎮が顔をそろえていた。宴もたけなわ、主催者は立ち上がると言った。

「皆さん、今夜の主賓は敵です。したがって一言説明が必要でしょう。私は親独でも、親英でも、親米で

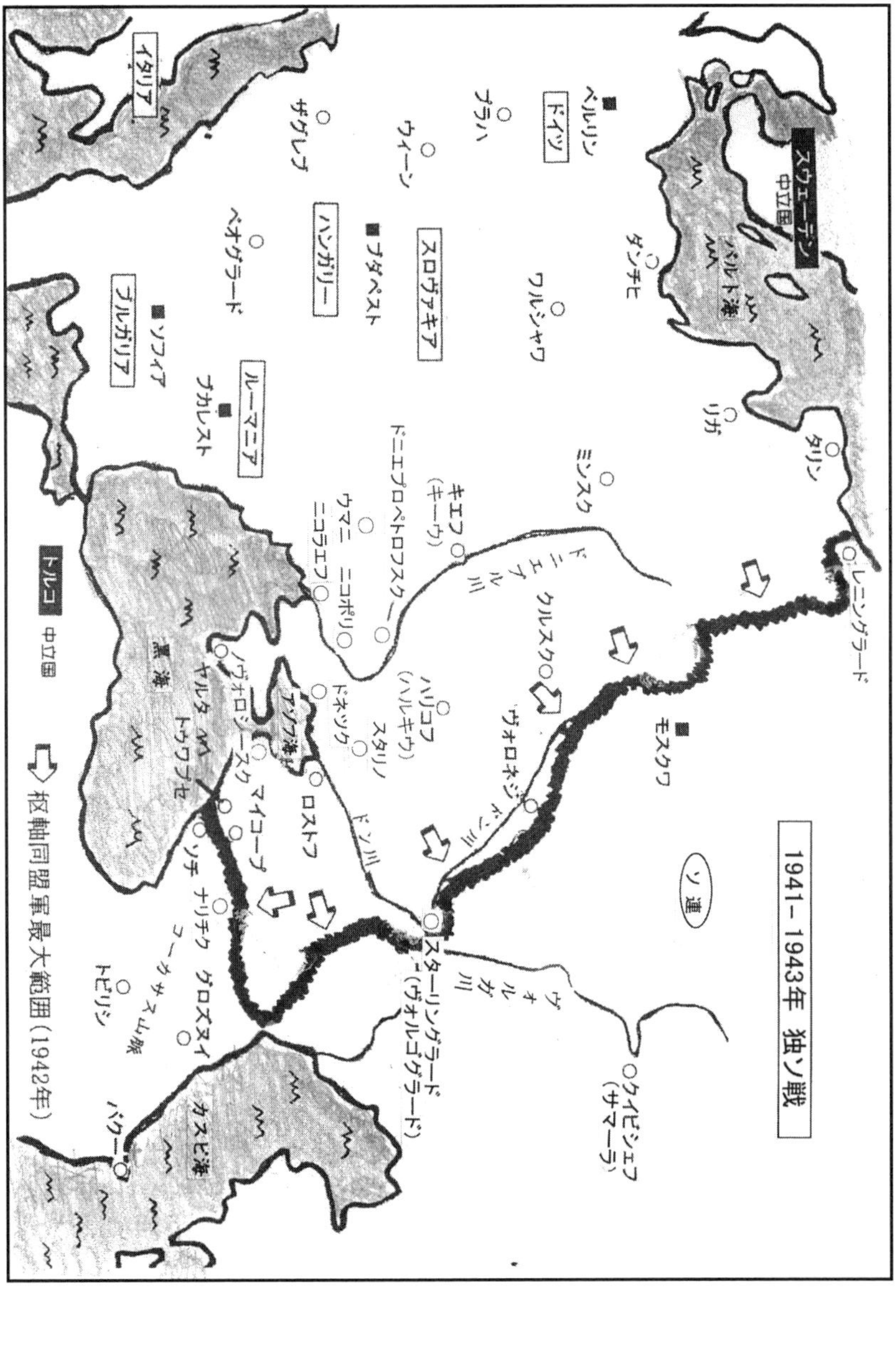
1941－1943年 独ソ戦
ソ連
スウェーデン
中立国
バルト海
リガ
タリン
レニングラード
モスクワ
クイビシェフ
（サマーラ）
ヴォルガ川
スターリングラード
（ヴォルゴグラード）
ドン川
ヴォロネジ
クルスク
ドニエプル川
ミンスク
ワルシャワ
ダンチヒ
ドイツ
ベルリン
プラハ
ウィーン
ザグレブ
イタリア
スロヴァキア
ハンガリー
ブダペスト
ベオグラード
ブルガリア
ソフィア
ルーマニア
ブカレスト
キエフ
（キーウ）
ドニエプロペトロフスク
ウマニ
ニコラエフ
ニコポリ
ハリコフ
（ハルキウ）
スタリノ
ドネツク
アゾフ海
ノヴォロシースク
ヤルタ
トゥアプセ
黒海
トルコ
中立国
マイコープ
ロストフ
ソチ
ナリチク
グロズヌイ
コーカサス山脈
トビリシ
バクー
カスピ海
枢軸同盟軍最大範囲（1942年）

もありません。ただ、親ハンガリーです。そしてハンガリー人として、私は皆さんにお願いします。アメリカの速やかな勝利を願って、ともに乾杯してください！」

この言葉に客人らは一斉に立ち上がり、グラスを高く掲げ、飲み干すと、古くからの慣習に従ってグラスを床にたたきつけた。

トラヴァース参事官がホルティに別れの電話をかけると、ホルティは言った。

「忘れないでほしい。この宣戦布告は法にかなっていない。議会も承認していないし、私も署名していない」

ペル公使夫妻がブダペストを去る日、列車の発車時刻が深夜だったにもかかわらず、駅には帰国を惜しむ人々がつめかけ、ホルティをはじめ多くの人々から花束やプレゼントが手渡された。

そして当初ドイツの衛星国には宣戦布告しなかったアメリカも、ソ連からの要請と戦況の変化を受け、半年後の一九四二年六月に宣戦布告する。

第４章

ベルリンの在欧大公使会議——一九四二年

増派——ハンガリーの苦渋の選択

独ソ戦は、ヒトラーが想定した短期決戦の可能性は露と消えていた。冬を味方につけたソ連軍は猛反撃に転じ、前線は大きく西へ押し戻された。スターリンは首都モスクワを守り抜いたことに気を良くし、これで一気にドイツ軍を撃退できると考えた。部下の反対に耳を貸さず、すべての戦区において攻勢を命じた。だが装備や補給が追い付かなかった。ソ連軍は軍事作戦でもドイツ軍に大きく劣り、ハリコフ（現在のウクライナのハルキウ）周辺の見通しのいい草原地帯では、無謀な突撃作戦によって多くの若いソ連兵が次々とドイツ軍の銃弾を浴びて倒れていった。結果的にソ連軍はどの戦区においても決定的な戦果をあげることができなかった。

ドイツ側の損失も甚大で、戦死者、負傷者、行方不明兵が約一〇〇万人にも上った。残った部隊では十分な再攻勢は不可能と知ったヒトラーは、衛星同盟国に増派を要求した。ブルガリアは頑として後方支援にしか応じず、ターゲットはハンガリーとルーマニアに絞られた。

こうしてハンガリーの一九四二年は、ドイツとイタリアの要人の相次ぐ訪問で幕を開けた。

一月六日、ドイツのリッベントロップ外相が初めてブダペストを訪問した。雪の降る中到着したリッベントロップは、ハンガリー政府と市民の熱烈な歓迎を受けた。

宿泊先のホテル・リッツ・ドナパロタに到着すると、リッベントロップは一番いいスイートルームを要求した。あいにくその部屋には先客がいた。帰国直前のペル公使だった。アメリカ公使が滞在中と知ったリッベントロップは、一言命令した。

「追い出せ」

明け渡しを命じられたペル公使は部屋を出る直前、ソファーの背にかけてあった白いカバーを外して持ち去った。自分のソファーカバーの上に、あの横柄なアーリア人が座ることなど、絶対に我慢がならなかったからだ。

リッベントロップの訪問の目的は、これまで四度も延期されていた訪問の約束を果たし、戦況についての現状認識を共有し、枢軸同盟の鉄の結束を確たるものとすること、と説明された。

しかしそれは表向きの説明であり、真の意図は別に二点あった。一つは、ホルティの後継者問題だった。ホルティはとくに健康上の問題があったわけではなかったが、七〇代と高齢だった。またドイツから見て、「十分親独的」ではなかった。そのためドイツはより親独的な人物への交替を希望した。二点目は、対ソ戦へのさらなる協力だった。リッベントロップはハンガリーのバールドシ首相に、ヒトラーからの要求を伝えた。要求には甘い報酬がついていた。

ブダペストに到着したリッベントロップを乗せた車
（出典：Fortepan / Zoltán Marics）

「対ソ戦の春の大攻勢に、昨年よりも大幅に多い六〇万人の兵を出してほしい。そうすればトランシルヴァニア地方をすべてハンガリーに与えよう」

トランシルヴァニア地方の北部はウィーン裁定でハンガリーの手に戻ってきた。しかし南部はルーマニア領のままだった。南部のハンガリー系住民は、ルーマニア政府に抑圧されているとして、ハンガリー政府に救済を求めてきていた。同様にハンガリー領となった北部では、ルーマニア系住民がハンガリー政府に抑圧されているとして、ルーマニア政府に救済を求めていた。ハンガリーとルーマニアの関係はトランシルヴァニア地方をめぐって悪化の一途をたどっており、一触即発が懸念されるほど緊張が高まっていた。

隣国との緊張状態を理由にバールドシ首相は、「ハンガリーは国土防衛のために軍隊を残しておかねばならない」として、ヒトラーからの大増派の要請を断った。

一五日には、イタリアのチアノ外相がブダペストを訪れた。訪問の目的は、友好国ハンガリー政府の招待に応じたものだと説明された。しかし、真の目的は悪化するハンガリーとルーマニア関係の修復、そして対ソ戦増派要請の後押しだ、というのがもっぱらのうわさだった。

二〇日には、ナチス国防軍トップのカイテル元帥がやってきた。カイテルは威圧するかのように、大勢の随行団をひき連れてきた。そしてハンガリーの最大の弱みに付け込んで言った。

「ルーマニアは対ソ戦に多くの兵を送る約束をした。ハンガリーが増派しないなら、ドイツはトランシルヴァニア問題でルーマニアの肩を持つ」

反目し合う衛星国を、領土という餌をちらつかせながら競わせ、ドイツにとって最大の利益を引き出す——それがハンガリーとルーマニアに対するナチス・ドイツの外交方針だった。

カイテルの言葉に、バールドシ首相は夏の攻勢にハンガリー第二軍約一五万人の増派を約束した。

「ヒトラーの外交官」とナチス外交

ナチス・ドイツの外交について大久保は、「端的にいって素人の外交である」と断じている。国家元首のヒトラーは、長期的な視点から戦略を立てたわけではなく、状況の変化によって場当たり的に政策を決めることが多かった。一八〇度の路線転換さえあった。

「ヒトラーの外交官」、ヨアヒム・フォン・リッベントロップ（Joachim von Ribbentrop）外相も、生え抜きの外交官でも外交専門家でもなく、もともとはシャンパンのセールスマンだった。しかし英語とフランス語を流暢にあやつり、国外在住経験があり、成功した実業家として政財界に人脈を有していたリッベントロップは、ドイツ語しか話せず、ドイツ語圏外に住んだことのない者がほとんどというナチ党員の中では稀有な人材だった。そのためヒトラーの目にとまり、次第にヒトラーの外交アドバイザーとしての地位を確立していった。と同時に、「リッベントロップ事務所（Büro Ribbentrop）」と称する自らの外交事務所を設立し、ドイツ外務省と張り合った。

英独海軍協定や日独防共協定の交渉を手がけたリッベントロップは、一九三六年に駐英大使に任命される。しかし外交官経験がなく、国際外交の儀礼やしきたりに無知だったため数々の失態を演じ、ひんしゅくを買った。いずれにせよリッベントロップの最大の関心事は外交ではなく、ヒトラーの歓心を得ることだった。ロンドン駐在中も、ベルリンから離れることでヒトラーに忘れられてしまうことを心配し、頻繁にドイツに帰国したため、「さまよえるアーリア人」などと揶揄された。

一九三八年二月、リッベントロップは外務大臣に抜擢される。これは日本にとっても大きな意味を持つ出来事だった。それまで親中国だったドイツの対アジア外交がこれ以降、親日本へと大きく方向転換するからだ。リッベントロップは、このときベルリンの駐在武官だった大島浩中将と手を結び、日独防共協定の強化、軍事同盟化に向けて動き出す。

では、ドイツの外務官僚はどうだったのか。大久保は次のように記している。

ドイツ外務省には第一次世界大戦の経験もあり、世界の大勢をよく知っている外交専門家が相当いたはずである。しかし彼らの意見はまったく影をひそめてしまっていた。（『回想』）

外相に就任したリッベントロップは外務省内の生え抜き外交官を、徐々に自らのリッベントロップ事務所のスタッフと入れ替えてしまった。国際事情に通じたドイツの外務官僚の中にはナチスに批判的で、外交素人のリッベントロップを内心見下していた者も少なくなかった。しかし彼らは沈黙してしまった。省内に筋金入りのナチ党員が送り込まれたからだ。

場当たり的な独裁者、外交を知らない外務大臣、そして沈黙してしまった外務官僚。その結果は自明の理だった。

「ナチス砂漠の中のオアシス」――ドイツに抗うハンガリー

ドイツとイタリアの要人の相次ぐ訪問を受け、ハンガリーでは二つの大きな政治的動きが起きた。

一つは、リッベントロップを通じてドイツが提起してきた、ホルティの後継者問題だった。ホルティはハンガリー国民に絶大な人気があり、穏健派、右派を問わず敬愛されていた。高齢とはいえ大きな健康上の問題もなかった。しかしナチス・ドイツがホルティに不満を持っていることが明らかになった今、ドイツの介入が懸念された。ホルティが暗殺され、ナチス・ドイツにとって都合のいい人物を後継者に据えら

イシュトヴァーン

カーライ

れてしまう危険性が十分考えられた。

そこで、ハンガリー政府は摂政代理を置くことに決め、議会で話し合いが行われた。

二月一九日、議会は、ホルティの長男イシュトヴァーン（Horthy István）を摂政代理に選出した。空軍の優秀なパイロットだったイシュトヴァーンは、ユダヤ人排斥主義に反対で、ドイツ嫌いなことで有名だった。イタリアをはじめとする同盟国から祝福のメッセージが届いた。しかしナチス・ドイツから祝福の言葉は一切なかった。

もう一つは、首相の交代だった。バールドシが首相に就任して以来、ハンガリーはユーゴスラヴィア、ソ連、米英と、次々に戦争に突入した。バールドシはまた、内閣を改造し、穏健派の閣僚三人を更迭して急進的な人物に交替させようとしていた。さらにナチス・ドイツがたびたび要求してきた「ユダヤ人問題の解決」に応えるべく、より厳しい反ユダヤ法を施行し、国内のユダヤ人をドイツに引き渡すことも考え始めていた。

こうした一連の動きに、ホルティはついにバールドシ首相の更迭を決断する。そして個人的に親交があり、以前から着目していたカーライ・ミクローシュ（Kállay Miklós、英語名は Nicholas）元農相に後任を依頼した。政界を離れ下野していたカーライはホルティの依頼を固辞していたが、強い説得を受け、ついに就任を承諾した。骨格のがっしりした、眉の濃い、いかにもハンガリー系という顔立ちのカーライは、親西欧派でナチス嫌いであり、ユダヤ人排斥主義に反対だった。

三月一〇日、バールドシは解任され、カーライが新首相に就任した。カーライはホルティと、ハンガリーがとるべき方向性についてすり合わせを行う。そして、ドイツの要求に応じるのは最小限とする、極秘に中立国を通じて英米との接触を探り休戦を求めていく、という二点を決める。これは非常に困難で、極めて危険な道だった。議会は戦争継続派と戦争離脱派とに二分されていた上、軍の将校の多くはドイツの最終勝利を信じ、戦争の継続を望んでいた。

ハンガリーのこうした動きに、ナチス・ドイツがいい顔をするはずがなかった。ゲッベルス宣伝相は日記に記している。

カーライ新首相は以前から反ドイツ的なことで有名だ。……若いホルティも完全な親ユダヤ主義者で、枢軸との接触を望んでいない。幸いなことに、ハンガリーについてはこれまで期待したことはないから、幻滅もしない。

（"The Goebbels Diaries" p157）

ゲッペルスの日記が示唆するように、ユダヤ人問題はハンガリーとドイツの関係を冷え込ませた大きな棘《とげ》の一つだった。ハンガリーには、一九三八年の時点で人口の一〇％弱、約八〇万人のユダヤ人がいた。一〇月、ドイツはハンガリーに対して、「国内のユダヤ人に黄色い星を着用させてゲットーへ収容せよ、また二〇～三〇万人を労働者としてドイツに移送せよ」と要求してきた。すでにルーマニア、スロヴァキア、クロアチア、ブルガリア、さらにはイタリア、フランスなども要求に応じ、自国内のユダヤ人をドイツに引き渡し始めていた。ハンガリーの閣僚の中からも、「一部のユダヤ人を守って国民全体を危険にさらすよりも、ユダヤ人を差し出すべきだ」という意見が出た。

カーライ首相はユダヤ人の命を守るべく、ドイツの要求を断る理由をひねり出す。

「ハンガリーは東部戦線に多数の兵士を送っており、国内で道路建設などの重労働を担う労働力が不足している。国内のユダヤ人はこうした労働力の穴埋めとして必要だ」

カーライは、徴兵年齢のユダヤ人に肉体労働を課すという通達を出した。ユダヤ人たちは決して肉体労働に適していたわけではなかったが、ドイツに引き渡されれば殺されてしまうとわかっていたので、カーライの政策を受け入れた。

こうしてハンガリーは、ドイツの影響下にある国々の中で、ユダヤ人が、少なくとも生命だけは脅かされない、唯一の国となった。「ナチス砂漠の中のオアシス」となったハンガリーには、国境を越えて大勢のユダヤ人が逃げ込んだ。その数は六～七万人と言われる。

ハンガリーとドイツとの関係を冷え込ませたもう一つの棘が、一九四二年一月、ユーゴスラヴィア解体によりハンガリー領となったウーイヴィデーク（現在のセルビアのノヴィ・サド）で起きた虐殺事件だった。セルビアでパルチザン活動の制圧を任されていたハンガリー軍が、大勢のセルビア人やユダヤ人を虐殺し、遺体を川に投げ込んだのだ。犠牲者の数は二〇〇〇人以上、あるいは四〇〇〇人とも言われ、ほとんどが女性や子どもを含めた一般市民だった。

カーライ首相はこの事件の調査を命じた。首謀者五人が特定され、軍法会議で死刑の判決が下された。ところが五人は拘束場所からドイツ領内に逃げてしまった。ハンガリーはドイツに身柄の引き渡しを求めたが、ドイツ側は応じなかったどころか、全員をナチス親衛隊に迎え入れ、高いポジションを与えてしまった。脱走の手引きをしたのが平服姿のナチス親衛隊だったことから、黒幕はナチス・ドイツではないかとうわさされた。

枢軸同盟の絶頂期

アジアでは山下奉文《ともゆき》将軍率いる日本陸軍が、イギリスのアジア植民地支配の中心であり、「難攻不落の要塞」とうたわれたシンガポールを陥落させ、世界に日本陸軍の強さを見せつけた。ホルティは回想録に、オーストリア・ハンガリー帝国海軍の一員として世界一周航海でシンガポールに寄港した際、その強大で堅固な要塞に圧倒され、「近寄るのさえ困難なこの要塞が、いずれ日本に征服されるとこのとき聞いたら、私たちは嘲り笑っただろう」と記している。同盟国日本のシンガポール陥落という大戦勝を祝し、ハンガリー政府は大久保にハンガリー大十字メリット勲章を授与した。

四月一九日、ハンガリー前線兵士協会（Hungarian Frontline Fighters' Association）の主催で、ハンガリー文化会館においてハンガリーと日本の軍事提携を記念した催しが開かれた。公使の大久保、武官の芳仲少将、そしてハンガリーの日本協会関係者が招待され、両国の友好と来《きた》るべき勝利の証として、「一千年の歴史を有するハンガリー祖国の土」が大久保に贈呈された。

ドイツはモスクワ攻略に失敗したとはいえ、ヨーロッパ大陸の大部分を勢力下に置いていた。日本は、東は太平洋の西半分を、南は東南アジアのほぼ全域を、西は中国東北部を手中に収めていた。日独強し。枢軸同盟の勢力範囲はこのときが最大だった。

四月下旬、ドイツ衛星国の優等生ルーマニアで、首相の演説内容

ハンガリー前線兵士協会で挨拶する大久保
（“Uj Nemzedék” 1942.04.20 より）

が、中立国ポルトガルで事前に漏洩するという不審な事件が起きた。この事件は、ルーマニアは裏でイギリス・アメリカと通じているのではないか、戦況次第では寝返るのではないか、という疑念を生み、とりわけハンガリーのルーマニアに対する不信感をさらに高めた。

ハンガリーは、ユダヤ人問題ではドイツと距離を置きつつも、対ソ戦ではドイツと命運を共にする覚悟だった。六月六日の大久保の電報の冒頭。

「ハンガリーは現在、国の総力を挙げて戦争の遂行に邁進しており、生産力を最大限にまで引き上げ、回復した領土の活用に努めている」

同じ電報で食料や日用品の配給状況についても報告しているので、参考に記しておく。

「パン—通常一日二〇〇グラム。この他週に小麦粉四〇〇グラムか米二〇〇グラムの購入が認められている。砂糖—週四〇グラム。油—週一六〇グラム。牛乳—健康な成人には販売されない。子どもは一日一リットルまでなら購入可能、それ以外は医師の診断書があれば特別に許可される。ブーツ—一年に一足。洗濯用石鹸—月一〇〇グラム。洗面用石鹸—月一個。ガソリン—医師、政府関係者、特別な許可を持つ者に限り二五リットルまで。それ以外の人物は自動車の使用は禁止」

(HW12/277-105454)

最終的にホルティによって、夏季の対ソ大攻勢に二〇万人を増派することが承認された。武器や装備はドイツが供与する約束になった。しかし新たに動員される兵士は徴集兵であり、十分な軍事訓練を施す時間もなかった。事情はルーマニアやドイツでも似たり寄ったりだった。

コーカサスの石油争奪戦

冬季戦で甚大な人的、物的損害を出した独ソ両軍は、それぞれ夏に向けて作戦を練り直した。ドイツ側の作戦名は、「ブラウ（Blau 青）」。狙いは石油だった。

石油は連合軍側にとっては問題ではなかった。アメリカもソ連も自国で石油が採れる。イギリスには中東の油田があった。しかし枢軸側にとって石油はネックだった。日本は言うに及ばず、ドイツは、ルーマニアの油田があったが、それだけでは戦争の続行は無理だった。そこでヒトラーは次なる狙いを、ソ連の懐深く、コーカサス地方とした。ここは油田地帯であり、この頃世界最大の石油の産地だった。産油量はルーマニアの約五倍。中でもカスピ海西岸の都市バクーは、池の水も油でぎらぎらと光り、土壌に石油が含まれているため木も生えず、おびただしい数の石油櫓が乱立していた。当然ソ連にとっては、ここがドイツの手に渡れば戦争の継続は不可能になる。存亡にかかわる、生命線だった。

一九四二年六月二八日、夏の大攻勢、ブラウ作戦が開始された。ドイツ軍に率いられ、イタリア、ルーマニア、ハンガリー、クロアチアから成る枢軸同盟軍はドン川沿岸の都市ヴォロネジを目指し、大規模な進軍を開始した。このとき、朝日新聞特派員の笹本駿二は、ハンガリー軍宣伝部隊の同行取材を許され、最前線を取材している。

敵は再びモスクワを攻略してくるものと予想していたソ連は、軍を主に北方に配備していたため、南方が手薄になっていた。そのため枢軸軍は敵にほとんど遭遇せず、驚くほどの早さで進軍した。ソ連は大急ぎで北方から南方に兵を振り向けた。

七月四日、ドン川手前の町クルスクで戦闘が始まった。両軍の戦車六〇〇〇台による、史上最大の戦車戦だった。ハンガリー第二軍は、ヤーニ大将に率いられ、クルスクへの総攻撃に参加した。

激戦の末、七月九日、枢軸軍はついにドン川を越え、重要な軍事拠点であるヴォロネジの町を占拠した。

同日、大久保の報告。

「ドイツと枢軸軍が、すでにドン川を越えてヴォロネジを占拠したことはお聞きだろう。……モスクワとロストフを結ぶ鉄道路線の切断は、ソビエトにとって大きな打撃になることは間違いない」(HW12/278-107190)

七月二三日、枢軸軍はドン川の河口、アゾフ海沿岸の町ロストフに入った。損失は甚大だったが、これでコーカサス地方への道が開けた。その後、油田のあるマイコープに向けて進軍。ソ連軍はマイコープの石油施設に火を放った。敵の手に渡る前に破壊するためだった。

八月中旬、死闘の末、枢軸軍はドン川西岸のほぼ全域を手中に収めた。

1942年6月、ハンガリー軍に同行取材中の朝日新聞の笹本駿二特派員(左から2人目)。後方はソ連兵捕虜か

(出典:Fortepan/Tamás Konok id)

しかしロシアの大地はやはり広すぎた。前線は四〇〇キロ、補給路は独ソの国境線から一八〇〇キロにも伸び、最前線まで必要な物資を届けることが困難になった。故障した戦車も車両も、部品が届かないた

め修理できず、そのまま放置された。補給物資は途中で抜き取られて闇市に流れ、最前線に届く頃には半分ほどに減っていた。目標とするバクーまではまだ数百キロ。眼前には標高五〇〇〇メートル級のコーカサスの山々が立ちはだかり、ソ連軍の抵抗も激しさを増していた。

戦闘に参加したハンガリー軍伍長の日記。

八月二一日。一晩中、空爆を受けた。神よ、人の命の何と軽いことか！　ドン川の向こうに押し戻されたロシア軍が再び攻撃してきている。中隊の損失を数えた。死亡二〇名、負傷九四名、行方不明三名。士気はとても低い。私の友人は全員が負傷した。

八月二二日。新たな兵が到着した。彼らは歩兵で、祖国に帰るはずだったが、こちらに転戦させられてきた。一日中、死んだ者や負傷した者が持っていた武器を回収し、分配することに費やした。こんなことが続いたら、神経が擦り切れてしまう。

（"Death on the Don" p127）

枢軸同盟軍いずれの国も、前年の戦闘で装備も優秀な将兵も失っていた。兵器や装備を急ピッチで増産したが間に合わず、兵士も年齢の高い徴集兵が多く、訓練期間も短く、士気もふるわなかった。とりわけ農村からの徴集兵が多く、「ヒトラーの戦争に駆り出された」という意識が強いルーマニア軍の士気は低かった。

再びハンガリー軍伍長の日記。

九月九日午前五時。前進開始。ハンガリー軍とドイツ軍の戦車は前進し、ロシア人の命を奪っている。負傷者が絶え間なく後方へ運ばれていく。ロシア軍の守りは固い。

九月一一〜一三日。我々は前進している。部隊の兵士の多くが負傷している。小さな村に入った。ドイツ兵とハンガリー兵の死体が多数ころがっている。村は煙をあげている。ロシア軍は激しく抵抗している。ロシア軍は森の中へ後退した。戦闘はまだ終わらない。我が軍の砲弾がソ連の戦車に当って跳ね返ってくる。

("Death on the Don" p131)

一一日、ソ連政府は、ソ連海軍の基地がある黒海沿岸のノヴォロシースクを失ったことを認めた。一四日、攻撃がいったん中止された。双方とも甚大な被害を蒙っていた。ハンガリー軍だけでも死者一二〇〇名、負傷・行方不明者七〇〇〇名。その三日後、日記を書いた伍長も落命する。

季節は再び秋となった。冬が近づくにつれ、ソ連軍は再び盛り返してきた。夏季はドイツ側が押すのだが、冬季になるとソ連側が押し返す。独ソ戦線は二年続けて、同じことの繰り返しになっていた。

「コーカサスの油田地帯を年内に奪取することは無理」との報告を受けたヒトラーは激怒した。そして攻撃目標をコーカサスから、コーカサスとモスクワを結ぶ線上にある都市スターリングラード（現在のヴォルゴグラード）へと変更した。

ソ連の国家元首スターリンの名を冠したスターリングラードは、カスピ海にそそぐヴォルガ川の西岸にある重工業都市だ。ここにはソ連の新型戦車の製造工場もあった。ヴォルガ川は物流の要衝でもあり、天然の防壁でもあった。ロシアの母なる大河であり、ロシア人にとって心のふるさとでもあった。ヴォルガ川とスターリングラードはまさにソ連の象徴だった。ここを敵に押さえられれば、モスクワへの物流は滞り、国民全体の士気も大いに下がる。物心両面でソ連の命運を左右する大きな意味を持っていた。スターリンはヴォルガ川を最終防衛ラインと定め、「絶対死守」を命じた。

しのびよる暗い影

八月二〇日は、ハンガリーでは初代国王イシュトヴァーンを記念する「聖イシュトヴァーンの日」という祝日だ。一九四二年のこの日も、王宮の丘にあるマーチャーシュ教会で、ホルティ、カーライ首相をはじめとするハンガリー政府高官や外国の外交団代表が参列してミサが執り行われていた。そこへ衝撃的な知らせが飛び込んできた。

二月に摂政代理に選出されたホルティの長男イシュトヴァーンは、外交官や政治家の接受といった摂政としての業務をこなしながら、空軍パイロットとしての軍務も続けていた。カーライ首相はホルティに対し、何度もイシュトヴァーンを前線から呼び戻すよう進言した。しかしホルティもイシュトヴァーン本人も特別扱いされることを嫌い、これを拒み続けた。ついにカーライは国防大臣に命じて帰還命令を出させた。しかしイシュトヴァーンはこの命令にも背き、出撃していった。パイロットとして一〇〇回目の飛行、そして二五回目の戦闘出撃だった。

ミサの直前に耳打ちされてイシュトヴァーンの墜落死を知ったカーライは、ミサの間中、ホルティはこの知らせを聞いたらどう思うだろうと案じながら、じっとホルティを見つめていた。

ミサが終わり、長男の死を知らされたホルティは二度気を失い、カーライの腕の中に倒れ込んだ。ようやく気を取り戻したホルティはカーライに言った。

「しっかりせねば。これからあの子の母親に、あの子の死を伝えねばならないのだから」

そう言うと、妻の待つ部屋へと向かって行った。

墜落の原因は操縦ミスが濃厚とされたが、ゲシュタポが時限爆弾を仕掛けたといううわさも流れた。ホルティ自身は生涯ナチスの謀略を疑った。

八月二七日、イシュトヴァーン摂政代理の国葬が執り行われた。真夏の抜けるような青空とは対照的に、建物の窓やアーチからは黒い吹き流しが垂れ下がり、街全体が深い悲しみに覆われた。葬儀にはドイツからリッベントロップ外相とカイテル元帥、イタリアからはチアノ外相が参列した。棺を乗せた馬車の後を、政府や軍関係者、そして外国の外交団が粛々と歩いた。

国葬に先だって首相主催のパーティーが開かれた。そこでリッベントロップ外相とカイテル元帥と語った大久保は、戦況に関する二人の楽観的な見通しについて本国に報告している。

「リッベントロップ外相は、『現在の戦況はドイツ勝利の前兆と言ってよいだろう。イギリスは今年中に敗北を認め、アメリカはじきに〝はったり〟(poker bluff) をかけるにはもう遅すぎること、またスターリングラードがロシアの命運を決することに気づくだろう。日本はすでに大帝国を築いた。独伊もヨーロッパに大帝国を築く』と前回一月に会ったときよりも、はるかに自信ありげに語った。カイテル元帥も、『スターリングラードは数日で陥落するだろう。ロシアは軍事力の大半を失った』と述べた。……」

(HW12/279-108601)

一方、リッベントロップと狩猟仲間でもあったチアノ外相は、リッベントロップの微妙な変化について日記に記している。

リッベントロップの口調は控えめだったが、依然として楽観的だった。以前の口癖はドイツ語で「戦いはもはや勝ったも同然だ (Krieg ist schon gewonnen.)」だったが、英語で「この戦争には負けられない (We cannot lose this war.)」に変わっていた。リッベントロップからは明らかに傲慢さが消えつつある。戦況について詳しくは語らなかったが、ロシアは非常に手ごわい、仮に日本がソ連を攻撃しても完全にソ連を打ち負かすことはできないだろう、と思っているようだった。

（"The Ciano Diaries" p517）

イシュトヴァーン亡き後の摂政代理について、ハンガリー議会は話し合いの末、後任は置かないことに決めた。

葬儀から間もない九月五日未明、首都ブダペストが初めて空爆に見舞われた。三〇～四〇機のソ連軍機がブダペストと北部の古都エステルゴムに、約一七〇発の爆弾を落としていった。目標は駅や橋と思われたが、実際に空爆されたのは教会や学校、住宅などだった。この空爆で一〇～二〇人が死亡し、二〇〇人以上が負傷した。

九日には、ブダペスト近郊の複数の町が空爆を受けた。これらの町には軍需工場があった。

ドイツ軍はスターリングラードをめざして、大攻勢を開始していた。火力で勝るドイツ軍は日ごとに歩を進め、この調子でいけば一か月ほどでスターリングラードを手中に収められるものと思われた。

一方、北アフリカ戦線では、それまで連戦連勝だった「砂漠の狐」ロンメル将軍率いるドイツ軍が初めてイギリス軍に敗北を喫していた。

同じ頃日本も、六月のミッドウェー海戦での敗北を境に、太平洋の島々を一つ、また一つと落とし、後退し始めていた。

潮が満ち、しばし止まった後、徐々に引き始めるように、潮の流れが変わろうとしていた。

再び秋が訪れた頃、ヨーロッパ各地に駐在する日本の大公使に対し、ベルリンで会議を開くので集まるようにとの知らせが届いた。

ベルリンの在欧大公使会議

イギリスの国立公文書館のファイルには、在欧大公使会議に関する日本側の電報が多数保管されている。敵の在外公館のトップが一堂に会する、となれば注目するのは当然だろう。

初めて会議開催の話が登場するのは、一〇月二二日付けの大島大使発の回覧電である。

「在欧大公使会議は松岡外相の訪欧以来開催されておらず、各方面から開催要望の声があがっていた。国際情勢から今が開催の適時と思われる故、本国外務省に開催を申請し、許可が下りた。開催時期は一一月一一日から三日間を予定している。一〇日のベルリン到着時刻をお知らせ願いたい」

(HW12/281-110434)

二六日、やはり大島大使からの回覧電。

「会議では欧州戦況の予測、とりわけ独英戦並びに独ソ戦の戦況の見通し、中近東並びにアフリカ情勢、さらに職員の補充について意見交換を行い、その要旨を報告するようにと東京から指示があった」

(HW12/281-110537)

その後開催日や議題について、大公使らの間でやり取りが交わされた。開催時期については、間もなくスウェーデンに岡本季正《すえまさ》公使が着任するので、その信任状奉呈後に延期してはどうか、との意見も出されたが、大島大使は、時期の変更は難しいと返答している。

ポルトガルの森島守人公使は、「チモールに関する交渉の関係上、任国を離れることはポルトガル政府によからぬ印象を与えかねない」として欠席する旨を知らせている。ポルトガルは中立国だったが、日本軍が一九四二年二月にチモール島東半分のポルトガル領を無断で占領したため、中立を破棄して対日宣戦するのではないかと危惧されるほど対日関係が悪化していた。

議題については、一一月四日にフィンランドの昌谷《さかや》忠公使が、「来《きた》るべき欧州の新秩序と、そのアジア新秩序への影響も議題に加えること」を提案している。

かくして一一月一〇日、ヨーロッパ各地から日本の大公使が続々とベルリン入りした。会場となった日本大使館は、ヨーロッパの在外公館の中でも最大の規模を誇っていた。首都ベルリンの中心部、ティアーガルテン通りにある大使館は、ギリシャ神殿を彷彿とさせる、巨大な六本の柱が並ぶ、重厚な白亜の建物だった。建設費はドイツが負担し、ヒトラーから日本への贈り物だった。

翌一一日の午前九時、会議が始まった。出席者は、大島浩ドイツ大使、堀切善兵衛イタリア大使、栗原正トルコ大使、須磨弥吉郎スペイン公使、阪本瑞男スイス公使、昌谷忠フィンランド公使、原田健ヴァチカン公使、筒井潔ルーマニア公使、山路章ブルガリア公使、大久保利隆ハンガリー公使。以上は特命全権の大公使である。さらに神田襄太郎スウェーデン臨時

ベルリンの日本大使館
（戦後修復されたもの）

代理公使、山口巌ウィーン総領事、松島鹿夫ドイツ公使、佐久間信ドイツ公使、そしてドイツ参事官から転任していた加瀬俊一《しゅんいち》イタリア公使だった。欠席者は三谷隆信フランス（ヴィシー）大使と森島守人ポルトガル公使であり、三谷大使は一一月八日に仏領北アフリカに米英軍が上陸したことを受け、情報収集に専念するため、急遽出席を取りやめた。

最初の議題は、最重要議題でもある「独ソ戦の今後の展開」だった。会議が始まると議長の大島大使は切り出した。

「独ソ戦況もドイツ側の有利に展開し、今ひと押しというところである」

まさにこのとき、独ソ両軍はスターリングラードで壮絶な市街戦を展開していた。会議直前の七日、東京の本省から在外公館宛てに送られた長文の回覧電の冒頭、「欧州の近況」の項に、その戦況が記されている。

「ドイツの第二次対ソ攻勢は、当初は順調に進捗していた。しかし補給路や通信系統が長く伸びたことにより、徐々にその勢いが落ちてきている。スターリングラードでは、八月後半の大攻勢により周辺の重要地域は占領したが、市の陥落はまだ見えていない。ドイツ軍はまた、（黒海北東岸の）トゥワプセに向けても進軍している。コーカサス地方のナリチクは手中に収めたが、グロズヌイに通じるテレクでの戦闘の行方は今月上旬現在まだ決していない。レニングラードとモスクワの前線は変化がなく、これらの地域が今年中にドイツの手に落ちることは期待できない。コーカサスの山岳地域は、雪が降れば軍事作戦は困難になると見られる」

（HW12/282-111271）

ソ連の予想外のしぶとさに、ヒトラーは日本とドイツとでソ連を東西から挟み撃ちにする作戦を構想し、日本政府に対ソ開戦を進言するよう、大島大使にたびたび要請していた。大島は七月に、ナチス側の招待で内田・牛場両書記官を伴って東部戦線を視察。ドイツ軍の優秀さを目にして勝利を確信し、日本政府に「日ソ中立条約を破棄して宿敵ソ連を撃つべし」と進言。これに対し東郷外相は、「帝国の方針に変更はない」として日本にはソ連攻撃の意思がないことを返信していた。

大島大使は言葉を続け、本題に入った。

「この際日本がシベリアに兵を進めて東からソ連を攻撃すれば、ソ連は二正面作戦に耐えられず、ついには屈服するであろう。我々はここに会したこの機会に、本国政府に対し、この趣旨の意見を具申すべきである」

要するにヒトラーの要請に応え、ドイツを助けるために、「全員で、本国政府にソ連攻撃を進言しよう」という提案だった。

大島大使が発言を終えると、その正面に座っていた須磨スペイン公使が立ち上がった。須磨は大島の提案にもろ手をあげて賛同し、さらに提案がいかに妥当なものか、補足する説明をした。

スペインのマドリッドはスイスのベルン、ポルトガルのリスボン、スウェーデンのストックホルムと並び、この頃日本にとってヨーロッパの情報収集拠点の一つだった。「情報の須磨」の異名を誇った須磨公使は、スペイン外相から紹介されたユダヤ系スペイン人を使い、アメリカで諜報活動を行っていた。こうしたスペインの重要性から、日本政府はマドリッドの日本公使館を大使館へ何度か格上げしようとした。しかし、そのたびに国際情勢を理由に延期されていた。

須磨公使の発言のあまりのタイミングのよさに大久保は、この二人は予め打ち合わせをしていたのだろうかといぶかしく思った。

その後は誰からも発言がなかった。賛成意見も、反対意見も出ず、重苦しい空気が流れた。

静寂を破るように、大久保は立ち上がった。そして反駁を始めた。

「ソ連の極東軍は、日本の関東軍があるいはこうした行動に出るかもしれないことを予測して、むしろ増強され、兵器も強化されていると聞く。他方、関東軍の兵力こそ大東亜戦の戦場拡大に伴い、他に転用しなければならなくなるかもしれない」

大久保は一息つくとさらに続けた。

「日本軍が東からソ連を攻撃しても、独ソの戦況には直接大きな影響は出ないだろう。ノモンハン事件の先例はもちろん、もしソ連の極東軍がソ連軍の常とう手段によって後退し、日本軍がこれを深追いしてバイカル湖近くまで進撃した場合、冬将軍の出現する時節になれば、日本軍は先のシベリア出兵の二の舞になるかもしれない。そして日本こそ二正面作戦、いや、全面作戦となって、非常な苦境に立つのは必至である」

そう述べた後、結論として力を込めて言った。

「このような重大な意見の具申は、軽々しくこのような場で決定するのではなく、慎重に取り扱うべきである」

大久保が着席すると、再び須磨公使が立ち上がった。そして大久保の意見に反論した。大久保はこれに再び反駁した。

大久保は内心、須磨公使が大島大使の提案を支持したことに安堵していた。もしこれが大島大使一人の意見であったら、このときの大島大使の権勢から、正面切って反論するのはためらわれた。しかし先輩とはいえ須磨公使の意見ということであれば、反論しやすい。

続いて栗原トルコ大使が発言に立った。栗原大使は外務省の中でも「革新派」と呼ばれる急進的な考えの持ち主で、外相を公然と批判したことさえあった。強硬派と見なされていた栗原大使の発言は、意外にも大久保の意見を支持するものだった。大久保は、これで自分は孤立無援にはならないという自信を得、意見を堅持しようと心を決めた。

会議は昼食をはさんでも結論が出なかった。

大島大使は議案を表決に付すことを提案した。そして自分の意見に賛同する者の挙手を求めた。

手を挙げたのは須磨公使、ただ一人だった。

大久保は心の中で大きな安堵の吐息をついた。同時に、この時ほど、同僚たちの堅実さをありがたいと思ったことはなかった。

さすがの大島大使もこれ以上本件の討議を続けることはせず、次の議題の審議に移った。

会議は予定通り午後五時に終了した。

会議室を出た大久保は須磨公使に呼びとめられた。須磨は大久保に別室に入るよう促すと、朝の議論を蒸し返して、大久保を批判し始めた。そこへ親友を心配して加瀬公使が入ってきた。

このときの自身の考えについて、大久保は次のように記している。

　当時大島大使の意見は日本政府に対し大きな影響力を持っていた。これに慎重になるべきはずの在欧大公使が賛同して、対ソ攻撃の意見を具申をしたとなると、いかにノモンハン事件以後の陸軍には対ソ慎重論が多かったとしても、あるいは不測の事態を誘導する緒となったかもしれない。

　現に一九四一年六月、ヒットラーがソ連に兵を進めた時、独ソ戦は三、四カ月で解決するというリッベントロップ外相の大島大使に対する言を、松岡外相は無条件に信用した。そして松岡外相の主張したように対ソ開戦に踏みきっていたとしたら、今頃日本はどうなっていたであろうか。おそらく日本は南北日本に分断され、ソ連が占領したであろう北日本は永久に南日本とは独立した別の国家となっていたであろう。ソ連が一度介入したら、その戦果を絶対に手放さないことはあまりに有名な事実で、その場合日本は今の東西独逸と同様の運命をたどったであろう。

（『回想』）

この在欧大公使会議について、筒井ルーマニア公使は短く次のように記している。

十七年晩秋、在欧大公使会議がベルリンに招集され、座長の大島中将から、「今やスターリングラードの陥落を目前にして日本軍はよろしくソ連を撃つべきである」と力説し、この会議の議決により、その旨政府に進達致したいと一同にはかり、賛成者は手を挙げるよう求めたのには驚いた。会議の賛成を得られず、中将は大いに不満だった。彼はドイツと日本の大本営発表だけを読んでいたのであろう。スターリングラードの独軍三十三万が壊滅したのはそれから間もないことであった。

（『風雲急な欧州に使いして』一七五〜一七六頁）

そして大島大使の大いなる不満は、ヒトラーたっての願いを先頭に立ってつぶし、自分の面目をもつぶした大久保への激しい怒りへと変わっていった。

大島大使の三本の電報と谷外相の反論

三日間にわたった会議は一三日に終了した。

翌日、大島大使は谷正之外相宛てに、会議の報告をしている。その結論は、「日本はドイツ、イタリアとともに勝利を収めるまで戦い抜くべきであり、単独講和など夢想だにすべきではない。そのために独伊との連携を強化し、ドイツを信頼し、ドイツに対してもっとオープンになるべきだ」という、相変わらずの大島節だった。

大島の報告書は、アメリカとイギリス双方の国立公文書館に保存されている。アメリカのものを全訳した。

「全欧大公使会議の見解について、謹んで報告する。

一、本戦争を遂行する上では、帝国日本と同盟国独伊との世界的な協力関係が重要だ。東西両者は勝利・敗北を問わず、命運をともにしている。我々は一瞬たりとも、独伊と決別して日本だけが勝利することなど考えてはならない。帝国政府が、これまでの勝利から、我々はすでに戦後の復興の時期に入ったと考えるなら、災いを招くだろう。常に慎重を期すべきだ。一瞬でも英米との単独講和などという夢想を抱けば、我々は終わりである。帝国政府は、目的を完遂するまで戦い抜くという強い決意を持ち続けなければならない。

二、そのためには、独伊との協力を一層強化しなければならない。今こそ三大国はこの世界戦争を戦う最善の方法と、そのための協力関係についてともに探求すべきだ。それにはインドと中東からアングロサクソン勢力を駆逐し、ヨーロッパとアジアとの間で資源を相互供与できるようにすることが必要不可欠だ。これが実現できれば、英国に大打撃を与え、戦局は枢軸側にとって極めて有利となる。三大国による初の共同作戦も、この地域で実施すべきだ。来年のドイツによる中近東攻勢に併せ、我が日本もインドに対してさらに大胆な行動を取るべきだ。インドの一部地域で軍事行動を起こし、インドを英帝国から切り離すべきだ。

三、こうした共同戦略と経済協力について、日独は早急に率直な協議をすべきだ。敵は緊密に連携し合っている。我々もそうすべきではないか。要人の相互往来を行うべきだ。また近い将来、共同委員会を創設することも検討すべきだ。日独伊の連携は善意の上に構築されるべきだ。以前も述べたように、日本はドイツの善意と力を信じ、隠し事をすべきではない。否、もっと心を開くべきだ。言うまでもないことだが、今後の戦闘に向け、日独間の見解の相違はすべて解決しておかねばならない。日本の外務省はこの点を関係者全員に、さらに大東亜省、陸軍、海軍、その他すべての関係部局にも徹底させ、同盟国とともに戦い続けることに全力を注がなければならない」

(SRS-786)

この報告について、アメリカは次のようなコメントを付している。

「大島は以前から自らのこの意見を本国政府に訴え続けている。この電報の重要な点は、(大島)大使が明らかにヨーロッパの同僚たちから全会一致の支持(unanimous support)を得たということだ」

(SRS-786)

同じ日、大島大使は東京宛てにさらに二本電報を打っている。

その一本では、「情報の正確さに関し、現在の状況は満足いくものではない」ので、「敵国、アフリカ、中近東に関する情報収集、及び中立国における独伊マシンとの緊密な連携を維持するため、独自の情報態勢を構築する必要がある」として、情報収集態勢を強化するための会議の開催を提案している(HW12/282-111284)。

この提案に従って、翌年一月二六日〜二八日に会議が開催された。参加者はイタリア、フランス(ヴィシー)、トルコ、スペイン、ポルトガル、スイス、スウェーデン、ブルガリアの情報担当官。

一月二八日には、会議の結論として、「英米の潜在的戦力に関する情報収集と分析においてもっとも適した地である（中立国ポルトガルの首都）リスボンの日本公使館を拠点とし、…必要な英米国の新聞、雑誌、書籍を収集」し、集めた情報はベルリンの日本大使館が集約し、責任をもって管理することが決定された、と報告している（HW12/285-114045）。

もう一本の電報は、「現況の概要（Summary of the Situation）」と題した、四部に及ぶ報告書だ。その第一部で、大島は独ソ戦についての自らの見通しを述べている。

「ドイツは今年、当初期待されたほどの成果はあげられていないものの、長期戦に備えて食料と必要な軍事物資を調達できている。これに対しソ連は今年大きな打撃を受けており、大規模な対独攻勢はそう何度もできないだろう。両者はやや行き詰まり状態にある。ドイツがスターリン政権を転覆させるのは実質的に不可能だろう。

新たな軍隊を編成中だと聞いている。これが可能かどうか、あるいはドイツが来春攻撃できるか、現時点では予測できない。予想するとすれば、ドイツは来春その全戦力をコーカサス地方に注入し、短期間でトゥワプセとグロズヌイを占領するだろう。そしてコーカサス地方を非軍事化した後、中近東に進攻するだろう。ドイツは来年コーカサス地方をロシアから切り離し、ロシアを外界から切り離すだろう。そして十分な準備が整い次第、英米との戦争に全力を傾けるだろう」（SRS-809）

行き詰まりは認めながらも楽観的な見通しに、谷外相は一一月二八日の電報で疑問を投げかけている。

「ドイツが長期戦に備えて必要な軍事物資を調達できたという点について、ほんの一例として、石油はどうなのか？　ドイツが占領したのはマイコープだけだ。貴使がなぜドイツは十分な準備ができていると言えるのか、私にはわからない。

　ドイツはロシアを弱体化させたと貴使は言うが、ロシアもドイツを弱体化させたのではないか？　ロシアはまだ十分な兵力と軍事工場を有していると私は思う。ソ連がすぐに反撃できないと考えるのは非常に間違っていると思う。ソ連軍が弱体化したと判断するのは、もう少し様子を見た方がよいと思う。

　ドイツが仮にこの冬グロズヌイやトゥワプセを占領したとしても、スターリングラードはまだ陥落していないではないか？　ドイツが全力をあげてもスターリングラードをとれなかったら、それは不吉な兆候になる。貴使は、ドイツはコーカサス地方を非軍事化した後、中東に進攻するというが、今やアメリカ軍は北アフリカに進出している。第三帝国は新たな状況に直面しており、ドイツがこれまでの戦略計画を実行できるか、非常に疑わしい。私自身は、ドイツがコーカサス地方を非軍事化できるかさえ疑わしいと思っている。もし仮にできたとしても、中東に進攻する確率は非常に低いだろう。

……

　我々がドイツに望むのは、長期戦に備えることだ。ドイツは徐々に準備を整えているとは言えるだろうが、準備ができたとはまだ言えない。ドイツは開戦当初よりも厳しい課題に直面しており、当初思っていたよりも道のりは長い。ドイツがこれらの点を認識し、我々との共通の目標に向けて努力してくれることを望む」

(SRS-903)

アメリカは大島大使と谷外相のこのやりとりに注目し、「谷外相は、ドイツの軍事状況に関する大島の楽観的な見方に疑問を呈する異例のメッセージを送った」とコメントを付している。

谷外相は在外公館に向けて欧州戦況に関する回覧電を随時送っていたが、アメリカは一一月二〇日の『マジック・サマリー』で谷外相の見解について、「客観的で、結論も推論も極めて賢明。特筆に値する(noteworthy)」と高く評価している(SRS-782)。

ドン川の枢軸同盟軍

ドイツ軍はスターリングラード市の九割を掌握し、ソ連側の物流を止めるという目標は達成された。だが、ヒトラーが「完全占領」を命じたため、パウルス将軍率いるドイツ第六軍は、ソ連兵の激しい抵抗により大変な消耗を強いられながらも、不慣れな市街戦で粘り強く掃討作戦を続けていた。

再び冬がめぐってきた。前年ほどではなかったが、ロシアの冬はやはり厳しかった。兵士たちは塹壕の中で寒さとも戦わねばならなかった。村民や捕虜から奪ったものを身につけて少しでも寒さをしのごうとしたが、氷点下二〇度の空気は吸い込むだけで、肺がナイフで刺されるようだった。

ヒトラーと枢軸軍の目がスターリングラードに釘づけになっている間に、ソ連は大反攻作戦の準備に着手していた。目をつけたのは、ドイツ軍より弱いルーマニア、イタリア、ハンガリーの各軍だった。強力なドイツ第六軍はスターリングラードを中心に展開している。その側面、ロシアの平原を大きく蛇行しながら南北に流れるドン川に沿って、ドイツ第六軍の南にルーマニア第四軍、北には順にルーマニア第三軍、イタリア第八軍、そしてハンガリー第二軍が約四〇〇キロもの前線にもわたって薄く長く展開していた。

最初にターゲットとなったのは、もっとも士気が低いルーマニア軍だった。

ソ連軍は秘かに部隊を移動させた。この動きを察知した前線のドイツ軍から「敵兵力がルーマニア軍の正面に集結中」という情報が、ヒトラーのもとに飛んだ。だがヒトラーは増援部隊を送るどころか、スターリングラードの残り一割の奪取に固執した。

一一月一九日朝、ソ連軍はルーマニア第四軍の陣地に向けて猛烈な砲撃を加えた後、突撃を開始した。ルーマニア軍はパニック状態に陥った。

早くも二三日には大きな戦闘は終わり、白い雪原は血で赤く染まり、ルーマニア兵の死体が累々と横たわっていた。生き残った兵士は雪原をさまよいながら、ドイツを呪い、食料欲しさにソ連の捕虜になった。

一二月一六日、次のターゲットはイタリア軍だった。士気も体力も低下していたイタリア第八軍も、わずか一週間余りで、アルピニ軍団を除いてほぼ消滅した。クリスマスになる頃にはイタリア兵約一三万人のうち、二万一〇〇〇人が死亡し、六万四〇〇〇人が捕虜となっていた。

残るは、ヤーニ大将率いるハンガリー第二軍のみとなった。

ハンガリー軍は枢軸同盟軍の中ではもっとも士気が高かった。しかし兵力不足、指揮力不足、兵士の訓練不足、食料や装備不足、長すぎる前線は、どの国にも共通していた。兵士たちは寒さと飢えとシラミとも戦っていた。

イギリスの国立公文書館の外交電ファイルには、夏から一転して枢軸軍にとって不利になっていくスターリングラードとドン川の戦況についての大久保の報告が何通も保管されている。

一二月二七日の六部に及ぶ長い電報では、ヨーロッパの戦況について、枢軸軍が優勢だった夏の状況から書き起こし、九月以降戦況が変わってきたこと、北アフリカ戦線ではドイツのロンメル将軍が敗北を喫し、イギリスとアメリカがイタリアを枢軸陣営から脱落させようとしていることを述べた後、東部戦線の戦況について分析している。

「年の終わりを迎えた今、欧州情勢は八月頃と比較して明らかに大きく変化してきている。ドイツは東部戦線での夏季攻勢において、大した損害もなく大きな戦果をあげ、莫大な戦略資源を手に入れた。……ドイツ軍がスターリングラードを手中に収め、ドン川とヴォルガ川に挟まれた地域を掌握できれば、ドイツ軍は長期戦において優位な立場を維持できる。一方、ソ連の戦闘能力は食料と石油の補給の途絶によって次第に低下し、反撃力は脆弱になる。……Uボート（筆者注・ドイツ軍の潜水艦）による戦果とエジプトでのロンメル将軍の活躍に、我々は枢軸軍の勝利は十中八、九確実だと思った。小国の中には、ドイツの勝利により自国の真の主権が奪われる日が近づいているのではないかと懸念する国さえあった。……

しかし九月の到来とともに、枢軸軍はスターリングラードとコーカサスで予期せぬ反撃に遭遇した。……北アフリカ戦線では、枢軸軍はロンメル将軍の軍隊への補給に失敗した。九月初め、ロンメル将軍の攻勢が失敗に終わると、イタリアの士気は著しく低下した。英米はこの機に乗じ、イタリアを枢軸陣営から切り離そうとプロパガンダ活動等を活発化させている。……

東部戦線では、ソ連軍はイタリア軍とルーマニア軍への集中攻撃を続けており、今後ロストフに向けて猛攻が続くだろう。攻撃の成功の可否について私は触れないが、ドイツ軍は攻撃を食い止める手段を見出すだろう。しかしソ連軍がロストフ近郊まで反撃できれば、コーカサス地方におけるドイツ軍の立場は極めて不安定になる。その場合、コーカサスの油田獲得の可能性が消えるだけでなく、ヴォルガ川沿岸の制圧によってソ連の石油補給路を断つという作戦も放棄せざるをえなくなる。繰り返すが、今後北アフリカにおいて敵が次第に制空権において優位にたち、枢軸軍の補給路が脅かされる事態となれば、かなり悲観的な状況に至る可能性が出てくる。端的に言って、前述の二戦線の戦況は、今後の戦況全体の行方を大きく左右する」

（HW12/283-112721）

この電報を東京がどのように受け止めたのかはわからない。しかし、少なくともイギリスとアメリカは大いに注目した。アメリカが傍受したものは第四部が欠落しているが、イギリスは全文を傍受し、ワシントンと共有している。アメリカはこの電報について、一九四三年一月三日の『マジック・サマリー』で次のようなコメントを付している。

「ブダペスト―戦況について悲観的な見方をする日本人外交官が増えてきているようだ。大久保公使は一二月二七日、東京に宛てて六部にわたる報告書（第四部未入手）を打電した。その主な内容は、年末を迎えた今ヨーロッパとアフリカの戦線は、枢軸同盟の勝利をほぼ確信した八月とは全く異なる状況にある、というものである」

（SRS-826）

凍《い》てつくドン川に沿って展開していた枢軸軍のラインにくさびを打ち込んだソ連軍は、ぐいぐいとそのくさびを深めていった。そしてついにスターリングラードとその周囲のドイツ第六軍約二六万人を包囲した。ソ連軍はさらに包囲環内への補給ルートを一つずつつぶしていき、第六軍救出の道は閉ざされていった。

三国同盟の終わりが始まろうとしていた。

第５章

三国同盟の崩壊──一九四三年

スターリングラードとヴォロネジの敗北

一九四三年が明けた。

一月八日、ソ連軍はスターリングラードで包囲したドイツ第六軍に対し、降伏を勧告すると同時に猛烈な攻撃をしかけ、徐々に包囲網を狭めていった。さらにその数日後には、スターリングラードの北西、ドン川上流のヴォロネジ南部に展開していたハンガリー第二軍と、イタリア第八軍のうち残っていたアルピニ軍団に対しても攻撃を開始した。

一年前、ハンガリーに増派を要求した際、ヒトラーは二つの約束をした。一つは武器の供与。もう一つは、前線ではなく後方防衛を担う、というものだった。しかしいずれの約束も守られなかった。ハンガリー軍は最前線に送られ、二〇〇キロにも及ぶ前線の防衛を任された。ハンガリーはドイツに対し、担当する前線を短くするよう求めたが、にべもなく却下された。

猛攻するソ連の戦車軍団に対し、ハンガリー軍は対抗するだけの装備を持ち合わせていなかった。粘り強く戦ったものの、各地で包囲され、前線は一六〇キロも西方に押し戻され、一月の終わりにはキエフ

（キーウ）付近まで退却していた。

一月三一日、ヒトラーはスターリングラードで包囲された第六軍司令官のパウルスを元帥に昇格させた。これまでドイツ軍の元帥が生きて捕虜になったことはなく、降伏し捕虜となった初のドイツ人元帥になるくらいなら自殺しろ、というメッセージがこめられた昇格だった。以前からヒトラーの軍事作戦に疑問を抱いていたパウルスは、ヒトラーに返答した。

「自殺への招待状のようだが、私はボヘミア出身の伍長のために自分にピストルを引くことはしない」

赤痢と神経衰弱にかかっていたパウルスは、市中心部のデパートの地下でソ連軍に降伏し、一〇万人近いドイツ兵とともに捕虜となった。

ソ連の捕虜となった枢軸軍兵士は、劣悪な環境の収容所で一九四三年春までに大半の者が死亡する。

もはや東部戦線の戦況は枢軸軍にとって絶望的になってきていた。

危機迫る戦況について、大久保の二月一五日の電報。

「東部戦況は混乱状態にある。クルスクで交戦中のハンガリー軍に関する発表も確たるものではなく、事実を確認するのが困難になっている。

ソ連軍の反撃はいずれ弱まるだろうとの期待に反し、一層強くなっているようだ。……ソ連軍は各地で前進していると伝えられるが、枢軸軍が踏ん張っている地点もある。しかしハリコフ（ハルキウ）の南東からスターリノ（現在のドネツク）に向けてソ連軍は目覚ましく進軍しており、東部の枢軸軍は包囲される危険性がある。またロストフ後方の補給路も危機に瀕している」（HW12/284-115013）

二三日の長文の電報から。

「この一か月、欧州戦況はソ連軍の目覚ましい前進を受け、動揺している。これは大方の予想に反するもので、どこまで前進するのか、現段階で予測するのは時期尚早だ。……英米は、ソ連が多大な犠牲を払いながらもドイツに致命的な打撃を与えることに成功するのではないかと期待し始めている。英米はドイツに対し、妥協の余地はない、無条件降伏させると繰り返し豪語している。最悪の場合、戦況の行方はソ連軍が決し、ソ連は（将来）大きな発言権を求めるようになるかもしれない……」

最後に、ハンガリーの様子について記している。

「東部戦線の行く末についてこの国が不安を感じているのは事実だ。しかしハンガリーはドイツの反撃に期待しており、少なくとも対外的には極めて冷静だ。……ドイツ軍がソ連軍の前進を止めている限り、この国はドイツに協力していくだろう」

（HW12/286-114762）

ヴォロネジの大敗走はハンガリー軍史上最悪の負け戦となった。派兵された二〇万人強の兵士のうち約九〇〇〇〇人が戦死し、約一万六五〇〇〇人が負傷し、捕虜・行方不明者は約八万人にも上った。経験豊富な将校の多くが戦死し、重火器の七〇％以上が失われた。ハンガリー国が何年もかけて生産した装備や兵力は、ロシアの雪原で失われてしまった。その後ハンガリーは軍の再編を図るが、損害の規模があまりに大きく、もはや立て直しは不可能だった。

こうしてルーマニア、イタリア、ハンガリーの枢軸同盟軍は、東部戦線の前線から姿を消した。スターリングラードとヴォロネジの敗北は、独ソ戦の大きな転換点となった。

ポルトガルやトルコなどの中立国は、ドイツへの原材料の輸出を停止した。ドイツにとっては、兵器の製造に欠かせないタングステンとクロームが入ってこなくなったのが痛かった。

辛くも勝利を収めたソ連も損害は大きかった。しかしドイツ枢軸同盟軍とソ連の決定的な違いは、枢軸側がもはや人的、物的損失を埋め合わせるだけの力を持ち合わせていなかったのに対し、ソ連は埋め合わせる力を持っていたという点だった。

現れ始めた日本への不満

ハンガリーにとってドン川での敗北は、あまりに衝撃が大きく、この現実を政府と国民が受け入れ、その意味を理解するのに何週間もかかった。

ハンガリー国会は臨時議会を開き、戦況について議論した。国民の間に敗北感が漂い始めていた。

親日的なハンガリーでは、日本のニュースも好意的に受け止められてきた。しかしヴォロネジでの大敗北を機に、日本への姿勢にも変化が現れ始めた。

ハンガリーの外務次官は大久保に言った。

「極東のソ連軍は実質的にカラの状態だ。ソ連は極東に配備していた軍隊のほとんどを、東部戦線にまわしている」

ソ連軍がこれほど手ごわいのは、ソ連が極東に配備していた軍隊を西方にまわしてきたからだ、それは日本がソ連相手に動かないからだ、我々がソ連相手にこれほど苦戦しているのに、同盟国日本は何も助けてくれない。日本に対する不満の言葉だった。

大久保は反論した。

「ソ連極東軍の一部が独ソ戦線に投入されたのは、事実でしょう。しかし大部分は依然ソ連と満州の国境防衛に配備されたままです」

続いて外務次官は、日本はドイツからソ連攻撃を要請されたのか、と尋ねた。

大久保は答えた。

「その件について、私は何も知りません。しかし現在の戦争はソ連が降伏しても終わりません。最終的な敵は英米です。英米を屈伏させない限り戦争は終わりません。英米屈伏に向けて力を尽くすことが、日本の重要な役割です」

大久保の答えに外務次官は納得した表情を見せながらも、日本に対する不満の言葉を繰り返した。

「東部戦線でソ連軍が激しく抵抗できているのは、極東やシベリアの部隊を投入できているからであり、その背景に日本の対ソ中立政策があることは無縁ではない、というのが大方の見方だ」

(SRS-843)

ハンガリー国は首都ブダペストの空爆に備え始めた。

一月一八日の大久保電。

「この国の政府関係者は、英米ソは三月頃からバルカン地域への空爆を開始するだろうと見ている。ブダペストはドイツの南方では最大の軍需地域であり、鉄道、道路の両面において軍隊が移動する上での要衝でもあるため、相当激しい空襲を受けることが予想される。そのため政府は市民を疎開させる計画を立て始めた。現時点では政府は疎開せず、防空壕を準備して当地に留まるつもりだ」

(HW12/284-113406)

大久保も直ちに日本公使館の防空環境を検証した。公使館は市の中心部に近く、空襲があれば被害を受ける可能性が高い。館員の多くは公使館の周辺に住んでいる。それならば公使館の敷地内に防空壕を造るのがいいのではないか。そう思った大久保はすぐさま防空壕の建設費用を算出させ、東京に電報を打った。

「日本公使館の敷地内に防空壕を建設する特別費用は、三万五〇〇〇スイスフランと試算される。これを認めていただきたい」
(HW12/284-113407)

これに対する本国からの返答は、イギリス公文書館のファイルには見当たらなかった。

二月一二日、モロッコのカサブランカにアメリカのルーズヴェルト、イギリスのチャーチル、中国の蒋介石らが集まり、「カサブランカ宣言」が出された。宣言にはルーズヴェルトの意向で、「ドイツ側で戦った国には、無条件降伏の道しかない」という文言が入れられた。この「無条件降伏」という一言が、ドイツや日本を徹底抗戦へと追い込んでいく。

日ソビザ交渉と「ミイラになった」連絡使節団

日本が頼りにしていたドイツ軍がスターリングラードで全滅し、ドイツの二面作戦が行き詰まっていることは、日本側でも察知できた。しかしベルリンの大島大使から届く電報は、東部戦線の状況が絶望的になったことは認めながらも、ドイツの最終勝利と、「対ソ攻撃」というヒトラーの要望ばかりだった。大島をバックアップしてきた陸軍も次第に、「大島はヒトラーのいいなりになっているのではないか」と気を揉み始めた。

こうした状況を受けて日本政府は、ドイツとイタリアへの連絡使節団の派遣を決定する。ヨーロッパへの往来は松岡外相が訪欧したときよりもさらに危険で困難なものになっていたが、その危険と困難を冒してでも直接情報交換しなければならない、という切迫した考えからだった。目的は二つ。ヨーロッパ戦況の実状把握と見通しの調査、そしてドイツとイタリアに駐在する大使・武官にアジア情勢を伝えることだった。

使節団長には、陸軍参謀本部の岡本清福《きよとみ》少将が任命された。他に陸軍、海軍、外務省からそれぞれ一名ずつ。陸軍からはソ連駐在経験があるソ連通の甲谷《こうたに》悦雄中佐、海軍からは軍令部の小野田捨次郎大佐、そして外務省からは与謝野秀欧州課長。合計四名から成る使節団だった。

ヨーロッパへ行くには、もはやソ連を経由するルートしかなかった。当然ソ連の通行ビザが必要になる。この頃、日ソ両国間ではビザは申請ベースではなく、相互交換ベースで発給されていた。つまり、「日本はソ連人××人に日本の入国／通行ビザを発給するから、ソ連も日本人××人にソ連の入国／通行ビザを発給してほしい」というように、一件一件交渉しなければならなかった。

日本もソ連もビザの発給を外交カードにし、とりわけ独ソ開戦後は両国間の重要な外交問題の一つになっていた。日本が必要としたビザは主に外交官や武官とその家族、民間企業関係者、留学生などに対するもので、ソ連のビザが下りないことには、日欧間で人のやりくりもできなかった。これに対して日本がソ連人に発給するビザは、多くが空爆により難破し救助されたソ連船の船員に対するものだった。ソ連側は、「日本がソ連人に発給するビザは水兵に対するものだが、ソ連が日本人に発給するビザは外交官や軍人に対するものなので、同数発給は理に合わない」と主張し、ソ連が発給するビザの枚数は、常に日本が発給する枚数より少なかった。

交渉では常に日本の方が不利であり、ビザ問題は、日本にとって首根っこをつかまれたような難題となっていた。ソ連の佐藤尚武大使のもとへ、東京の外務大臣からビザ交渉の進展をせかす電報が飛んだ。しかし交渉は難航した。

連絡使節団四名への通行ビザも、ソ連側は団員三人についてはすぐに応じたものの、団長の岡本少将については発給を渋った。

佐藤大使の一月三〇日の電報。

「ロシア側が岡本少将のビザ発給を渋り、岡本少将が一行と渡欧できない事態となった場合、当方が取り得る唯一の手段は、ソ連人船員へのビザの発給を一時的に差し止めることだろう」

(HW12/285-114211)

佐藤大使らの粘り強い交渉により、岡本少将にもビザが下り、三月一日、使節団四人は東京駅を出発した。

満州里からソ連領に入った一行は、ソ連側の監視の目をかいくぐって、車窓からソ連の様子を観察し、記録した。東部戦線の前線を回避し、コーカサス、トルコを経由した一行は、四月中旬ベルリンに入る直前、ブダペストに到着した。

早速日本公使館で、東部戦線の戦況について意見交換がなされ、ソ連軍の作戦について大久保が説明に立った。スターリングラード戦以降、ソ連の作戦は一貫しており、ソ連軍はこの作戦を繰り返しては成功し、少しずつ前線を西へ西へと押し戻していた。イタリア、ルーマニア、ハンガリーの枢軸同盟軍が壊滅状態となった今、ドイツ軍が単独で必死に防戦しても、やがてソ連軍は、北はポーランドのワルシャワから南はハンガリー、ルーマニアの国境近くに迫ってくることはほぼ確実と思われた。ルーマニアの油田を失えば、ドイツの戦闘能力は一気に低下する。

大久保はソ連の一つ覚え的な作戦の確実さと、イタリア、ルーマニア、ハンガリー軍の士気が振るわないことを説明し、地図上で示しながら、今後の戦線の進展が意外に早いであろうことを述べた。一行は真剣な表情で聞き入っていた。

説明を聞き終えた岡本少将はしかし、気を取り直したように言った。

「ドイツ軍も、そう簡単には後退しないでしょう」

そう言い残して、翌日四人はベルリンに向けて出発していった。

一行はベルリンとローマで大島、堀切両大使に日本の国情を伝えた後、東西両前線とドイツ国内の軍事、産業、経済の状況を視察してまわった。

ある日、甲谷中佐が一人、一行を離れ、ブダペストまで大久保を訪ねてきた。

「ドイツ大本営の説明も常に聞いているが、状況はどうもそのように進展しない。かえって先般あなたがここで説明したような戦況になっていくようだ。今一度検討しよう」

甲谷の言葉に、二人は大いに議論を交えた。

視察の結果、使節団が達した結論は、悲観的なものだった。

「ドイツ軍はイギリス本土上陸はおろか、戦勢を好転させる見込みもない」

しかしそのような報告を大島大使は許さなかった。岡本少将も政府中枢が受けるショックを懸念した。

結果的に、日本政府が満を持して派遣した使節団をもってしてもヨーロッパ戦況の実情は東京に伝わらなかった。

「大島大使にやり込められて、ミイラ取りがミイラになった」—使節団はそう陰口をたたかれた。

任務を終えた使節団は一〇月一三日に解散したが、ヨーロッパ戦激化のため帰国できず、岡本と与謝野はスイスに、甲谷はブルガリアに、小野田はフランスに赴き、それぞれの地で情報任務に就くことになった。

苦境に立たされるカーライ政権

ハンガリーのカーライ首相は四月三日、イタリアのローマを訪れ、ムッソリーニ首相、ローマ法王、チアノ元外相らと会談した。ドイツの戦争の進め方に以前から批判的だったチアノはヒトラーに嫌われていたが、ついには岳父ムッソリーニの信頼も失って外相を解任され、ヴァチカン大使になっていた。

チアノはカーライに語った。

「イタリアもドイツも敗北は必至だ。ムッソリーニもファシズムも崩壊する」

イタリアの現状を知ったカーライは、もはやイタリアは頼りにならないことを悟ってハンガリーに帰ってきた。

同じ月の一六日、ハンガリーのホルティ摂政はヒトラーに招かれ、ドイツへ向かった。

ホルティとの面会の直前、ヒトラーはムッソリーニとバスティアニーニ新イタリア外相と会談していた。連合軍のシチリア島上陸を危惧したムッソリーニは、ヒトラーにソ連との停戦交渉を提案し、イタリア本土防衛のためにバルカン地域のイタリア軍を帰還させたいと主張した。同じ頃ルーマニアも、西部戦線でイギリス、アメリカと停戦交渉に入り、東部戦線へ兵力を集中するよう提案してきていた。同盟国の弱気ぶりにヒトラーは激昂し、「敗北主義だ！」と罵倒した。

ホルティがヒトラーに面会したとき、ヒトラーは未だ興奮冷めやらぬ様子だった。会談の冒頭、ヒトラーは、「昨冬のハンガリー軍の戦いぶりはひどかった」と非難した。ホルティは、「ハンガリー軍の犠牲の大きさはその士気の高さを証明するものだ。ドイツは約束した装甲車や武器を供与しなかったではないか」と反駁した。そしてこう断言した。

「ハンガリーはすでにこの戦争で多くの兵士を失った。武器も乏しい。戦備のみならず、農産物の備蓄もほとんど底をついている。これ以上ドイツを支援することはできない。我々は共産主義の脅威を食い止めるのに必死だ。これ以上一兵たりとも派兵できない」

続いてヒトラーは、ユダヤ人問題について延々と説教した後、「ハンガリーも、ユダヤ人をせん滅するか、収容所に入れるべきだ！」と叫んだ。ホルティが、「カーライ政権は昨年一〇月にユダヤ人の土地所有を制限し、戦時特別税を課した」と反論すると、ヒトラーは今度はカーライ首相の解任を要求してきた。

ヒトラーとホルティはいずれの点においても意見の一致を見なかった。それでもヒトラーは共同声明の発表を求めた。これについてはホルティも了承し、ドイツで声明が出された。

「総統と摂政は共産主義と英米同盟軍に対する戦いを、最終勝利に至るまで継続する決意を表明した。ハンガリーはヨーロッパを解放し、マジャール人の安全を確保するため、最後の一兵まで戦う……」

ホルティは声明文を署名せずに持ち帰り、カーライ首相に相談した。

一日遅れで発表されたハンガリー側の声明からは、「英米」の文言が消えていた。

この声明に対し、国の内外からカーライ首相に対する激しい抗議の声が起こった。ドイツ政府やハンガリーに駐在するドイツのヤゴー公使のみならず、戦局の悪化に伴って力を増してきた国内の右派も抗議の声を上げた。カーライ首相は非難の矢面に立たされ、内閣は分断され、閣内の機密情報が漏れるようになった。

やがて来るカーライ政権の終焉は、ハンガリー国民にとって恐怖の時代の幕開けとなる。

報復の降格人事と一世一代の賭け

カーライ政権下のハンガリーは言論統制が比較的緩く、中立国の新聞も入手しやすかった。大久保は日曜日も公使館の事務所にこもり、朝から、時には深夜まで新聞を読み、ラジオを聞きながら、考え込んでいた。

東部戦線の戦況については、林太平少将とも分析や見通しについて議論を重ねた。ハンガリーの駐在武官は、芳仲少将から林少将に交替していた。二人の結論は一致することが多かった。しかし大久保が「この結論を武官からも参謀本部に電報してください」と勧めると、林は「それは困る。公使から外務大臣に報告したほうがよい」と言って決して応じなかった。

あらゆる方面から検討した結果、大久保は次のような結論に至った。

「東部戦線は、ドイツ軍が全兵力を動員してもソ連の兵力には到底及ばない。同盟軍も全く頼りにならない。西部戦線では、やがて連合軍がフランス北部の海岸に大規模な上陸作戦を試みるだろう。食料など物的事情から推算しても、ドイツの敗北は必至だ。その時期は一年から一年半後、よく持っても二年だろう」

だが、どうも東京ではヨーロッパ戦況を的確につかんでいないように思われた。一日も早く東京に戦局の重大さを知らせる必要がある。しかし電報は限られた範囲に配布しても、政府部内にある程度の衝撃を与えるだろう。さてどうしたものか…。思い悩む日々が続いた。

五月一日、東部戦線で半年以上にわたってハンガリー軍を指揮してきたヤーニ大将がハンガリーに帰還してきた日、大久保のもとに東京から辞令を伝える一通の電報が届いた。

「在仏の千葉公使に帰朝を命じ、貴使に仏国在勤を命ぜられることとなれり。貴使後任の森喬《たかし》参事官の『アグレマン』を三〇日、在京ハンガリー公使に請求せるに付、ご諒承ありたし」

（自筆メモ、HW12/288-117373）

パリの千葉秦一公使を帰国させるので、その後任としてパリへ転任せよとの命令だった。

大久保は頭を打ち砕かれたようなショックを受けた。パリ公使は特命全権ではない。明らかな降格人事だった。ヨーロッパの戦局について、ドイツに有利な報告をしない自分に対し、軍部から圧力がかかったのだろうか……。

それからまもなく、フランスのヴィシーから三谷隆信大使が大久保を訪ねてきた。三谷は大久保が条約局第一課長だったときの条約局長だった。三谷は三国同盟成立後、スイス公使に任じられたが、ヴィシーの加藤外松《そとまつ》大使が大使館の二階のベランダから転落死すると、ヴィシー大使に任じられた。加藤大使の転落原因については、日米開戦を心配するあまり睡眠薬を多用して足元がふらついたため、とうわさされた。ともに三国同盟に反対だった三谷と大久保は、信頼し合う腹心の上司と部下でもあった。久しぶりに顔を合わせた二人は独ソ戦況について話し合った。

三谷隆信

以前大久保は、ブダペストを訪れたドイツのリッベントロップ外相に対し、東部戦線でのドイツ、とりわけイタリア、ルーマニア、ハンガリーの同盟軍の不手際をずけずけと指摘したことがあった。リッベントロップは最初は迷惑そうに聞いていたが、最後は意外にも熱心に耳を傾けてきた。

その後再びブダペストを訪れたリッベントロップは、ホテルに到着するとすぐに秘書官に指示して大久保に電話をかけさせ、会いたいので都合がよかったらホテルまでご足労願いたい、と言ってきた。何の用件だろうと大久保が不思議に思いながらホテルに赴くと、リッベントロップは開口一番、「東部戦線の状況をどう見ているのか」と尋ねてきた。大久保の東部戦線に関する知識はハンガリー軍関係者から得たものやイギリスのBBC放送を中心としたもので、大した機密情報ではなかったが、戦局の大勢は把握していたので、ソ連軍の次の動きは予想できた。大久保はドイツと同盟軍の戦局の行方を、なるべくドイツに不利なように説明した。説明しながら大久保は内心戸惑っていた。大島大使に対してはドイツ的な正確さでドイツ軍の優勢さを宣伝する外相が、なぜ自分のような小物外交官の意見を聞きたがるのだろうか……。

そこへカーライ首相が到着したとの知らせが入った。しかしリッベントロップは「待たせておけ」と言い、自分は何も言葉も挟まずに次々と質問してきた。一国の首相をあまり待たせても悪いと思った大久保は途中で切り上げた。

その夜、首相主催の晩餐会で再び顔を合わせたリッベントロップは大久保に小声でささやいた。

「今日はどうもありがとう。大変参考になった」

大久保は三谷大使に、リッベントロップ外相に語ったときよりもさらに率直に、自分の知る限りの情報を伝えた。

二人が至った結論は、東部戦線ではソ連軍がベルリンにやってくるまでにはまだ二年くらいかかるだろう、しかしイタリアの危機はもう目前に迫っているのではないか、というものだった。

実は三谷大使がはるばるブダペストまで後輩に会いにきたのには、別の真の目的があった。それはパリ公使への降格辞令の裏事情を伝えるためだった。

「大久保はけしからん！」

在欧大公使会議での大久保の言動に、大島大使は怒り心頭だった。なだめるように、三谷大使は申し出た。

「では、私が引き受けましょう」

三谷は大久保をパリ公使に異動させることを提案した。フランスはナチス・ドイツにより、いまだ南北に分断されていた。ヴィシーを首都とした南部が正式なフランス政府とされ、日本政府もここに大使館を置いていた。ドイツ占領下のパリを首都とした北部に、日本は特命全権のつかない公使を置いていた。パリ公使はポジション的には、ヴィシーの三谷大使の下という位置づけだった。

このときパリ公使だった千葉秦一公使は心を病み、日本に残してきた息子たちに会いたいと帰国を強く希望していた。しかし帰朝命令が出る可能性は低く、出たとしてもソ連の通行ビザが下りる可能性はゼロに近い。帰国は到底無理と判断した三谷大使は、ヨーロッパに留まるよう必死に説得した。しかし千葉の強い気持ちを変えることはできなかった。大島大使に対する三谷大使の提案は、病気の千葉公使の帰朝を本国に願い出て、その後任に大久保を据え、自分が監督する、それで矛《ほこ》を収めてはどうか、というものだった。

自分をかばい、遠路はるばる伝えにきてくれた先輩に大久保は心の底から感謝した。

だが、パリ公使はポジション的には三谷大使の下であっても、パリがドイツの占領下にある以上、実質的にはベルリンの日本大使館、つまり大島大使の監督下に入ることを意味した。三谷大使の厚意はありがたかったが、大久保はどうしても受け入れられなかった。ハンガリーにいてさえベルリンの日本大使館の顔色をうかがい、するべき報告もできないのだ。ハンガリー軍第一陣の帰還式の件も報告できなかった。日本が満を持して派遣した岡本少将の使節団をもってさえ、ヨーロッパの実状は東京に伝わらなかった。ヨーロッパの戦局は日本の行方にも大きな影響を与える。今やイタリアの敗北は目前に迫っており、ドイツの敗北も見えてきた。ドイツが降伏すれば、連合軍は一丸となって日本にかかってくるだろう。そうなったら、祖国日本は一体どうなってしまうのか……。それを回避するためにも、何とかヨーロッパの現状を本国に伝えたい。だがパリに行けば、もっと報告できなくなる。とはいえ、本省の命令に逆らうわけにはいかない……。

三谷大使と何時間も話し合い、悩みに悩み抜いた末、大久保は賭けに出るしかない、との思いに至った。それは三谷大使が千葉公使に「到底無理」と言って、あきらめるよう促した可能性だった。

パリには行く、だが、病気なのでその前にいったん帰朝させてほしいと願い出るのだ。

しかし仮に本国が一時帰朝を認めてくれたとしても、ソ連のビザというさらなる難関がある。ソ連はすでに何か月も日本人にビザを一通も発給していなかった。万が一ソ連のビザが下りたとしても、帰国するには戦争中のソ連を横断しなければならない。無事に日本に帰りつける保証はない。そして万に一つの確率で帰朝を果たせたとしても、病気と偽って帰って来たことをとがめられ、免職となるかもしれない。勝ち目の薄い賭けだった。

しかしそれでも帰朝できれば「ベルリンの横槍」を受けずに、ヨーロッパの実情を本国に伝えられる。少なくとも外務大臣には直接伝えられる。うまくいけば間接的に天皇のお耳に入れることもできるかもしれない。天皇のお耳に入れることができれば、日本は戦争を終わらせる方向に動き出すかもしれない。たとえ自分は免職になったとしても、それが、外交官としての自分の務めではないか……。

大久保は心を決めた。

一時帰朝を願い出る電報の下書きを書きながら、大久保の目から涙がこぼれた。ぽたり、ぽたりと落ちた涙で、インクの文字がにじんだ。電報の宛先は外相ではなく、外務次官とした。外相宛ての電報はベルリンにもまわさなければならないが、次官宛てならばベルリンにまわさなくてもよい。さらに、このとき次官を務めていたのは、大久保の同期入省で親友の松本俊一だった。松本なら文面の裏にある意図を汲んで、外相に働きかけてくれるに違いない。そう期待してのことだった。

「フランスへの転任命令は了解した。森公使の着任は、ソ連のビザの問題もあろうが、いつ頃になりそうなのか。実は自分は持病の神経性の心臓病が悪化しており、当地の田舎にて静養する予定だった。申し訳ないが、フランス転任前に帰朝命令を出してもらい、内地で静養できないだろうか。もし受け入れられない場合、自分は辞表を呈出する覚悟である」（自筆メモ、HW12/288-117277）

電報を打った後も、大久保の気持ちは静まらなかった。そんな後輩の心中を察してか、三谷大使は大久保を誘った。

「来月ローマの日高大使に会いに行く。君も一緒に行こう」

ローマ・スイスへの旅

イタリア大使は堀切大使から日高信六郎大使に交替していた。休暇を申請し、ローマで落ち合った三谷と大久保は、日高大使と晩餐をともにし、戦局の見通しについて話し合った。意外にも日高大使の見方は楽観的だった。

腑に落ちなかった大久保は、加瀬俊一《しゅんいち》公使の意見を聞いてみた。在欧大公使会議で自分を心配してくれた親友は、ドイツからイタリアに転任していた。加瀬の意見は、三谷大使や大久保と同じだった。

次の日の夜はヴァチカンの原田健公使と晩餐をともにした。原田公使の見通しも日高大使と同様、楽観的だった。

翌朝、三谷大使と大久保は不安な気持ちを抱えたまま、スイスとイタリアの国境にあるシンプロン峠行きの列車に乗り、スイスのベルンを目指した。

ベルンでは阪本瑞男公使に会い、三人で戦局について話し合った。東京帝国大学法学部を首席で卒業した阪本は、独特の皮肉を飛ばしながらも、多くを語らなかった。頭のいい彼のことだ、何もかもわかっているはずだ、と大久保は思った。

病気療養中にスイス駐在特命全権公使に任命され赴任した阪本公使は、現地で体調が悪化。この翌年の七月、日本に残してきた家族を想いながらベルンで病死し、後任にはローマから加瀬が転任する。阪本もドイツ不利を打電し、大島大使から叱責されていたという。

ベルンで三谷大使と別れ、大久保はブダペストに戻るため、一人チューリッヒで列車を乗り継ぎ、チューリッヒ湖畔に沿ってリヒテンシュタインとの国境を目指した。車窓から外に目をやると、細長い湖畔に沿って高さ一メートルほどのコンクリート製の角柱が隙間なくぎっしりと並べられているのが見えた。大久保は一瞬ぎょっとした後、しばらくその光景を見つめていたが、無骨な灰色のこの壁が、中立を侵してドイツ軍の戦車が侵攻してきたときのための防御壁であることに気がついた。

スイスは、ナチス・ドイツに席巻されたヨーロッパ大陸の中で、絶海の孤島のように中立を維持していた。だが、その中立の地位を維持するにもこれほど厳重な防御設備を整えなければいけないものかと、延々と続くコンクリート壁を見つめながら、大久保はある種の感銘を受けた。スイスはナチス・ドイツ軍が国境を越えて攻め入ってきたときには、金塊をアルプスの山中に埋め、シンプロンとモントルーの間の谷間に立て籠って最後まで戦う準備をしている、というのがもっぱらのうわさだった。

スイスとリヒテンシュタインとの国境の町で一泊した大久保は、翌日、列車の中から雪をいただくチロルの山々を眺めながら、ヨーロッパの戦局と祖国の行く末を案じつつ、ウィーンを経由し、一人寂しくブダペストに戻った。

米英連合軍がイタリア南部のシチリア島に上陸したのは、それからわずか一か月余り後のことだった。

捨て身のブダペスト電

その頃独ソ戦線の戦況は、次第に独逸およびその同盟国軍に対して不利となり、独逸国内の物的状況も日を追って切迫しつつあった。これらの詳細をここに述べることは避けるが、私の駐ハンガリー公使としての使命は、これらの情勢を的確に判断して、本国政府に報告することにあった。しかしこれについては種々な困難があった。あまり本当のことを電報すると、東京およびベルリンで物議をかもす惧《おそれ》のあることである。従って、従来はなるべく遠慮がちに報告していたが、どうも東京ではピンと来ていないように感ぜられた。しかしもう転勤を命ぜられたのであるからかまわないと思って、その頃から少し露骨に実状を伝える電報を打ち出した。

（『回想』）

興味深いことに、「その頃から少し露骨に実情を伝える電報を打ち出した」という大久保の言葉と一致するように、大久保にパリ公使転勤命令が出た後の五月中旬頃から、イギリス国立公文書館の外交電ファイルに「ブダペストの日本公使電」が増えていた。本書の冒頭「はじめに」で、「イギリスの国立公文書館の外交電ファイルは、各国の外交電の中でも有用度や信用度の高いものが選別されているようだった」と記した。もしそうであれば、大久保の報告はイギリスの目を引いたのかもしれない。

その中から、戦況見通し、ハンガリーの国内情勢、ドイツの国内状況についての電報を数本訳した。

五月一二日、ヨーロッパ戦況の見通しについて。

「チュニスの陥落は、（連合軍の）北アフリカ上陸や昨冬のソ連の反攻と同様、起るべくして起きたことと受け止められており、この国の人々はあまりショックを受けていないようだ。しかし補給路の破壊と空軍力において（昨年の当方電報一二八番を参照）英米軍の優位が明らかになり、戦況の行方に不安が生まれていることは否めない。英米側は、欧州での戦争を優先させると、その間に大東亜で日本の力が強くなってしまうので、欧州戦を迅速に終わらせるために、早急にイタリア全土への空爆を行い、イタリアを混乱に陥れようとしているようだ。……

敵は最近バルカン地域における転覆活動を徐々に活発化させており、状況によっては、こうした活動が成功する可能性もある。……ドイツはバルカン地域を維持するために相当の力を投じなければならなくなり、最悪の場合、枢軸同盟の崩壊は先の大戦のようにバルカン地域の小国での展開が発端となるかもしれない。敵はそうした機会を最大限利用しようとするだろう。注意を要する。……」

（HW12/288-117715）

五月一三日、ハンガリーのドイツ離れについて。

「ハンガリーが対ソ戦に踏みきったのは、一昨年の独ソ開戦の数日後に起きたソ連軍による空襲を受けてであり、トリアノン条約で失った領土を回復してくれたドイツへの借りを返し、ソビエトの脅威から逃れたいとの思いからだった。ドイツは三か月ほどでソ連の大部分を掌握するだろうという見通しもこれを後押しした。しかしソ連の力が予想外に強いことがわかり、一部の国民や政府関係者は不安を感じ始めている。もちろん、政府は独伊に不都合なことは口にはしない（この種のことに関し、独伊側は非常に警戒しているようだ）。私が個人的に親しくなった人々は、親しくなるにつれて、独伊に対する不満や不安を口にするようになった。

昨年末より、政府高官の言葉に微妙な変化が現れ始めている。それがこの国の方針の変化を意味しているのか、自分は何とか見定めようとしてきた。最近二、三うわさを耳にしたが、確認できなかった（一側面として、英米が小国についてはソ連に譲歩する気配が見えてきたので、もしドイツがソ連を屈伏させられないなら英米に接近してもソ連の進攻からは逃れられない、という見方が強くなってきている）。これらの変化はもちろん、ハンガリーがドイツの敵という意味ではない。しかしもしドイツがロシアを屈伏させられないとなれば、ハンガリーは直ちに内閣を改造し、方針を転換し、英米に接近するだろう。……

戦況の展開に伴い、この傾向がより確たるものとなっていくか、注視していく」

（HW12/288-117877）

五月一五日、ドイツの国内状況について。イギリスが電報の一部分しか傍受できなかったため、文面は短い。

「……パンと肉類を除く食料の質が著しく低下している。食料の確保が困難になっている。女性の動員が増えている結果、外食が増えている……」

(HW12/288-118010)

五月二〇日、ドイツ経済の悪化について。この電報は、外交電報の中でも特に機密レベルの高い「館長符号」で打電されている。

「……ドイツからの送金が、次第に困難になってきている。ベルリンの(横浜)正金銀行から当公使館への送金も、ますます制限されるようになってきた。

中立国と枢軸同盟国に対するドイツの貿易赤字は、莫大な額に上っている。だがドイツには輸出できる余剰品がないため、赤字を相殺できない。それどころか、戦争を継続するためにますます多くの物資を輸入しなければならなくなっている。…現在ドイツが掌握しているルーマニアの石油(の代金)さえも、ドイツは金や外貨で支払い始めている。……

ドイツ当局が尽力するといっても、……ドイツには解決する力がない。今後の戦況によっては、ドイツの約束は全く守られなくなるかもしれない。……フランスの海岸が永久に安全とは言えないように、ヨーロッパの状況は刻々と変化しており、今月の状況をもとに来月の状況を予想することはできない。ヨーロッパ経済におけるドイツの凋落はいつ宣言されてもおかしくない。そうなれば当公使館の資金も問題に直面し、公館閉鎖の可能性もありうる。……」

(HW12/288-117949)

日本からハンガリーなどドイツ衛星国の公館への送金は、ベルリンを経由して送られていた。つまり送金が困難になってきたことは、ドイツの経済金融状況の悪化を示唆していた。

この電報から一年後、日本からドイツ衛星国への送金は完全に途絶する。ルーマニアの筒井公使は公私の費用を捻出するために物を売ったこと、終戦後に家宅捜索にやってきたソ連軍将校が「ろくな物がない」とあきれていたことを記している。

六月二五日の長い電報では、ドイツ勝利の見込みが消えれば、ハンガリーやルーマニアといった小国は英米側に寝返るかもしれないと伝えている。

「……現時点でのハンガリーの最大の不安は、ドイツはソ連を屈伏させられないかもしれないということと、ソ連がバルカン地域に再進出してくるかもしれない、ということだ。その場合、ハンガリーはソ連に対抗するだけの力を持ち合わせていないので、ソ連の勢力下に入ることになるだろう。ハンガリーには一九一九年の共産主義革命の苦い記憶があり、繰り返しは歓迎しない。もし独伊に頼れないなら、英米の介入によってソ連の進出を食い止めたいと考えるだろう。……

ハンガリー政府筋によれば、ルーマニアはアメリカに亡命した元外交官や中立国に駐在する武官が窓口となって、英米と接触している。この国も同じ路線を取りつつあるようだ。もちろんハンガリーは枢軸同盟支持を掲げて対ソ戦に踏み切ったのであり、ドイツという星が輝いている限り、英米に対して積極的な講和政策はとらないだろう。しかし国内には独自外交を主張する強い勢力がある。その代表的な一人は元首相のベトレン伯である。昨年八月、東部戦線の戦況が枢軸側に優勢で、誰もがドイツの勝利を疑わなかった頃、ある閣僚は自分に、ホルティらは枢軸同盟の勝利を信じているが、ベトレンは日本は勝利するが独伊は勝利しないと考えている、と語った。

ベトレン伯のグループは極秘に英米と接触しており、政府もこれを黙認、または間接的に支持している、といううわさがあるが、これは概ね正しいようだ（ベトレン伯の活動についてはさまざまなうわさがあるが、これらは省略する。イタリア公使は、「確証はないがベトレン伯は絶対に何か企んでいる」と言った）。中立国では、ハンガリーとルーマニアがトルコを通じて英米との講和を探っている、といううわさがたびたび流れる。接触は外交筋を通じて行われているというよりは、ベトレン伯のような個人が動いているという方が、確率が高いかもしれない。……

こうしたうわさが、ハンガリーが枢軸同盟から離脱する兆候なのかを判断するのは時期尚早だ。枢軸側が勝利すればハンガリーは現在の領土を維持できる。したがってハンガリーとしては、ドイツがソ連を打ち負かしてくれることを望んでいる。……

枢軸の小国は戦況の行方を危惧し、推移を注視している。独伊が勝利できないなら、最後まで協力して自国を消滅の危機にさらすような危険を冒すつもりはない。ソ連の進出を阻止するために英米の力を利用しようという、小国の隠れた意図は、バルカン地域に第二戦線が形成された場合、独伊にとって極めて不利に働く可能性がある」

（HW12/290-119720）

イタリア降伏す

この夏、ドイツは前年のように東部戦線において盛り返すことができなかった。

イタリアでは連合軍がシチリア島に上陸。ローマへの空襲は激しさを増した。イタリアの降伏はカウントダウン状態に入ってきた。

ムッソリーニ首相の責任を問う声が、政権内からもあがった。先鋒の一人はチアノ元外相だった。議会でムッソリーニの解任動議が可決され、国王から解任を言い渡された直後、ムッソリーニは逮捕された。

七月二五日、バドリオ元参謀総長による新政権が成立し、二〇年続いたファシスト政権は崩壊した。九月三日、イタリア半島南端にイギリス・カナダ軍が上陸。八日、バドリオ政府は無条件降伏をした。

イタリア降伏の知らせは、イタリア国内よりも先に国外で流れた。ローマの日高大使に電話でこのニュースを知らせたのは、スイスの阪本公使だった。連合軍は首都ローマを目指して北上してくるだろう。ローマの在留邦人は、中立国ヴァチカンの原田公使夫妻を残し、全員直ちにローマを脱出することになった。大使館、新聞記者、企業関係者など四十数名が十数台の車に分乗し、未だドイツ占領下にある北部を目指すこととなった。幸い、こうした場合に備えて日本大使館はガソリンを大量に備蓄していた。自警団が検問する村々を走り抜け、北部のヴェネチアにたどりついた日本人一団が耳にしたのは、ヒトラーによって救出されたムッソリーニが北部に新たなファシスト政権の成立を宣言した、というニュースだった。

救出されたムッソリーニに、ヒトラーは裏切り者チアノの処刑を勧めた。

「しかし彼は私の孫たちの父親でもある」

ためらうムッソリーニにヒトラーは促した。

「兄弟よ、それでは独裁者になれない」

処刑されたチアノの遺体は市中を引きずりまわされ、放尿されるなど市民によってさんざん辱められた。

ナチス・ドイツはムッソリーニの新政権を無条件で承認するよう、衛星国に求めてきた。ルーマニア、スロヴァキア、クロアチアは直ちにこれに応じた。しかしハンガリーは引き延ばし作戦を取った。矢のような催促を受けた末に、カーライ政権が出した返信は、「ムッソリーニ新政権を承認するようにとの要請を受領した」という、単に事実を確認しただけのものだった。

大久保が報告した通り、ハンガリーは秘かに英米との交渉を探っていた。イタリアの末路を見たカーライ首相は、中立国のスイスとトルコを通じて試みていた英米との接触を加速させた。その努力が実り、八月、イギリスとの間にトルコのイスタンブールを経由した極秘のホットラインが開設された。このホットラインを通じてハンガリーはイギリスに国内情報を流し、講和を呼びかけ、連合軍の爆撃機がハンガリー上空を飛行することを許可した。その一方で、ドイツに対しては、ドイツ軍がハンガリー領内に対空砲火機を設置することを拒否した。

カーライ首相は英米に呼びかけた。

「ハンガリーは無条件降伏してもよい。ただ一つだけ要望がある。連合軍がハンガリーに進攻してくるときは、ソ連軍単独ではなく、必ず英米軍も一緒にきてほしい」

共産主義ソ連による単独占領だけは、何としても避けたいとの思いからだった。だが、何度呼びかけても英米からの返答はなかった。

帰朝命令は下りた、ソ連のビザは下りるか

その少し前の六月二日、一日千秋の思いで東京からの返事を待っていた大久保のもとに、松本次官から重光外相の辞令を伝える電報が届いた。

「貴使が健康を害していることを理解し、帰朝を命じる。査証申請の手続きに入り、(後任の)森公使到着と同時に出立できるよう、準備するように」

(自筆メモ、HW12/289-118612)

大久保は手が震えた。後に知ることになるのだが、同期入省で親友の松本次官が重光外相にかけあってくれたおかげだった。大久保は東京の妻に電報を打ち、帰朝命令が下りたこと、いつか土曜に電話することを伝えた。土曜は国際電話代が半額だったからだ。

それからまもない土曜日、大久保は東京の自宅に国際電話をかけた。東京駅を発ってから二年半ぶりに聞く妻の声だった。大久保は家族の無事を確認し、要件を伝えると、尋ねた。

「日本で手に入らない物があれば、なるべく持って帰る。何かあるか？」

数美が答えようとすると、電話はプツリと切れた。

戦時下の日本では、厳しい言論統制と思想の検閲が行われた。電話は盗聴され、手紙は開封され、不都合な部分を墨で塗り消されてから配達された。とりわけ海外との電話や手紙は厳しくチェックされた。そのため大久保は家族宛ての手紙の冒頭に必ず、「この手紙は開封され読まれる可能性があるので、時局のことは一切書かない」と記し、内容も家族のことにとどめ、金額を書く場合はフランス語で書いた。新婚当時暮らしたベルギーはフランス語も公用語であり、数美もフランス語を解したからだ。

電話回線が再びつながると、数美はとっさにフランス語で答えた。

「お父さん、ドゥ・シュクルをお願いしますよ」

日本では砂糖がほとんど手に入らなくなっていた。

帰朝命令という最初の難問はクリアした。しかしさらなる難問が待ち受けていた。ソ連の通行ビザだ。ソ連は一一月からすでに半年以上も、日本人にビザを一通も出していなかった。この頃、ソ連の政府機能は疎開先のクイビシェフからモスクワに戻っており、日本大使館もモスクワに戻っていた。

七月九日、重光外相はモスクワの佐藤尚武大使に対し、ソ連の通行ビザを必要とする人物の一覧表を送っている。リストは優先度の高い順に、帰国組、ヨーロッパ赴任組が入り乱れている。上位は外交官で、一位はハンガリーに赴任する森公使。帰国組は六位にベルリンの牛場書記官、一二位にローマの加瀬公使、一三位に筒井ルーマニア公使夫妻、一四位に大久保ハンガリー公使、一五位にブルガリアの道正通訳官、二〇位に堀切元イタリア大使、二二位に千葉パリ公使夫妻、二四位に昌谷フィンランド公使一家、四五位には杉原千畝一家の名前がある。以下、民間企業関係者や留学生と思われる人々の名前が延々と続く。ソ連のビザを待っていた日本人は合計七一組、家族も含めると九〇名以上にも上っていた。

しかしソ連は日本が出したリストを無視し、ビザを発給する日本人を一方的に選んだ。人選の根拠も不明で、日本側をさらに困らせた。

九月四日、モスクワで日ソ両代表によるビザ交渉が行われた。ソ連側は、遭難したソ連船ペレコープ号の乗組員三二名を日本がソ連へ送還し、ソ連人一二名（他に妻一二名）に入国ビザを、三〇名に通行ビザを発給することと引き換えに、日本人七名にソ連の入国ビザを、三名に通行ビザを発給することを提案した。入国ビザは双方とも、大使館員・領事館員のためのものだった。日本側は反論した。

「両国の大使館・領事館の館員数は最近バランスを失している。ソ連側三四名に対し日本側七名ではバランスが悪すぎる。話にならない。ソ連側が一方的に人選することも、日本としては到底承服できない」

ソ連側は応酬した。

「バランスと言うのなら、今後多くの日本人がソ連のビザを手にできないだろう」

二時間四〇分にも及んだ交渉は物別れに終わった。

それから一か月余り後の一〇月一二日、ソ連側から日本側へ提案があった。その内容は、日本はソ連人一三名とその配偶者一二名に入国ビザを発給し、ソ連は日本人八名に入国ビザを、一〇名と満州国の日本人官吏一名の計一一名に通行ビザを発給する、というものだった。

ソ連側が通行ビザを発給するとした一〇名は、森公使らヨーロッパへの赴任者四名、そしてヨーロッパからの帰国者六名だった。六名は、大久保ハンガリー公使、ドイツの牛場信彦一等書記官、ブルガリアの道正久通訳官、そして民間企業技術者、日本楽器の佐貫亦男（先述した重光外相のリストでは六三位）、古河電工の松尾俊彦（同六九位）と川村知（同七〇位）だった。満州国の日本人官吏は河野徳太郎だった。

日本側はこの提案を受け入れることとした。

一〇月二〇日、大久保のもとに、ソ連の通行ビザが下りたとの知らせが届いた。

大久保はしばらく信じられなかった。ソ連のビザを待っている日本人は何十人もいる、自分よりずっと前に申請していた人も多い。なぜ自分にビザが下りたのか……。

思いめぐらした後、かつてブダペストにいたあの若いソ連公使、シャルノフの顔が思い浮かんだ。彼は優秀な外交官だった。今頃本国でしかるべき地位にあるに違いない。ひょっとしたら彼が配慮してくれたのか……。しかし真相を確かめるすべはなかった。

直ちに帰国の準備に取りかかった。大久保が離任した後、後任の森公使が着任するまで、臨時代理公使は寺岡洪平二等書記官が務めることになった。

しかし森公使は健康上の理由により、結局ブダペストには着任しなかった。

帰国の旅―ブダペストからトルコへ

一九四三年秋、すでにイタリアは降伏し、ドイツ軍は各地で文字通り孤軍奮闘していたが、枢軸同盟の敗色は次第に濃くなっていた。ドイツの主要都市は、連合軍による激しい空爆にさらされるようになり、ベルリンの日本大使館も空襲で大きな被害を受けた。

一一月、大久保の出発の日が近づき、ベルリンから牛場書記官が、ソフィアから道正通訳官がブダペストにやってきた。

牛場は、「外務省革新派」と呼ばれた若手外交官八人の一人で、熱烈な枢軸派だった。一九四一年五月に重光大使らとロンドンから帰朝する途中、リスボンでベルリンの日本大使館の内田藤雄書記官から大島大使直々の誘いを受け、「ベルリンへ来ないか。近くドイツがソ連を攻撃するが、ドイツ軍は一、二か月のうちに極東まで貫通する。それから日本に帰ればよい」と言われ、急遽ベルリンに向かう。大島にかわいがられ、前線視察にも同行し、内田書記官、西郷従吾陸軍武官補とともに「枢軸派三羽ガラス」と呼ばれた。ストックホルムまで出向いていって、独ソ戦はさほどドイツ優勢には進んでいないと本国に打電していた小野寺信武官と神田襄太郎臨時代理公使を「国賊！」と叱責したこともあった。

道正通訳官の専門はロシア語であり、これからソ連を横断する上で、ロシア語の通訳が同行者にいることは心強いことだった。

大久保は荷物の中に軍隊用の鉄製のヘルメットも入れた。帰国ルートは独ソ戦の前線を回避し、トルコからカスピ海、中央アジアを経由し、シベリア鉄道に乗るという迂回ルートとなる。前線は回避するとはいえ、ソ連は戦争中だ。何があるかわからない。鉄のヘルメットは大久保の覚悟の表れでもあった。

図らずも、大久保がこの時期にハンガリーを離れたのは非常に幸運だった。前述したように、カーライ政権はトルコのイギリス領事館に開設したホットラインを通じて英米側に「無条件降伏」と「連合国への軍事協力」を申し入れていた。連合軍に対してハンガリー上空の通過を認めたので、連合軍機はハンガリー西部の上空を通って、オーストリア領内のドイツ系工場を空爆した。その一方でドイツに対しては、国内のユダヤ人引き渡しを拒否し、ドイツ軍車両の領内通過も拒否した。カーライ首相はブダペストに駐在するドイツのヤゴー公使の面会要請にも応じなかった。ナチス・ドイツに対する露骨な反抗だった。ハンガリーの一連の反抗ぶりにヒトラーは激怒し、大久保がブダペストを去った四か月後、実力行使に出る。

一一月一五日、大久保、牛場、道正の三人はブダペストを出発した。日本に向けた長い旅の始まりだった。

最初の目的地は、トルコのアンカラだった。ヨーロッパから帰国する日本人は、ソ連ビザの発給許可が下りると、中立国トルコの首都アンカラのソ連大使館でビザを受け取ることになっていたからだ。

ブダペスト東駅から列車に乗り、ハンガリーの平原を南東へと下った。ティサ川を渡り、カルパチア山脈を越え、ルーマニア領に入った。石油の櫓《やぐら》が林立する油田地帯を抜け、首都ブカレストを通り、ドナウ川を連絡船で渡り、ブルガリア領に入った。首都ソフィアを経由し、しばらくギリシャとの国境線に沿って走った列車は、中立国のトルコに入った。それまで国境や検問所で目を光らせていたドイツ兵の姿が消えたことが、枢軸領を離れたことを実感させた。

イスタンブールで、一足先に到着していた民間技術者三人と満州官吏と合流し、七人でイスタンブールを出発。ボスポラス海峡を船で渡った後、列車に乗り換えて乾いた荒野を走り、首都アンカラに到着した。

アンカラにはソ連の通行ビザを待っている日本人が大勢いた。その中に、大久保が赴任するはずだったパリ公使の千葉秦一もいた。日本への帰国を希望し、病気のため帰朝命令が下りた千葉は、ソ連とのビザ交渉が一〇月半ばにまとまる見通しとなり、ビザが出てからパリを発ったのでは

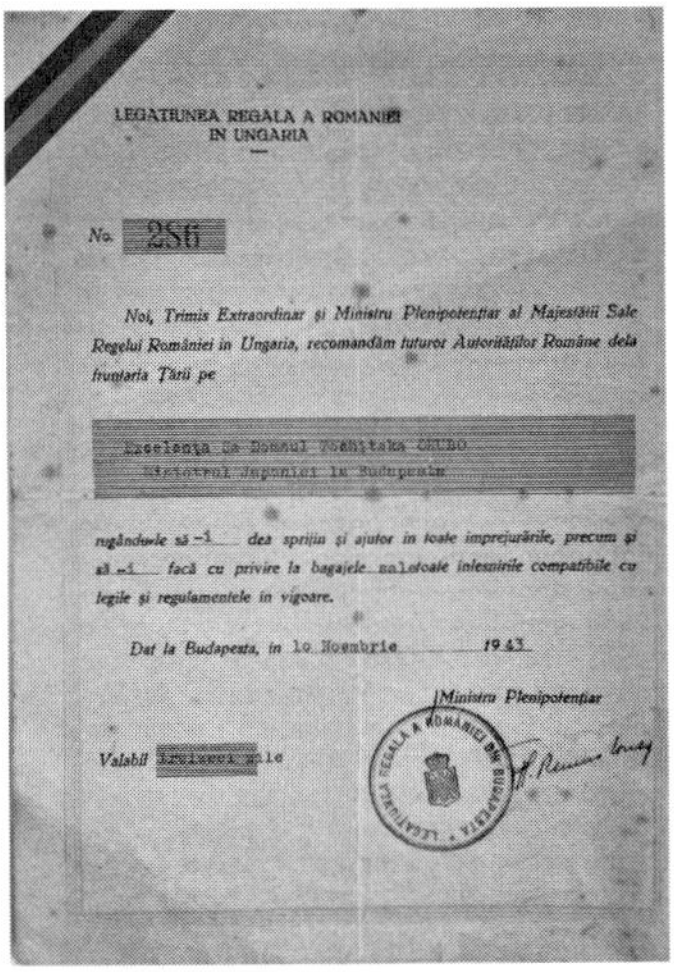
LEGATIUNEA REGALA A ROMANIEI
IN UNGARIA

No. 256

Noi, Trimis Extraordinar şi Ministru Plenipotenţiar al Majestăţii Sale Regelui României in Ungaria, recomandăm tuturor Autorităţilor Române dela frontaria Ţării pe

Excelenţa Sa Domnul Yoshitaka OKUBO
Ministrul Japoniei la Budapesta

rugându-le să -i dea sprijin şi ajutor in toate imprejurările, precum şi să -i facă cu privire la bagajele maloloale inlesnirile compatibile cu legile şi regulamentele in vigoare.

Dat la Budapesta, in 10 Noembrie 1943

Ministru Plenipotenţiar

Valabil [illegible]

大久保のルーマニア通行許可証

ソ連入国が期限に間に合わないとして、早めにパリを発ち、アンカラで待機していた。しかし交渉は妥結したが、ビザが下りた一〇名の中に千葉の名前はなかった。そのため外務省は一一月一八日付けで、千葉にアンカラの日本大使館の業務を手伝いながらソ連のビザを待つよう命じていた。

大久保はアンカラを出発する前日、千葉公使に会った。自分の後任となるはずだった同僚が先に帰国する。今後ソ連が日本人にビザを発給する可能性はさらに低い。千葉公使の落胆ぶりは激しく、大久保はかける言葉が見つからなかった。

この帰国の旅について、大久保は「一生に二度と経験出来ない痛快なものであった」とだけ記しているが、イスタンブールから旅をともにした日本楽器の佐貫亦男が『追憶のドイツ』に、「私はおそらく二度とこの大旅行ができないであろう」として、詳細に記している。以下、その記述を元に一行の旅をたどっていく。

トルコを出た後は、広大なソ連を横断する。だが戦争中のソ連で食料調達はできないので、すべて出発前に調達し、持参しなければならない。七人の数週間分の食料を、道正通訳官がブダペストとブカレストで調達し、さらにイスタンブールの日本大使館の出張所が補充してくれた。パン、果物、野菜などの生鮮品はアンカラで調達した。肉の缶詰、ビスケット、砂糖、塩、茶などの他、煮炊き用のアルコールランプとアルコール、食器類、ろうそく、マッチ、防寒用の毛布や新聞紙などの日用品まで。大量の荷物は、砂漠を行くキャラバン隊を思わせた。

佐貫の回想から。

トルコは食料持ち出しを禁止していたから、これらの品物はみな外交官の荷物として税関を通った。

税関にあらかじめ日本大使館からつけ届をしておいたことはいうまでもない。
私は外交官と同行することにどれほど感謝したかわからない。少なくともロシア語専門の通訳官がついて行ってくれただけでも絶対的な安心感があった。民間人だけですでにソ連を通って帰国した者はあったが、困難は想像をこえるものであったろう。

（『追憶のドイツ』二〇四頁）

トルコ警察に預けてあった民間人三名のパスポートが返却されず、日本大使館が新たにパスポートを発行するというトラブルもあったが、ソ連の通行ビザは予定通り発給された。

一一月下旬、七人はアンカラを出発した。

不毛の荒野を二日間走った後、トロッコのような列車に乗り換え、わずか一五〇キロを一夜かけて走り、ソ連との国境の町、カルスに到着した。この町は小さいながらも、幾度も戦場となり、ロシア領、トルコ領、アルメニア領を行きつ戻りつしてきた。街並みはすでにロシア風だった。暦は一二月に変わっていた。

明日はソ連に入国するという夜、町のレストランへ夕食に出た一行は、そこで不穏なうわさを耳にする。「ソ連がカイロ宣言を支持する声明を出したらしい」というのだ。

「カイロ宣言」とは一一月二二日、アメリカのルーズヴェルト、イギリスのチャーチル、中国の蒋介石がカイロで会談し、

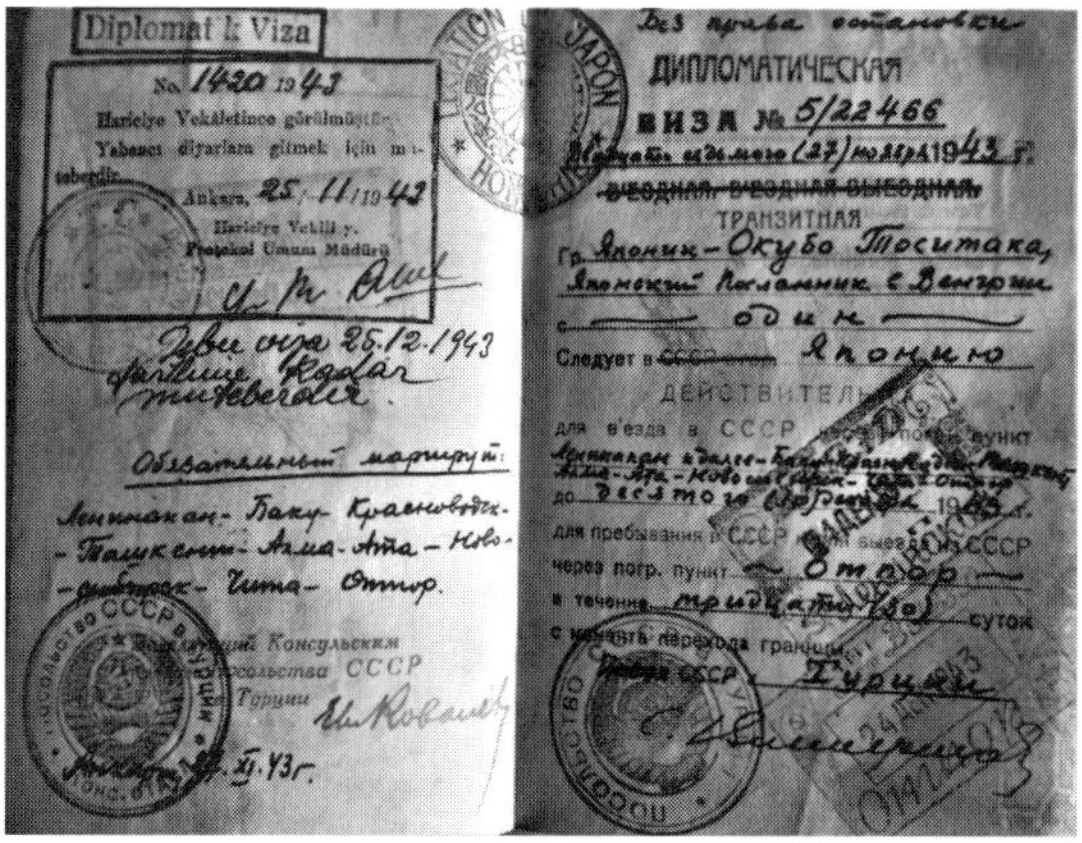

大久保のソ連通行ビザ（外交官用）

対日戦と対日要求について合意した宣言だった。具体的には、「対日戦の継続、日本の無条件降伏をめざすこと、対日軍事協力の確認、日本に対し朝鮮、台湾、及び第一次大戦で日本が獲得した太平洋の島々の返還を要求すること」だった。

未だ日本と中立関係にあるソ連がカイロ宣言支持を表明するのは、ソ連が対日参戦する兆候ではないか。日ソ開戦となれば、自分たちはソ連に入国できなくなる……。

不安な一夜が過ぎた。

翌朝、うわさは間違いとわかり、七人は予定通りソ連に向けて出発した。

一二月三日、列車は国境となっている小川にかかる鉄橋の手前で止まった。ここで一行のパスポートはトルコ側からソ連側に手渡された。列車が動き出すと、車両にソ連の警備兵が飛び乗ってきた。短い橋を渡りきると、いよいよソ連だった。

ソビエト連邦横断

真冬のソビエト連邦横断の旅は三週間に及び、常にソ連警察の監視の下にあった。

国境を越えた列車は、レニナカン（現在のアルメニア共和国のギュムリ）に入った。「レーニンの町」を意味するこの町は工業都市だった。ちなみに、このトルコ／アルメニア国境をまたぐ鉄道路線は、一九九三年のナゴルノ・カラバフ紛争によりトルコとアルメニアの関係が冷え込み、国境が閉鎖されたため、現在は走っていない。

コーカサスの山々を抜け、三方を小高い丘に囲まれたトビリシ（現在のジョージア共和国の首都）で列車を乗り換え、バクーに到着した。カスピ海西岸から突き出た半島の港町バクーは、この前年ドイツ軍が

「ブラウ作戦」で奪取を目指した石油の町だ。油田の櫓の向こうにレーニン像が立っていた。ここから連絡船に乗り、世界最大の湖、カスピ海をまっすぐ東に横断する。陸地は視界から消え、船は赤く錆びた油槽船を曳きながら、じれったいほどのろのろと灰色の湖を進んだ。船は超満員で、トイレは汚物であふれていた。

丸一夜かかって、連絡船はカスピ海対岸の町クラスノヴォドツク（現在のトルクメニスタン共和国のトルクメンバシ）に着岸した。ここで中央アジア鉄道に乗り換え、タシケント行きの寝台列車に乗った。古びた二等寝台車一両が、一行に割り当てられた。でこぼことバネが波打つ寝台は、しばらく横になっていると体がしびれてきた。それでも一般人の乗る三等車よりははるかにましだった。

再び佐貫の回想から。

ソ連に入ると、……炊事当番と会計係をきめて毎日の列車中の生活を営んだ。周到な注意を払った準備も多少の欠陥が発生した。アンカラで焼いたパンは三日ばかりで石のように硬くなった。……果物は一週間ばかりで全部腐って捨てなければならなかった。そして玉ねぎだけが残ったので、缶詰に添えて生のまま食ったが、やがてつきた。パンのない、缶詰だけの食事はちょっとやりきれない献立であった。何の仕事もないので食事は一日二回として、残りの時間は寝てすごした。

車内で火は作れないし、アルコールランプではとても間にあわないので、駅に着いたときだけ、湯をやかんでもらってきて茶を入れた。駅には湯の出る栓が必ずあった。湯が手に入らぬと冷たい食事となった。

（『追憶のドイツ』二〇四頁）

この缶詰のうち残ったものを大久保は自宅に持ち帰ったが、開けた数美が「臭くて食べられやせん！」

と仰天した代物《しろもの》だった。

夜になると車内は漆黒の闇に包まれた。ゆらゆらと揺れるろうそくだけが、わずかな明かりだった。皆で酒を飲んで歌を歌ってみたが、歌い終わった後に却ってわびしさが募った。

クラスノヴォドツクを出た列車は南東に向かい、イランとの国境近くを東に走った。ソーダ土の白い砂漠を数日間走った後、カラクム砂漠のオアシス都市アシハバード（現在のトルクメニスタン共和国の首都アシガバード）を通過し、そこから北上した。アム・ダリアの鉄橋を越え、古代都市メルヴを通り、ウズベキスタン共和国のサマルカンドを通った後、タシケントに到着した。

タシケント駅で一九三〇年に完成したトゥルクシブ鉄道に乗り換え、カザフスタン共和国のルゴヴォイを経て、アルマータ（現在のアルマティ）に到着した。アルマータには西方から戦火を逃れて工場や病院、大学、映画撮影所などが疎開して来ていた。戦時中のソ連映画の多くは、ここで撮影された。広い平原の東に天山山脈の山並みが見えた。

アルマータからセミパラティンスクを抜け、シベリア地方最大の産業都市であり、交通の要衝でもあるノヴォシビルスクでシベリア鉄道の本線に乗り換えた。車窓の風景はシベリアらしい白樺の林に変わった。列車が進むにつれ、日はどんどん短くなり、寒さはぐんぐん厳しくなっていった。車内でも氷が張り、冷えきった頭は割れるように痛んだ。

途中駅で、英語の文字が記された物資を積んだ貨車が見えた。アメリカからソ連への支援物資と思われた。

樹氷で真っ白のチタでは、温度計は氷点下四〇度を指していた。チタには満州国の領事館があった。ソ連は満州国を承認していなかったが、チタとブラゴベシチェンスクの二都市に領事館の開設を認めていた。七人はチタの満州国領事館で久しぶりに温かいご飯とみそ汁を食べさせてもらい、ようやく一息つくことができた。

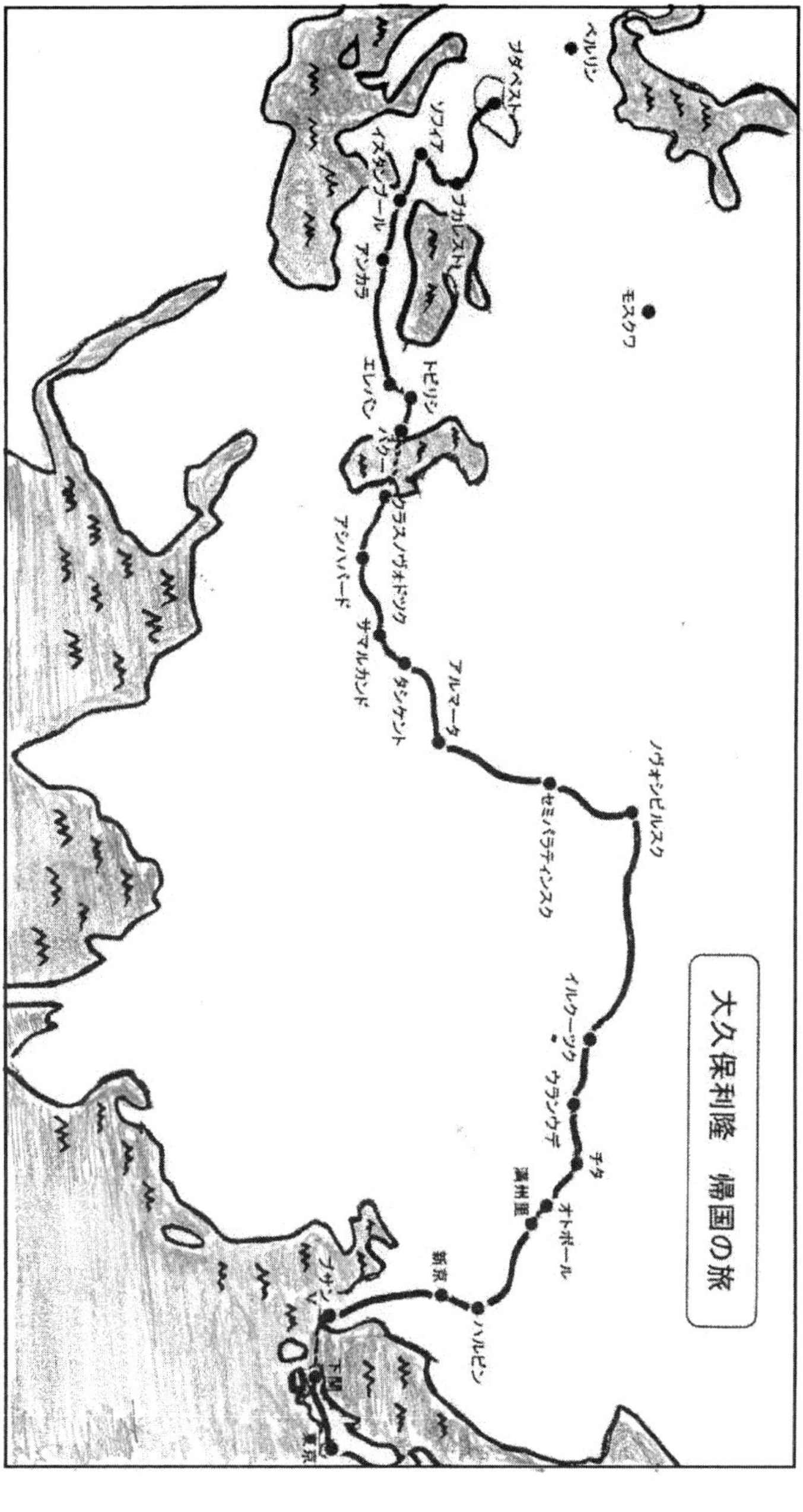
大久保利隆　帰国の旅
ベルリン
ブダペスト
ソフィア
イスタンブール
ブカレスト
アンカラ
モスクワ
トビリシ
エレバン
バクー
クラスノヴォドック
アシハバード
サマルカンド
タシケント
アルマータ
ノヴォシビルスク
セミパラチンスク
イルクーツク
ウランウデ
チタ
満州里
オトポール
新京
ハルピン
下関
東京

チタを出て、満州との国境の駅オトポールに到着したのは一二月二四日。ソ連入国から三週間が経っていた。ここで、それまで乗っていたくたびれた二等寝台車から、別の車両に乗り換えるようにと指示された。移った車両はこぎれいなサロン車で、スタンドがあり、窓にはピンク色のカーテンがかかっていた。見張り台のある国境は、見通しがきくよう、木々が伐採されていた。列車はソ連と満州の国境線を越え、満州国最西端の町、満州里にすべりこんだ。

満州国の帽章をかぶり、銃剣を持った満州国軍の日本兵一人が警護のため車両に乗り込んできた。久しぶりに見る同胞の姿に、七人は長い異国の旅の終わりと緊張感が解けていくのを感じたのだった。

新京、そして東京

満州里からは一転して快適な旅となった。ハルビンを経由し、満州国の首都、新京（現在の長春）に到着した。

新京で大久保は花輪義敬《よしたか》参事官の案内で、関東軍総司令官であり満州国大使を兼任していた梅津美治郎《よしじろう》陸軍大将のもとを訪れた。満州の関東軍は中央からの指令に従わず、再三大事件を起こしていた。その関東軍の統制を、政府は梅津大将に委ねていた。

大久保が訪ねたとき、梅津大将は牡丹江から来た山下奉文大将と会議中だった。難攻不落の要塞都市と謳われたシンガポールの陥落に成功し、「マレーの虎」と恐れられた山下大将だったが、東條首相に疎まれ、この頃は牡丹江に駐在していた。牡丹江は東部満州の拠点であり、関東軍の基地でもあった。

梅津は大久保が到着したとの知らせを聞くと、部屋から出てきて言った。

「あなたの話は是非ゆっくり聞きたいので、明日の晩、夕食に来てください」

これに対して大久保も「是非聞いていただきたいと思います」と答え、宿舎に戻った。

「沈黙の将軍」、「石橋を叩いても渡らない」とも言われた梅津大将は、緻密で思慮深く、抜群の記憶力の持ち主だった。機密情報の漏洩にも厳しかった。天皇に拝謁できる立場にあり、二・二六事件後の対応により天皇の信頼も厚かった。梅津大将のこうした人柄や立場を知っていた大久保は、梅津大将の耳に入れれば、天皇の耳に届くかもしれないと思い、ヨーロッパの現状をある程度お話ししよう、と心に決めていた。

ところが宿舎に戻ると悪寒がする。熱を計ると三九度を超えていた。医師に往診してもらうと、翌日の外出を禁じられてしまった。

結局大久保は梅津大将に再会できないまま、新京を出発することになった。このことを大久保は生涯残念に思うことになる。梅津大将はこの翌年の七月、東條英機内閣の退陣と参謀総長退任を受けて、陸軍参謀総長に就任する。

新京からソウルを経由して釜山に向かい、釜山から連絡船で九州の下関に入った。

年が明けて一九四四年（昭和一九年）一月五日、奇しくも三年前に東京駅を出発したのとちょうど同じ日に、大久保は東京駅に帰ってきた。曇り空の下、駅には三年ぶりに会う家族の姿があった。三人の子どもたちは見違えるほど大きくなり、長男と次男は坊主頭になっていた。

迎えの車に荷物を積み込み、家族とともに車に乗り込んだ大久保が運転手に告げた行き先は自宅ではなかった。

「宮城《きゅうじょう》！」

二重橋前に着くと、あたりはすでに暗く、人の姿はなかった。一家は車を降り、全員で皇居に向かって拝礼した。

家族が頭を上げた後も、大久保は一人深々と頭を下げていた。いつまでもいつまでも下げていた。

第6章

御進講と外務省軽井沢事務所——一九四四〜四五年八月一五日

「ドイツは持って、あと一年から一年半」

帰京した翌日、大久保は早速外務省に赴いた。午後には重光葵外務大臣に面会し、ヨーロッパ、とりわけ東部戦線の戦況について報告した。

「欠点がないことが欠点」と言われたほどの人格者だった重光外相を、大久保も大層尊敬していた。重光の考え方は「中国との共栄共存」だった。一九三一年（昭和六年）、満州事変が勃発すると、中華公使だった重光は「明治以来積み立てられた日本の国際的地位が一朝にして破壊せられ、我が国際的信用が急速に消耗の一途をたどって行くことは外交の局に当たっている者の耐え難いところ」と怒り、事変を協調外交によって収束させるべく尽力した。

翌年一月に上海の租界で日中両軍が衝突すると、重光は欧米諸国の協力を得て中国との停戦交渉にあたった。だが停戦協定調印の直前、爆弾テロに遭い、右足を失ってしまう。重光は激痛に耐えながら、協定に署名。以後重さ一〇キロもの義足をつけ、杖をついた。ドイツとの防共協定強化については、大使として駐在していたイギリスから、「ヨーロッパの戦争に巻き込まれる」として再三反対の電報を打っていた。

重光 葵

重光外相への報告の最後、大久保は結論として自分の意見を述べた。

「日本が頼みとするドイツの敗北は必至であり、その時期は今から一年ないし一年半の間でしょう」

終始難しい顔をしながら、黙って聞いていた重光は言った。

「さすがに君はよく見ちょるな」

この一言に、大久保はそれまで肩に重くのしかかっていた荷が一気に下りたような気分になった。外相はわかってくれた。もう大丈夫だ。無理をして帰朝した甲斐があった―自らの職責を果たしたという満足感があふれてきた。

松本次官とは二人だけで会い、詳しく説明した。帰朝に尽力してくれた親友はよく理解してくれた。大久保が「ドイツは持ってあと一年から一年半」という自らの見通しを述べ、「英米はまずドイツを片づけようという算段だ。ドイツを片づけたら、一丸となって日本に向かってくる。だからドイツが降伏したら日本は直ちに戦争をやめなければならない」と言うと、松本は、「では、そのときに戦争をやめるよう準備しなくては」と言った。以後、二人は定期的に次官室で会い、どうしたら軍部を納得させられるかについて話し合った。

それから、大久保は外務省の幹部たちに、ヨーロッパ戦況の実状を説明してまわった。しかしいくら「早く何とかしなければ」と力説しても、「いまさらそんなことを言われても……」と戸惑う者がほとんどだった。中には、「東條首相が、『ドイツ周辺の枢軸国には英米の宣伝に乗っている公使がいる』と言って機嫌が悪いので、君からの電報を内閣に回すのに苦労したよ」と言う者もいた。

大久保の帰朝を聞きつけて、芦田均衆議院議員が話を聞かせてほしいと言ってきた。ベルギー時代の上司でもあった芦田は、軍が外交力を増し、外交の担い手であるはずの外務省の力が低下するのを目にして、外交官では国の方針は変えられないと、一大決心をして外務省を辞め、衆議院選挙に立候補。当選後はリベラル派として軍部外交と戦い、軍に追従する政府を厳しく追及していた。

二月一七日、大久保は芦田にヨーロッパ情勢、とりわけバルカン情勢について説明した。芦田は熱心に耳を傾けていた。芦田はこの日の日記に、大久保のバルカン情勢の話が非常に興味深かったと記している。しかし、芦田先輩にヨーロッパ戦況の真相を話せば、すぐに国会質問の材料にされてしまうと懸念した大久保は、肝心のドイツについては、「まだ大丈夫です」と簡単に答えただけでお茶を濁してしまった。このことを、大久保はずっと後悔することになる。

ヨーロッパからの帰国者は希少だったので、あちこちから話を聞かせて欲しいという依頼が来た。政界では大政翼賛会から何度も講演の依頼がきた。大政翼賛会は、一九四〇年（昭和一五年）に大多数の政党が解党、合流して結成され、内閣総理大臣が総裁を務めていた。だが実態は軍部の方針を追認するばかり。そのようなところでは本当のことは話せないと思った大久保は、依頼を断わり続けた。

陸軍参謀本部からの依頼は断ると厄介なので、引き受けることにした。ともに帰朝した牛場書記官が概要を説明し、大久保は質問に答えることになった。参謀本部の将校三〇、四〇名が集まったが、司会の有末精三中将が質疑応答を適当に打ち切ったので、大久保が大したことを話す間もなく、会はお開きとなった。

皇居へ

松平恒雄宮内大臣からも話を聞かせて欲しいという依頼が来た。松平は外務省の出身だったので、大久保にとっては比較的気楽に話せる立場にあった。内容が軍部のほうへ漏れる心配もなかった。何より、

「松平先輩にお話しすれば、必ず陛下のお耳に入るだろう」、そう思った大久保は、早速宮内省に赴いた。

大臣室に入ると、幸い松平大臣は一人だった。

約二時間半にわたって、大久保はヨーロッパ情勢について詳しく説明した。最後に結論として、自らの見通しを述べた。

「ドイツは現時点から約一年、ないし一年半しか持たないでしょう」

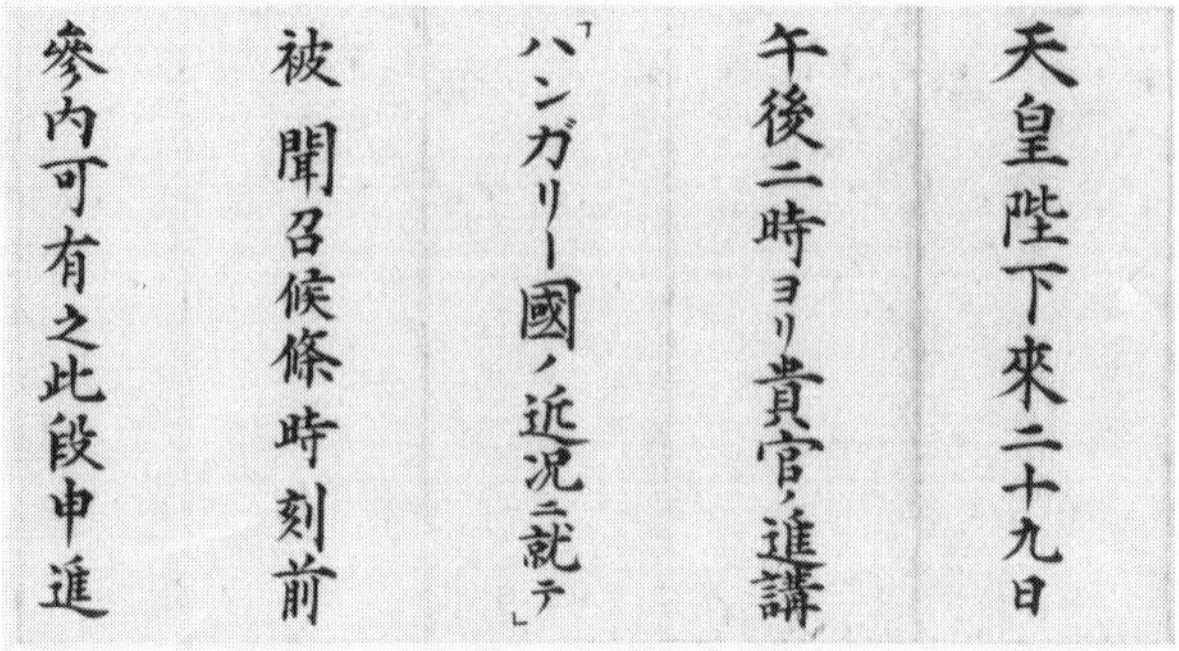
天皇陛下來二十九日
午後二時ヨリ貴官ノ進講
「ハンガリー國ノ近況ニ就テ」
被 聞召候條時刻前
參内可有之此段申進

遠慮なく洗いざらい話し終えた大久保は、このときほど、さばさばした気持ちになったことはなかった。

翌日、大久保が外交官としての自分の責務を果たしたような満足感に浸っていると、電話が鳴った。松平宮内大臣だった。

「君の報告は非常に重要なので、天皇陛下への御進講の手続きを取る。日時は追って通知する。御進講に際しては、昨日自分に報告した通りを陛下に申し上げるように」

「御進講」とは、天皇のために御前で講義をすることだ。

大久保は困惑した。松平先輩であればこそ、思い切って何もかも、自分の意見も含めてお話ししたのだ。日本がもっとも頼りにし、その最終勝利を信じて疑わないドイツが負けること、しかもその時期まで予測して申し上げてよいものだろうか。そもそも現時点で、「ドイツは一年から一年半以内に負ける」と断言するには、かなりの勇気がいる。そのまま申し上げたら、かえって余計なご心配をおかけするのではないか……。

しかし……、と大久保は思った。実状を陛下の耳に入れておきたいと

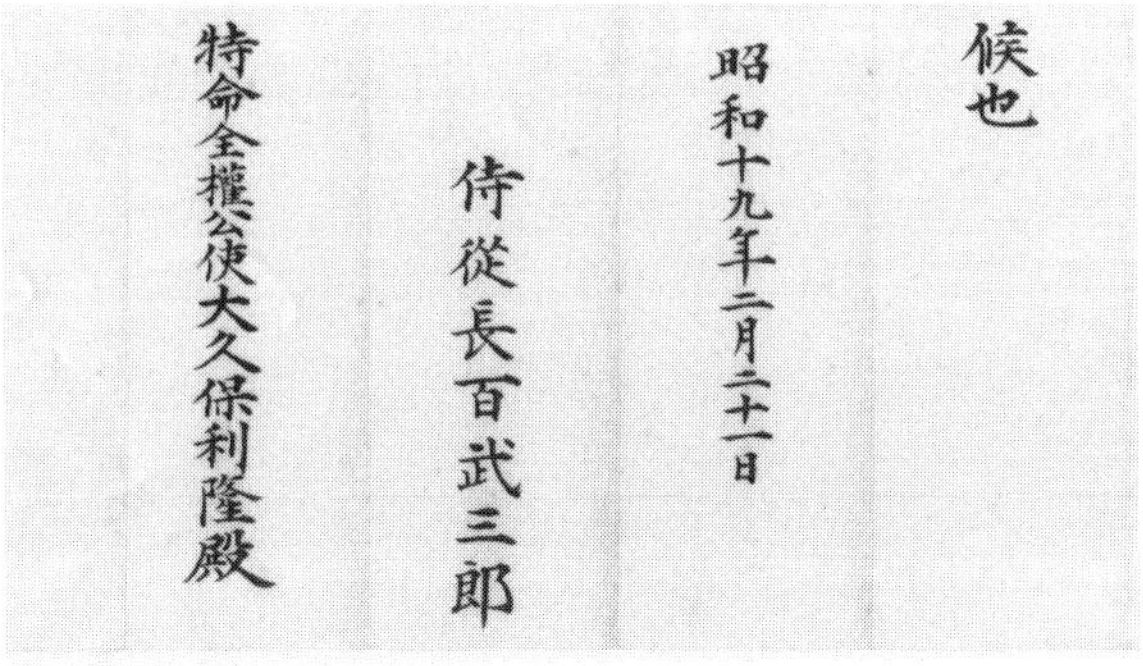
候也
昭和十九年二月二十一日
侍従長百武三郎
特命全権公使大久保利隆殿

百武三郎侍従長からの書状

いう大臣のお気持ちもよくわかる。何より、枢軸国から最近帰朝した唯一の公使として、自らの冷静な判断結果を申し上げるのは当然の責務だ。自分が言わなければ、誰もそのようなことを言う者はおらず、陛下も、まだドイツは当分大丈夫だ、と思っておられるかもしれない。

大久保は腹を決めた。

二月二九日はよく晴れた日だった。皇居に参内した大久保は、侍従の案内で御進講の間に向かった。

恐らく立ち会うのは宮内大臣と侍従長くらいだろう、指示された通り、大臣にご報告したことを少し短くして申し上げればよいだろう……。そう思っていた大久保は、入室した瞬間、背筋が凍りついた。

宮内大臣、侍従長の他に、侍従武官長、さらに名前はわからなかったが、陸海軍の侍従武官とおぼしき四、五名の姿があったのだ。

これは困ったことになったな…。

だが、ここでひるんでは今までの努力がすべて水泡に帰してしまう…。

そう思い直した大久保は、言葉を和らげつつも、宮内大臣に報告したのとほぼ同じことを説明した。約四〇分にわたる説明に、天皇は終始熱心に耳を傾けていた。

報告が終わると、天皇は一つだけ質問をした。米英空軍によるドイツ空爆についてだった。御下問が報告の核心に触れるものではなかったので、大久保は「陛下は自分のメッセージを理解してくださった」と解釈し、大きな満足感とともに皇居を後にした。

待命の一年

その後、大久保は戦時調査室に配属となり、待命となった。「待命」とは文字通り「命令を待つ」状態だ。戦争によって少なからぬ外交官が任地を失い、待命となった。「戦時調査室」、略して「戦調室」は、世界情勢を分析するために一九四三年一月に新設された部署で、海外から帰朝し待命となった大使・公使クラス七、八人が机を並べていた。

設立当初は各人の担当を決め、熱心に調査を行おうとした戦調室だったが、いかんせん資料が手に入らない。資料がなくては、満足な調査はできなかった。唯一の新鮮な資料は、一般には禁じられていた外国の短波放送の速記録だった。毎日届く記録からは、大本営のプロパガンダではない、戦局の実状が伝わってきた。次々と失われていく日本の船舶、激減する鉄鋼生産量、日に日に入手困難となる戦略物資、陸軍と海軍の対立、心もとない同盟国ドイツ……。記録からは、勝利が次第に遠のいていき、敗北が近づきつつあることが如実に感じられた。

こうした情報に日々接していた戦調室では、早くも一九四三年夏には戦争遂行絶望論と早期和平待望論が沸き起こった。そんな戦調室は周囲から、「敗北主義者の巣窟」と揶揄され、冷ややかな目で見られていた。

一年の月日が流れた。長い長い一年だった。

戦況はヨーロッパにおいてもアジアにおいても、枢軸同盟側にとって比べものにならないほど不利になっていった。

ナチス・ドイツに占領されたハンガリー

ハンガリーのカーライ政権の度重なる反逆行為に憤ったヒトラーは、一九四四年三月、ついに実力行使に打って出た。ホルティをはじめとする政府の主要閣僚をドイツに呼び出し、「対ソ戦への協力、傀儡政権の任命、ドイツ戦時経済への全面協力、国内のユダヤ人の引き渡し」を求める最後通牒を突きつけたのだ。そして予想通りホルティがこれを突っぱねると、直ちに落下傘部隊を含むドイツ軍十一個師団をハンガリーに送り込み、もぬけの殻状態だったブダペストをあっという間に占領してしまった。

カーライ首相は更迭され、親独派のストーヤイ大将が首相に据えられた。ストーヤイは左翼活動家の逮捕を命じ、ユダヤ人のドイツへの引き渡しを許可した。

ブダペストの街の様相は、恐怖と混乱へと一変した。政治も経済もドイツの統制下に置かれ、商品は品薄になり、一七歳の少年まで動員され、ユダヤ人狩りが始まった。

バルカン地域で取材していた同盟通信の小田善一（後に東京タイムズ社長、ＮＨＫ解説委員）は、その一か月前に取材拠点をブダペストに移したばかりだった。その小田の回想から。

最も大恐慌を来し混乱をまき起こしたのは、ユダヤ人弾圧令である。何しろブダペストは一名ユダペストというくらいで、百三十万の市民のうち三十万はユダヤ人、洗い立てれば親類のうちにユダヤ人との関係が一人もないという者はまずいなかろうというほどの町なのである。

そこへ出た命令が、「両親か片親がユダヤ人の場合は勿論、祖父母のどちらかがユダヤ人の場合も全て届け出ろ」というのだから、騒ぎは大変である。

（『青春の夢を求めて』八三～八四頁）

ついにハンガリーでも、あの黄色い星を胸につけなければならない日が来た。小田の助手のユダヤ人夫妻も、コートの胸に黄色い星をつけ、悲痛な面持ちで出局してきた。覚悟を決めたような表情で夫人は言った。

「似合いますか」

その言葉は、小田にとって泣かれるよりもこたえた。

その後小田は一一月に社命でハンガリーを離れるまで、ユダヤ人の保護に奔走する。ちょうど支局が手狭だったのでユダヤ人が所有する広い住宅を借り、門にドイツ語とハンガリー語で大きく「支局」と書いた看板を掲げ、縁を頼ってやってきたユダヤ人をかくまった。汽車の切符を取り、道中に備えて「日本人の使用人である」と書いた紙を持たせ、身を隠しやすい田舎へと逃がした。外出の機会が多い助手と運転手には、「日本の新聞記者の重要な使用人である」と記し、支局のスタンプをべたべた押した身分証を持たせた。状況が厳しくなってくると、日本公使館に頼んで身分証明書を作ってもらい、情報を得るためにゲシュタポのところへも通った。だが、次第に各国の公使館で働くユダヤ人さえも連行されていくようになった。

ハンガリーからアウシュビッツへと送られていったユダヤ人は、最終的に約四五万人にも上った。

六月六日、連合軍は「史上最大の上陸作戦」、ノルマンディー上陸作戦を敢行する。早朝の濃い霧に紛れ、アメリカ、イギリス、カナダを中心とする一六万人もの連合軍兵が、フランス北部の海岸ノルマンディーに上陸した。激しい戦闘の末、連合軍はパリへ向けて進軍。八月二五日、ついにパリは解放された。エッフェル塔に再び三色旗がはためいた。

同じ月、ナチス・ドイツが「枢軸同盟の優等生」と目し、ハンガリーと競わせてきたルーマニアが寝返った。政変によって誕生した新政権は、枢軸陣営から離脱し、ソ連軍とともにドイツやハンガリーと戦うことを宣言した。

九月、ルーマニア軍を加えたソ連軍は、ついにハンガリーの南東国境を越えた。

イギリスの国立公文書館のファイルには、臨時代理公使となった寺岡洪平が、ブダペストから東京の本省へ送った緊迫した電報が保管されている。

「九月一一日

……ドイツは自国民、中でも女性をブダペストから脱出させており、そのためのウィーン行きの特別列車が昨日出発した。ゲシュタポも全員ブダペストを脱出したようだ。……」（HW12-304/136364）

「一〇月一三日

……圧倒的に優勢なソ連軍の前に、ハンガリーの南部戦線はすでに総崩れの様相を呈している。ソ連軍の一部はすでにティサ川を越え、ブダペストの南東六〇マイル（筆者注・約九六キロ）にまで迫ってきているようだ。……今のところブダペスト市内は平穏だが、今後ソ連軍が前進してきたときの展開は不明。ドイツ公使館員の一部はすでにブダペストを脱出したようだ。戦闘がブダペストに達し、ハンガリー政府がブダペストを脱出しても、我々は行くところがないので、危険だろうがここに留まる予定だ。在留邦人の保護に全力を尽くす所存である。……」

（HW12-305/137368）

もはや敗北は避けられないと覚悟したホルティ摂政は、ハンガリー国存続のため苦渋の決断をした。ソ連に停戦を呼びかけるのだ。ホルティの命を受けて九月下旬、故テレキ首相の息子を含めた三人の特使が密かにモスクワに派遣された。

一〇月一一日、モスクワで合意が成立。これを受けて一五日、ホルティはラジオで国民に呼びかけた。

「我が国は極めて危機的な状況にある。今やドイツが崩壊寸前であることは明白だ。ハンガリー国はドイツの残る唯一の同盟国になってはならない。もしそうなれば、ハンガリー国は消滅してしまうかもしれない。したがって私は停戦を求めた。……我々はこの先幾多の困難に直面するだろう。しかしその困難を鑑みても、この絶望的な戦いを続ければ、我が民族と祖国は破滅の危機に瀕するだろう。選択の余地はない。停戦を求めなければならない」

("Horthy: Memoirs" p286)

しかし、ソ連との秘密交渉はドイツの知るところとなった。放送と同時にラジオ局はドイツ兵に急襲され、警備にあたっていた若い学生兵たちは殺害された。ホルティが間一髪で難を逃れ、王宮に戻ると、ドイツ兵も直ちに王宮に向かい、警備兵五〇人ののどをかき切り、ドナウ川に投げ込んだ。そしてホルティ、その妻、亡き長男の嫁、幼い孫を捕え、ドイツへと連行していった。

翌日、ホルティの放送はハンガリー版ナチ党「矢十字党」によって撤回された。党首サーラシが首相に就任し、ハンガリーは依然としてドイツの同盟国であり、戦い続けることが宣言された。

その間もソ連軍はブダペストに迫ってきていた。

再び、ブダペストの寺岡電。

「一一月六日

……ソ連軍はブダペスト市の南東三〇キロほどに迫ってきている模様。ソ連軍が優勢だが、市から五キロほどの地点に第二防衛線が張られており、ブダペスト市で戦闘が始まるまで、あと数日あると思われる。市内は人であふれている。……」

(HW12/306-138242)

「一一月一四日

……ドイツ軍の反撃により戦闘は一進一退状態。ソ連軍の先頭部隊は市から一〇キロの地点にまで到達した。砲撃音が聞こえる。市民はパニック状態で、自分が何をしているのかわからないような状態だ。……」

(HW12/306-138489)

一二月七日、最後の電報。

「現時点ではソ連軍はブダペストを直接攻撃してはいない。圧倒的に優位な情勢を活かして大規模な包囲作戦をとり、市の防衛にあたっているドイツ軍を孤立させるか、退路を断つ作戦のようだ。戦況を鑑み、ハンガリー外務省の勧告に従って一一日に西部ソムバトヘイのグランド・ホテルに疎開する。公使館とその資産はラディシッチ氏に託していく。……」

(HW12/307-139275)

寺岡臨時代理公使には、ブダペストで出会い、互いに一目で恋に落ちて結婚した妻エリザベスがいた。妻はこのとき臨月を迎えていた。だが、ハンガリー人である妻を疎開先に連れて行くことはかなわなかった。公使館での涙の別れの後、残されたエリザベスは一人、戦火のただなかで出産する。生まれた女の子は夫とあらかじめ決めていた「たみ子」と名付けられた。一方、寺岡は疎開先に進軍してきたソ連軍に捕えられ、ソ連に抑留された後、日本に送還される。戦争によって引き裂かれた夫婦が、ウィーンで再会を果たすのは、それから八年余りも後のことになる。なお、一人娘のたみ子は成人後、料理研究家「バーバラ寺岡」として名をはせる。

一二月二九日、ブダペスト市は完全にソ連軍に包囲された。中に取り残されたのは、ドイツ軍約三万三〇〇〇人、ハンガリー軍約三万七〇〇〇人、一般市民約八〇万人。このとき首相だったサーラシはとうに市を脱出していた。

この後ブダペストは一〇〇日間にもわたって、第二次世界大戦中スターリングラード市街戦と並んで、もっとも悲惨といわれる市街戦に見舞われる。

日本の本土空襲始まる

日本でも情勢は日ましに緊迫していった。

一九四四年七月、日本が「絶対防衛圏」としていたサイパンがアメリカ軍の手に落ちた。サイパンのテニアン島には飛行場がある。ここからだと、爆撃機が日本本土まで直接飛行できる。つまり日本全土がすっぽりアメリカ軍による爆撃の射程圏内に入ったことを意味した。もはや本土空襲は時間の問題だった。責任を取って東條英機首相は退陣し、小磯国昭陸軍大将と米内光政海軍大将による連立政権が後を継いだ。

日本軍の苦戦ぶりに、軍幹部の中には、もはや捨て身の体当たり攻撃しかないという空気が醸成されていき、ついに「神風特攻作戦」が決定された。その直前の一〇月一五日、フィリピンのクラーク飛行場から日本海軍の攻撃機一機が離陸し、消息を絶った。搭乗していたのは、有馬正文少将。大久保が鹿児島一中時代、ともに海軍兵学校をめざした親友だった。有馬は、「敵艦への体当たり攻撃をするなら、若者だけ死なせるわけにはいかない。指揮官も搭乗すべきだ」と主張していた。しかし幹部会で誰一人志願しないのを見た有馬は、「それなら私が乗ろう」と周囲が止めるのもきかず、一式陸上攻撃機に乗り込み、出撃していった。死後中将に昇格した有馬を、メディアは「特攻の先陣」とほめそやした。端正な字で綴られた有馬の手紙を眺めながら、大久保は旧友の死に涙した。

同じ月、アメリカ軍はフィリピン中部に上陸した。

一一月に入ると、日本上空にアメリカ軍機が飛来するようになった。最初は偵察機だったが、下旬になると爆弾を落としていくようになった。この頃松本次官は仏印大使となり、大久保と二人の協議も終わりとなった。

学徒動員が始まり、「ペンを銃に持ちかえた」大学生が戦場に送り込まれるようになった。街に成人男性の姿はまばらになり、路面電車の車掌などそれまで男性が占めていた職業は女性にとってかわられた。女学生や中学生は勤労動員として農作業や工場に駆り出された。中学生以上の男子は軍事教練を受け、三八式銃の扱い方を教え込まれた。

大久保の中学生の長男利宏も勤労動員となり、日比谷で風船爆弾の部品造りに従事した。「風船爆弾」とは陸軍が開発した純国産兵器だ。和紙で作った気球の下に爆弾が取り付けられ、千葉、茨城、福島の海岸から放球し、ジェット気流に乗せ、アメリカ本土に到達した時点で爆発させる。一万発近くが放球され、ほとんどは太平洋上に落下したが、一部はアメリカに到達し、オレゴン州の森でピクニックをしていた家族が死傷している。

日比谷の有楽座（現在の有楽町マリオン）の劇場座席の上に大きなベニヤ板が敷かれ、その上で作業が行われた。空襲警報が鳴ると、近くにある最も堅牢な三信ビルの地下に避難した。一九四五年一月二七日午後二時頃、銀座一帯に空襲警報が鳴り響いた。学生たちは大急ぎで三信ビルへと走った。空襲によってビルの地下はぐらぐらと激しく揺れ、天井から砂塵がざざーっと勢いよく落ちてきた。利宏は死を覚悟した。

この空襲で有楽座は壁に大きな穴が開き、近くの日本劇場や朝日新聞社ビルも大きな被害を受けた。

この日、利宏は暗くなっても帰宅しなかった。ラジオで銀座空襲のことを知った数美は、心配でいてもたってもいられなかった。

夜遅く、玄関で弱々しい声がした。

「ただいま…」

「ヒロかっ?!」

数美が玄関に飛んでいくと、疲れた顔をした利宏が立っていた。馬や人の死体をよけながら、肩かけカバンの中に入れた豆をかじりながら、日比谷からずっと歩いて帰ってきたのだった。

無条件降伏の呪縛

美しかったハンガリーの首都ブダペストは、市街戦により半分以上が破壊されてしまった。とりわけ王宮があるブダ側の損害はひどかった。ドナウ川にかかるくさり橋は完全に落ち、丘の上の王宮は焼け、歴代ハンガリー王の戴冠式や、テレキ首相やイシュトヴァーン摂政代理の国葬が行われた歴史ある教会は崩れ、壮麗な国会議事堂も、リッツ・ドナパロタをはじめとする高級ホテルも無残な姿に変わり果てた。

日本公使館は市街戦が始まる直前に疎開したが、中立国のスイス、スウェーデン、トルコ、ヴァチカンの公使館は市内に留まった。そのスイス公使館による、ブダペスト市街戦についての報告書がある。それによれば、数週間に及ぶ激しい市街戦により、市内のほぼすべての住宅が破壊されるか、ソ連兵によって徹底的に略奪された。家具など持ち去れない物は破壊され、放火された。治外法権で守られているはずの外国公館も略奪に遭った。スイス公使館では金庫内の有り金がすべて奪われ、スウェーデン公使館では金庫そのものが持ち去られた。子どもから高齢者まであらゆる年代の女性がレイプされ、男性もレイプされた。市内にいたドイツ系住民はソ連へ連れて行かれ、スイス公使を含むスイス人数人は行方不明となった。生き残ったスイス人約六〇人は、ソ連軍によって列車に乗せられ、トルコを経由して母国に送還された。

二月一三日、ハンガリーはソ連との休戦協定に署名し、降伏した。日本公使館が疎開したソムバトヘイも三月二九日、ソ連軍の手に落ちた。

同じ頃フィリピンでは、北上してきたアメリカ軍と日本軍とが首都マニラで市民を巻き込んだ壮絶な市街戦を展開。同じ月、アメリカ軍は硫黄島に上陸した。

勝利を確信したアメリカ・イギリス・ソ連の首脳は、ソ連の保養地ヤルタで戦後処理について話し合った。

日本では「本土決戦」、「一億総玉砕」が叫ばれ始めた。女性たちはバケツリレーによる消火訓練や、上陸してきたアメリカ軍を竹槍で迎え撃つ訓練に駆り出された。

近衛元首相は天皇に拝謁し、「もはや敗戦は必至」として、「一日も早く戦争終結の方法を探るべき」との上奏文を提出した。

しかし、アメリカのルーズヴェルト大統領とイギリスのチャーチル首相がカサブランカで宣言した「日独伊が無条件降伏するまで戦

破壊されたくさり橋とブダペスト市街
（出典：Fortepan/Vörös Hadsereg）

う」という言葉が呪縛となった。何とか敵に一撃を加え、無条件ではなく、有条件で終戦交渉に持ち込めないものか。日本の為政者の甘く淡い期待が、終戦を遠ざけた。

一方、アメリカは日本の家屋が燃えやすい木や紙でできていることに目を付け、日本に落とす爆弾を爆発型のものから火災型の焼夷弾へと切り替えた。三月一〇日深夜。人々が深い眠りについていた頃、サイパンのテニアン島から飛び立ったアメリカのB29爆撃機一五〇機が、首都東京に約一九万発もの焼夷弾を雨あられのごとく落としていった。下町一帯はたちまち猛火に包まれ、一夜にして約一〇万人もの市民が犠牲となった。

未明にもかかわらず赤々と不気味に光る東の空を、大久保は世田谷の自宅の二階から、やりきれない思いで見つめていた。

意外な辞令

東京大空襲を機に、人々は一斉に東京を脱出し始めた。大久保も家族を疎開させることに決めた。疎開先は妻数美の妹、和子の嫁ぎ先を頼り、栃木県の那須黒磯とした。和子はベルリン留学から帰国後、ピアニストになったが、コンサート中に見染められて結婚。夫が那須で農園を営んでいた。

疎開用の荷物をまとめたものの、運ぶための牛車の手配がつかない。ガソリンがないため自動車は使えず、荷物の運搬は牛や馬が頼りになっていた。そこへ東京大空襲があり、地方へ疎開する人がどっと増えたからだ。

なんとか牛車も手配できた矢先、大久保は沢田廉三次官に呼び出された。

次官室で沢田は大久保に告げた。

「空襲の激化により、長野県の軽井沢に疎開させてある中立国の公使たちが、外務省当局と折衝するために上京するのが危険になってきた。ついては現地に出張所を設けて、スイスを始めとする中立国とは軽井沢で折衝することにしたので、所長として赴任するように」

対米英開戦後も、日本には同盟国ドイツ、イタリア、ハンガリー、中立国のスイス、スウェーデン、スペイン、ポルトガル、ソ連などの国々が大公使館を置いていた。日本政府は前年に『避難処理要項』を策定し、東京の外国公館に対して、長野県軽井沢町か神奈川県箱根町への任意疎開を勧告した。そして公館員が疎開先から折衝のため上京する列車の曜日と時刻を指定し、スイスを通じてアメリカに通知していた。

しかし東京大空襲を受け、政府はそれまでの「任意疎開」を「強制疎開」に切り替えることを決定。疎開先として、同盟国ドイツは河口湖畔、ソ連は箱根、スイスなどの中立国は軽井沢を指定した。さらに、公館員が外務省との折衝のため危険を冒して上京しなくてもよいよう、それぞれの地に出張所を開設することにした。沢田次官の話は、その事務所長として軽井沢に赴任せよという辞令だった。

次官はさらに、この頃まだ極秘だった計画を明かした。

「戦局の進展に伴い、大本営が長野県松代に移る場合には、外務省は軽井沢に移るので、その準備もある」

戦況の劣勢が明白となり、アメリカ軍の日本本土上陸の可能性が出てくると、政府は天皇と大本営を長野県松代地区の山中の地下壕に移す計画を立てた。松代の地が選ばれたのは、地形と地盤の堅固さからだった。大規模な地下壕の建設工事が秘密裏に進められた。国内の成人男性はほとんどが戦地に赴いていたため、労働力として朝鮮半島から大勢の男性が強制的に連れてこられた。いよいよ本土決戦となり、大本営が松代の地下壕に退いた暁には、外務省の幹部は軽井沢に移り、スイス公使を通じて連合国と講和交渉を行う、というのが終戦に向けた腹案の一つだった。その事務所長として、フランス語で外交交渉ができる大久保に白羽の矢が立った。スイス公使はスイスのフランス語圏の出身だったからだ。

しかし事務所の当面の任務は、外交団への食料・燃料・住宅等の供給となる。これは難題だった。国内の食料事情が逼迫する中、数百人分の食料を調達するのが至難の業になるのは、火を見るより明らかだった。

「遺憾ですが、食料供給の点で自信がないので、他の人に命じてください」

大久保はそう答えると、次官室を後にした。

翌日、柳井恒夫条約局長が大久保のところにやってきた。

「軽井沢事務所長の話を断ったそうではないか。幹部会で、東京の空襲を逃れてあんなによいところに行くのを断るとは大久保も馬鹿な奴だ、という話になった。是非考え直すように」

この助言を聞いて、大久保は所長の任を引き受けることとし、事務所の開設準備にとりかかった。

四月一五日、外務省軽井沢事務所長としての正式な辞令が出た。箱根、河口湖にも事務所が開設されたが、規模、人数、所長の地位等の点において、軽井沢は別格だった。


七日には、小磯・米内連立内閣が総辞職し、鈴木貫太郎海軍大将による内閣が成立した。二・二六事件で瀕死の重傷を負うも、夫人の命請いによって一命を取り留め、東條内閣の倒閣に尽力した鈴木新首相は、天皇から「戦争を終わらせるように」との大命を受け、組閣に着手する。外務大臣には東郷茂徳が再任された。東郷は仏印から松本俊一を呼び戻し、再び外務次官に据えた。

同じ日、ソ連は日本に対し、一年後に期限が切れる日ソ中立条約を延長しないことを通知してきた。ソ連は一九四三年のテヘランに続き、一九四五年二月にはヤルタでもアメリカ、イギリスと会談していた。

軽井沢に赴任する直前、大久保は東郷外相に夕食に招かれた。外相と二人だけで話す場を得た大久保は、探りを入れるように言ってみた。

「大臣、そのうちソ連が参戦してくるでしょうから、そのときは戦争はもうやめでしょうな」

　東郷の顔にさっと緊張が走った。

「そのことは迫水書記官長によく言っておけ！」

　二・二六事件時に首相秘書官として岡田首相の救出に尽力した迫水久常は、鈴木内閣で内閣書記官長に就任した。内閣書記官長は首相の右腕であり、今でいう官房長官のようなポストだ。「書記官長には迫水をつけるように」と鈴木新首相に命じたのは岡田元首相だった。岡田元首相から「鈴木は戦争をやめるための総理大臣であるから、そのつもりで補佐せよ」と言われた迫水は、鈴木首相から、「いつまで戦争ができるのか、本当の国力を調べてくれ」と指示された。当時工場はすべて軍の管理下にあり、数字が修正されていたからだ。迫水が苦労してまとめた調査の結論は、「九月までは何とかもつだろうが、それ以降は全く見当がつかない」というものだった。迫水はまた、叔父である大久保の自宅を訪れては、熱心に尋ねた。

「おじさん、外務省の本音を教えてください。外務省の本音が知りたい」

　東郷外相の言葉を大久保はすぐさま迫水に伝えた。

東郷茂徳

　ところがこの後、日本政府は講和の仲介役としてソ連を選ぶ。ソ連を選んだ経緯については未だ多くの議論と研究がなされている。いずれにせよ、すでに対日参戦を決めていたソ連の対応は冷ややかだった。

　沖縄本島では、アメリカ軍が上陸し、市民を巻き込んだ凄惨な地上戦が始まっていた。

軽井沢着任とドイツの降伏

四月二九日、大久保は家族とともに上野駅から新潟県直江津行の列車に乗った。家族は妻、長男、次男、長女、それに夫と娘を亡くしたばかりの四十代の姪だった。長男の利宏はこのとき軽度の肺結核にかかっていた。食料は配給だけでは到底足りず、人々は闇市で米を買って食いつないでいた。しかしヤミ米の購入は表向きには禁止であり、そのため政府は役人の購入が発覚するととりわけ厳しく罰した。大久保は政府の命令を愚直に守り、家族にヤミ米の購入を禁じた。栄養不良から結核にかかってしまった長男に、大久保は申し訳ない思いがしていた。

列車は疎開する人々で通路までいっぱいだったが、一家は何とか座席を確保することができた。乗客の中には外国人の姿もあった。大久保は彼らが話している言葉を聞いては子どもたちに、「あれはスウェーデン人だ」などと説明した。

昼過ぎに出発予定だった列車は、定刻を過ぎてもなかなか発車しなかった。

本当に出発するのだろうか。もしかしたら出ないのではないか。乗客たちがやきもきしていると、ようやくガッタン！と大きく揺れた後、列車が動き始めた。すし詰め状態の車内に、一瞬安堵の空気が流れた。

途中何度か停車しながらも、列車は夕刻、無事軽井沢駅に到着した。

一家がホームに下りると、ばらばらと五、六人の憲兵が駆け寄ってきた。

軽井沢には大勢の外国人が疎開して来たため、特高警察や憲兵部隊が派遣されていた。駅前の油屋旅館が憲兵隊の宿舎となり、常時二〇～三〇人の憲兵が詰めていた。表向きの任務は、外国人の活動の取り締まりだったが、その後の様子から、大久保も監視対象だったことが明らかとなる。

軽井沢には政治家や外交官の別荘も多い。着任早々、大久保は来栖三郎元駐米大使のもとを訪れた。だが面会した来栖の話に、大久保は仰天する。「軽井沢に特命全権公使が任じられたのは、本格的な講和交渉に向けてスイス公使とその前段階の話し合い、つまり講和交渉の地ならしをするためだ」というのがもっぱらのうわさだというのだ。中立国の外交団が続々と疎開して来る、外務省事務所が開設される、所長に特命全権公使が着任する。軽井沢ではいやがおうにも、何か大きなことが起こるのではないか……という期待が膨らんでいた。来栖もそれを大いに期待している様子だった。大久保は困惑した。

来栖から、今ちょうど近衛公も軽井沢に滞在しているから、ぜひ訪問するように、と勧められた大久保は、その足で近衛元首相の別荘へと向かった。

近衛は熱のこもった口調で尋ねた。

「スイス公使と接触する際に何とか交渉をして、よい条件で講和交渉に入れないものだろうか」

あまりの熱心さにつられて、大久保は言ってみた。

「それは政治家の腹一つにかかっていますよ」

それはどういう意味か？と尋ねる近衛に、大久保はきっぱりと言った。

「今となっては、無条件降伏以外に和平の道はないと思います」

この答えに近衛元首相はウー……となったまま、考え込んでしまった。

イタリアでは、北上する連合軍がミラノに迫っていた。ムッソリーニはパルチザンに捕えられて処刑され、遺体は愛人とともにミラノの広場で逆さづりにされた。

ドイツでも、ソ連軍が首都ベルリンに迫っていた。ヒトラーは地下壕にこもって指揮を続けていたが、愛人エヴァ・ブラウンと結婚式を挙げた翌日、自殺した。ムッソリーニの末路を見たヒトラーは、自らの遺体が辱められないよう、死後直ちに焼却するよう指示していた。ナチスの宣伝大臣としてドイツ国民をナチス支持、戦争支持へと導いたゲッベルスも、ヒトラーの後を追い、家族を道連れに自殺した。

ドイツは無条件降伏し、五月七日にフランス北部のランスで、八日にベルリンでカイテルによって降伏文書への署名が行われた。六年に及んだヨーロッパでの戦争はついに終結した。前年に大久保が予想した通りの時期だった。

ドイツの降伏は、日本にとって講和交渉を切り出す絶好のタイミングでもあった。もはや一国で世界を相手に戦うなど自暴でしかない。

ところが日本政府は戦闘の継続を宣言する。

「何をしているのだ！　早く！　早く終わらせないとだめなんだ！」

大久保は軽井沢でひとり、地団太を踏んだ。

三笠ホテルの外務省軽井沢事務所

日々空襲警報が頻繁に鳴り響き、死の恐怖と隣合わせだった東京とはうってかわって、軽井沢の空は静かだった。ちょうど新緑の季節でもあり、みずみずしい緑に包まれた軽井沢は東京とは別天地だった。

外務省軽井沢事務所には、休業中だった三笠ホテルが充てられた。カラマツ林の中に立つ三笠ホテルは、実業家の山本直良《なおよし》が一九〇六年（明治三九年）に開業した、木造二階建ての純洋式ホテルだった。しかし開戦とともにホテルは休業していたため、建物はあちこちペンキがはがれ、荒れていた。

ホテルのフロントロビーが事務所となり、机が並べられた。一階の左翼二室のうち一室が所長室となった。所長室の入口近くには、短波放送の受信機が設置された。情報が厳しく統制されていた中、海外放送

三笠ホテル

を受信できるラジオを持つには特別の許可が必要だった。事務所は短波ラジオの所持が認められた数少ない場所だった。大久保は夜になるとこの受信機で、事務所ナンバー2の工藤参事官とBBCなど海外の短波放送に耳を傾けた。

事務所のスタッフは、所長の大久保の下に工藤忠夫参事官、間山一男会計官、藤井端書記官、足立電信官の五名。工藤参事官もフランス語が堪能なキャリア外交官で、大久保と気が合った。

他に現地採用という形で、外交官の娘数名もいた。その中には三谷隆信フランス大使の長女や、宮崎勝太郎元ルーマニア公使の長女、また中村豊一元フィンランド公使の長女で、後に国連高等難民弁務官やJICA理事長となる緒方貞子もいた。女性の服装といえば「もんぺ」だった時代に、事務所の若い女性スタッフはスカートの着用を許された。松林の中を自転車で、スカートの裾をなびかせながら事務所に通ってきた女性たちは、「三笠のタカラジェンヌ」などと呼ばれた。

三笠ホテルは職員の宿舎も兼ね、家族ごとに一〜三部屋が割り当てられた。大久保家六人に割り当てられたのは建物の左側、二階の三室だった。窓に面した部屋に長男と次男が、その続きの窓のない部屋に姪が、そして廊下を挟んで一番奥、少し広めの部屋が大久保と妻、それに幼い長女の寝室になった。

世話係として、ホテルの元コックの岩田夫妻も住み込んだ。

三笠ホテルには、当時としては画期的だった水洗トイレや瀟洒な猫足のバスタブが据えられていた。しかし戦時中は水が出ず、すべて無用の長物だった。トイレは建物の外に一つ、簡易式のものが設置された。二〇人近い人数に一つだけだったので、とくに朝には長い行列ができた。風呂は屋外に五右衛門風呂を設置し、世帯ごとに週一回入浴した。風呂は岩田夫妻が準備し、薪は周囲の森から拾い集めてきた。

この時代にしては恵まれている方であり、那須に疎開するよりはるかによかった。しかし燃料と食料の確保にはやはり苦労した。大久保の長男と姪は、顔の広い工藤夫人のつてを頼って、遠方の農家まで買い出しに出かけた。着物を持参し、一日がかりで小諸まで歩いて行って、交換してもらえたのはナス二個という日もあった。使用されていないホテルのテニスコートにジャガイモを植えてみたが、土壌が火山灰の軽井沢では、作物はほとんど実らなかった。

事務所の足は自転車が一台だけで、職員が事務所と旧軽井沢銀座に設置された分室との間を往復するのに使用された。

疎開外交団への配給業務

江戸時代に中山道の宿場町として栄えた軽井沢は、明治期になり、参勤交代がなくなるとさびれてしまうが、西洋人宣教師によって夏の避暑地として注目され、西洋人や日本人富裕層向けの避暑地として新たな出発をした。中心はかつての軽井沢宿で、現在は「旧道」、「旧軽井沢銀座」と呼ばれている通り。商店が軒をつらねるこの通りを、外国人たちは「マチ」と呼んだ。戦前は多くの避暑客でにぎわったが、戦争が長引くにつれ、ほとんどの店が休業していた。

事務所の業務の中でもっとも重くのしかかったのが、大久保が「自信がない」と言った、疎開外交団へ本が基本的な物資や食料にも事欠いていることがわかってしまう。大久保はまた、「中立国への処遇をよくすることは終戦後、日本の立場をよくすることにつながる」と考えた。しかし日本全体で危機的に食料が不足している状況下では、どこをどう頑張っても実際の配給量は目標に遠く及ばなかった。空襲の激化に伴い、軽井沢には外交団だけでなく、日本人、外国人を問わず大勢の民間人も疎開してきた。事務所が担当したのは外交団だけだったが、外国人全体の急増は、外交団への配給を圧迫した。

軽井沢に疎開していた外交団の内訳は、六月一日の時点で一三か国、一国際機関で、増加見込みの五二人を含めて三〇〇人。国別では人数が多い順に、スイス六一人、ドイツ四八人、フランス四六人、スウェーデン二三人、トルコ八人、デンマーク七人、ポルトガル七人、中華民国六人、イタリア五人、アルゼンチン三人、ルーマニア二人、そして赤十字国際委員会が一六人だった。なお、ドイツとイタリアの大使館幹部は箱根におり、軽井沢に疎開したのは一部の一般館員だった。

外交団向けの配給は、まず軽井沢事務所が外務省本省へ要請し、それが農商省に伝えられ、農商省が手配するという手順になっていた。まわりまわった手続きが配給をさらに送らせ、外交団のいらだちや抗議を招いた。また、軽井沢は避暑地だけに夏でも朝晩は冷えるが、燃料も確保するのが困難だった。

外務省外交史料館に、『在日外交団ニ対スル処遇並ニ物資ノ供給関係』というファイルが二冊ある。そこに綴じられた電報を見ると、軽井沢事務所がいかに外交団への配給と処遇のために奔走したかが窺われる。配給を要請した品目には、缶詰、魚、砂糖、油、牛乳、チーズ、じゃがいも、たまねぎ、キャベツなどの食料の他、トラック、木炭、薪、車のバッテリーなどの燃料や車両もある。「ようやく調達したバターが輸送途中で溶けてしまった」、「スイス公使がやってきて、どこで手に入れたのか、箱根のソ連大使館員への配給表を見せて配給の改善を求めてきた」、「ポルトガル公使館から、子どもが病気になったので練乳が欲しいと要望された」、「卵の個数が足りず、やむなく中立国を優先したところ、受け取れなかったアルゼンチン公使館から怒りの抗議がきた（アルゼンチンは一九四四年一月に対日断交、一九四五年三月に対日宣戦）」などなど……。三〇〇人近い外交団の対応に、事務所は忙殺された。「パンの配給を取りに行ったが、なかった」という苦情が寄せられ、調べたところ、配給を取りに行ったのが子どもで、あまりの空腹に耐えきれず、帰り道に全部食べてしまい、そのことを両親に言えず、「配給はなかった」と嘘をついてしまったということが判明したこともあった。

外交団への配給所は一般人とは異なり、旧道の浅野屋商店（現在のブランジェ浅野屋）だった。その隣にある、休業中だった三笠書房に事務所の分室が置かれ、ここで平野重平元キューバ副領事と大倉敏之書記官の二人が配給作業にあたった。外交団は週に一回、配給券を持参し、ここで配給を受け取った。

事務所は外交団の住宅探しも担った。軽井沢にはホテルや貸別荘が多くあったが、大勢の疎開者が流入してきたため、空き住宅が不足し、一軒の家屋に複数の世帯が同居するケースも増えていた。そのため住居面での不満も高まっていた。ところが、そんな現地の事情などお構いなしに、スイス公使館、内務省や兵庫県からも、「神戸の塩屋にいるスイス人二〇世帯六〇人を軽井沢に移転させたい」、「関西地区に住む中立国人全員を軽井沢に疎開させたい」といった要望がたびたび寄せられ、大久保を悩ませた。

七月、今度は東京の本省から、「抑留中のイタリア人元外交団四六人を軽井沢に移せないか」という打診がきた。イタリアは日本の同盟国だったが、一九四三年九月に無条件降伏し、ムッソリーニは捕らえられた。その後、ムッソリーニがナチス・ドイツによって救出され、北部にファシスト政権を樹立すると、日本はこのファシスト政権を承認し、在日イタリア人については、「ファシスト政権に忠誠を誓うか、無害と認められた人物については中立国人並みに扱い、それ以外の者は敵国人として扱う」ことにした。インデルリ大使をはじめとする、多くのイタリア人外交官は忠誠を拒否したため、家族とともに、東京の大田区内の修道院に敵国人として抑留された。しかし空襲が激しくなってくると、「彼らを死なせてはまずい」と疎開させることになり、疎開先としてまず軽井沢に打診が来た。これに対しても、大久保はやはり「住宅がない」と返答している。最終的にイタリア人元外交団は秋田県の十和田湖近くの毛馬内《けまない》に移送され、終戦まで毛馬内の教会に抑留された。

軽井沢に疎開した外交団のリーダー的な存在だったのが、スイス公使だった。スイス公使は毎日のように事務所にやって来た。来ると大久保が対応した。

ポルトガル公使もよくやって来た。ポルトガル公使が来ると、ブラジル駐在経験があり、ポルトガル語が堪能な工藤参事官が対応した。

大久保はまた、機会をとらえては軽井沢に来た政治家らと面会し、「ドイツが降伏した今、ソ連は対独戦に投入していた精鋭部隊を東に振り向けてくる。ソ連が攻めてきたら大

スイス公使館が使用した深山荘の前で、終戦後の1945年11月撮影。後列左から2人目平野重平、5人目前田栄次郎、6人目大倉敏之、7人目大久保。（土屋写真店所蔵）

変なことになる。その前に終戦を」と説いた。

　事務所は、憲兵によって四六時中監視されていた。昼間はホテル前の松林から、双眼鏡を持った憲兵が事務所に出入りする人物をチェックしていた。夜は窓の外から、ザクッ、ザクッという憲兵の靴音が聞こえた。憲兵はスイス公使が来るととりわけ緊張し、スイス公使が帰ると大久保は必ず憲兵に呼び出され、何を話していたのかと厳しく尋問された。そのたびに大久保は、「外交団に対する食料配給の遅延、欠配、質の低下に対する不満、クレームである」と答えた。そのため大久保は、天気のいい日には、スイス公使を誘い、ホテルの前庭に椅子を出し、監視する憲兵の目の前で二人で会談することもあった。

スイス公使館とスイス公使

　軽井沢の疎開外交団の中で最も規模が大きく、中心を成していたのが、スイス公使館だった。その事務所は、三笠ホテルの通りを隔てた斜め向かいの「深山荘」にあった。木造三階建て、アパートメント形式の深山荘は、実業家の前田栄次郎が営む貸し別荘地「前田郷」の中でも、ひときわ大きな建物だった。

　スイスは小さな国だが、長年中立を国是にしてきたことで、第二次世界大戦中はとても大きな責務を担うことになった。それは「利益代表」という責務だった。

　大使館や公使館の重要な責務の一つが、その国での自国資産の管理と保全、その国に住む自国民の保護だ。ところが戦争になると大使館や公使館はその国で活動ができなくなるため、この責務も果たせなくなってしまう。そこで中立の立場にある国に、代わりにやってくれるよう依頼する。これが「利益代表」だ。スイスとスウェーデンは、終戦まで中立を維持した数少ない国だったので、多くの国から利益代表を頼まれた。当初は中立国だったものの、戦況の進展に伴って対日参戦や断交に転じ、スイスやスウェーデンに利益代表を依頼した国もあり、最終的にスイスは二〇か国、スウェーデンは一三か国の利益代表を務めた。とりわけスイスが利益代表を務めた国は、アメリカ、イギリス、オーストラリア、カナダなど大国が多かったので、負担も大きかった。また日本の警察から「敵の味方」と見なされ、妨害されたり、活動を制限されたりした。

在京スイス公使館がとりわけ大きな役割を果たしたことが二つある。一つは交換船の実現だった。対米英開戦後、三度の日米・日英交換船によって、双方の国々に取り残されていた何千人もの外交官や民間人が帰国できたのは、スイス公使館のおかげだった。

もう一つは、捕虜や抑留者の問題だった。日本では多くの成人男性が戦地に赴いたため、労働力が不足し、そのため東南アジアの占領地で捕虜となった連合軍兵士を日本に連れてきた。日本各地に延べ一三〇か所もの捕虜収容所が設立され、三万五〇〇〇人以上の連合軍捕虜が炭鉱や工場で働かされた。また、太平洋戦争が始まると、アメリカやカナダでは日本国籍を有する者や日系人約一二万人が「敵国人」として収容所に入れられたが、日本でも約八百人と数はずっと少ないが、アメリカ、イギリス、オーストラリア、オランダなどの国籍を持つ民間人が「敵国人」として、教会、学校、旅館などに抑留された。これらの捕虜収容所や民間人抑留所を訪問し、手紙や救恤品《きゅうじゅつひん》を届け、日本側に処遇の改善を申し入れるのも、利益代表国の重要な責務の一つだった。戦時中の外事警察の報告書である『外事月報』の記録を見ると、とりわけスイス公使館員が頻繁に捕虜収容所や抑留所を訪問していたことがわかる。スイス公使館では、ベネディクト修道院のヤイゼル・ヒルデブラント神父ら三人のスイス人神父が公使館員となって、収容所や抑留所を訪問した。この任務は危険も伴ったので、三人のうち一人は、終戦直前に命を落としている。

さらに一九四五年四月、攻撃対象から外されていたにもかかわらず、アメリカ軍の魚雷により撃沈された阿波丸の補償交渉も、最終的な交渉は戦後に持ち越されたものの、スイスを通して行われた。

スイス公使館のトップを務めたのが、カミーユ・ゴルジェ（Camille Gorgé）特命全権公使だった。

ゴルジェ

ゴルジェは一八九三年生まれで、一九二四年から二七年まで日本の外務省の法律顧問として日本に赴任した。このときすっかり日本に魅了されたゴルジェは、一九四〇年、公使としてどこに赴任したいかと尋ねられたとき、迷わず「東京」と答えた。

だが、ゴルジェがベルンで恋い焦がれ続けていた日本は、軍国主義国家に変貌していた。公使館の活動も制限され、監視された。ドイツの新聞記者だったリヒャルト・ゾルゲが、実はソ連のスパイだったことが発覚すると、警察による監視はますます厳しくなった。自宅では使用人に、外食先ではレストランのウエイトレスに言動を通報された。ゴミ箱はあさられ、郵便物の切手まで裏にメッセージが書かれていないかと剥がされる始末だった。外国人と親しく交流する日本人も監視されたので、日本人の友人たちは疑われることを恐れて離れていった。ゴルジェは日本に来たことを後悔しそうになった。

一九四四年六月、連合軍がフランス北部のノルマンディー海岸に上陸した頃、ゴルジェは「東京の空襲もそう遠いことではない」と覚悟し、公使館の疎開先として軽井沢の深山荘を借り上げる。

以後、ゴルジェは東京と軽井沢を行ったり来たりしながら職務を続けた。軽井沢では、簡素な木造家屋で寒さに震え、自分で木を切り倒し、薪にして暖を取った。生活は東京の方がずっと楽だったが、その東京も一一月下旬になると空襲に見舞われるようになった。年が開け、東京大空襲から約一か月後の一九四五年四月上旬、外務省との用事がたまってきたゴルジェは東京に戻ろうとするが、外務省側から「もう東京には戻れない」と告げられてしまう。

空襲と戦闘が激しさを増す中、ゴルジェ公使とスイス公使館は、日本と日本の占領地に住む自国民の保護に全力を尽くした。だがアジア各地でスイス人の不当逮捕、殺害、行方不明が続出した。フィリピンのマニラ市街戦では、赤ん坊を含むスイス人一八人が日本軍によって殺害された。四月二七日、スイス連邦議会は一連の日本の行為に激しく抗議し、「こうした事態が続くなら、スイスは日本の利益代表を放棄する」という厳しい声明を採択した。

日本に暮らすスイス人たちの一部も、「自分たちがこんなに苦労するのは公使館の責任だ」として、ゴルジェを非難する手紙を送ってきた。そんな彼らにゴルジェは、「日本人は私たちよりもっと耐乏生活を強いられている。日本人は手本を示してくれている。見習うように」と説いた。

六月になると、軽井沢でも近隣の都市が空爆される光が見え、音が聞こえ、振動が感じられるようになり、「軽井沢も空爆されるのではないか」という不安が外国人たちの間に広がった。加えて、「日本が降伏する時には、外国人は全員殺される」というまことしやかなうわさも流れ、外国人たちを不安のどん底に陥れた。ゴルジェは六月八日、「軽井沢を空爆しないようアメリカに念押ししてほしい」という電報をベルンに向けて打ち、彼らを安心させた。

また大戦中、日本国内で四〇人以上の欧米系外国人がスパイ容疑で逮捕されているが、その中にスイス商社シーベル・ヘグナー社（Siber Hegner & Co.、現在のＤＫＳＨ社の前身）の横浜支店長だったトライヒラーがいた。シーベル・ヘグナー社は一八六五年、幕末期の横浜で若いスイス人二人によって設立され、銀座や横浜に初めて点灯されたガス灯の他、時計や機械の輸入を手がけた。トライヒラーの無実を確信したゴルジェ公使は、軽井沢を訪れた東郷外相に解放を強く訴えた。だが懇願するゴルジェに対し東郷外相は、「外務省は司法の問題に介入できない」と答えるばかりで、ゴルジェは激しく失望した。その会談後、ゴルジェは長い時間大久保と話し合った。大久保はゴルジェの話に真摯に耳を傾けた後、「権力分立の原則によって手続きに時間がかかるが、辛抱強く待って欲しい。貴使の希望に沿うよう、自分はできる限りのことをするよう正式に指示されている」と伝えた。ゴルジェは本国宛ての電報に、「大久保公使の善意に疑問の余地はない」と報告している（イギリス国立公文書館 ULTRA/ZIP/JSR/65.BJ145877）。トライヒラーは七月終わりに、病気を理由に釈放される。

苦労の多い戦時中の日本での職務について、ゴルジェ公使は戦後、「とりわけ働き甲斐が少なく、骨折りが多かった」と記している。

六月二三日、沖縄戦終結。

七月二六日、アメリカ・イギリス・中国は日本に対し、降伏条件を示した「ポツダム宣言」を発出。対する日本の回答は、「黙殺」だった。

八月一日は、スイスの建国記念日だ。その日の午後、軽井沢に疎開しているスイス人全員がゴルジェの自宅に集まった。一年前の建国記念日には、苦労して手に入れたホットチョコレートとマドレーヌを子どもたちにご馳走することができたし、大人たちも意気軒昂だった。それから一年。事態は最終局面を迎えつつあった。

ゴルジェ公使の日記から。

……私の山の住まいに、軽井沢に避難している全スイス人を集めて〝建国記念日〟を祝った。とても厳粛な雰囲気だった。というのは、我々は近頃極めてドラマチックな日々を送っていたからである。日本は断末魔の苦しみだ。昼となく夜となく、絶え間なく空襲されている。彼らの町は次から次へと燃えている。明日残っているのはどの町だろう？

八月一日の午前中、私は午後に行う演説の練習を終えたところで、ガラス窓が絶え間なく震えるのを見た。……多分、高崎か上田だろう。片手にペンを持ったまま、自分のひなびた書斎の中で私は

〝リュットリの誓い〟（筆者注・一二九一年にスイス中部の住民が宣言した独立の誓い）を、そして死にゆく人々、逃げる途中の者、怪我した人たち、半狂乱の人々（を）思い浮かべていた。

頭の中で弔いの鐘を鳴らすような、感動的で不安を掻き立てるひとときであった。……

（『駐日スイス公使が見た第二次世界大戦』四三四〜四三五頁）

日本は一体いつまで戦争を続けるのか。集まったスイス人たちは静まり返っていた。

長い夏

八月六日、広島に人類初の原子爆弾が投下され、九日には長崎にも投下された。都市が一瞬にして灰燼に帰した。それまで中立を保っていたソ連がポツダム宣言に加わり、中立条約を破棄して宣戦布告した。日本政府はパニック状態になった。臨時閣議が開かれたが、受諾を主張する東郷外相と、国体護持について確認すべしと主張する阿南陸相が対立し、結論は出なかった。

八月九日深夜、御前会議が開かれ、天皇は東郷外相案を支持する意向を表明する。直ちに受諾案が起草され、八月一〇日午前六時四五分、外務省の電信課からスイスの加瀬公使とスウェーデンの岡本公使宛てに電報が送られた。

一一日、岡本公使から回答をスウェーデン外相に手交したという報告が、続いて加瀬公使からスイス外務次官に回答を手交し、あっせんを依頼したとの報告が入った。

事態は刻一刻と動いていた。

一二日、ゴルジェ公使は本国に宛てて日本の様子を報告している。

「日本がポツダム最後通牒の受諾を憤然と拒否してから、さまざまな出来事が相次いだ。政府は『新型破壊兵器』というあいまいな言葉を使っているが、新聞がいくら隠しても広島と長崎を廃墟にした原子爆弾をめぐる悲惨な真実は、すぐに国民に知れ渡るだろう。徹底抗戦という幻想は、ソ連の宣戦布告を受けて消滅した。ソ連の参戦で政府は大変なパニックに陥ったが、新聞はそのことに触れていない。ソ連との対応において重大な過ちを犯した東郷外相は、文字通り打ちのめされて急遽軽井沢に戻ってきた。……日曜日（筆者注・八月一二日）の時点で国民はまだ日本が無条件降伏を求められていることを知らない。当方の庭先に皇族用の大きな防空壕を掘っている兵隊たちも、まるで何事もなかったかのように作業を続けていた。事態の重みに耐えかねて黙り込んだ外務官僚の口からは、前向きな言葉を一切引き出せなかった。我々は皆、戦争の終結を期待している。だが敗戦という悲惨な事実を知った国民と軍隊がどのような行動に出るか、誰にも予測できない。何しろ彼らは日本の勝利は確実とのプロパガンダを毎日聞かされてきたのだ。物資の窮乏と連綿と続く敗北、連日の空襲による精神的なストレスが限界に達しつつある国民は、案外あっさりと敗戦を受け入れるだろう。問題は、『皇軍無敵』の信条が骨の髄まで浸透した軍人の反応だ。彼らが自暴自棄の行動に出ないか心配だ」

(https://dodis.ch/35 原文フランス語)

「事態の重みに耐えかねて黙り込んだ外務官僚」とは、恐らく大久保のことだろう。「皇族用の防空壕」は、昭和天皇の母、貞明皇太后のためのものだった。皇太后は軽井沢の二手橋近く、ゴルジェ公使邸の隣に疎開することになっていた。だが皇太后は疎開を渋り、結果的に軽井沢に来たのは終戦後の八月二〇日だった。

一三日、最高戦争指導会議、続いて臨時閣議が開かれた。しかし即時受諾を主張する東郷外相と、国体について再照会すべしと主張する阿南陸相が再び対立し、またも結論は出なかった。

一四日、午前一〇時五〇分、再び御前会議が開かれた。いわゆる「二回目の御聖断」で天皇は再び東郷外相の意見を支持することを表明。

外務省電信課から、最終受諾案を記した長い電報がスイスの加瀬公使に向けて打電され始めた。日本の降伏による世界大戦の終結という歴史的な瞬間を、世界中がかたずを飲んで見守っていた。

スイス外交文書のサイトに、この日の動きを時系列的に記したスイス外務次官の報告がある。スイスの外相はこのとき休暇で不在だった。少し長いが、あまり日本では見られない文書だと思うので全文を訳した。なお、文中の時間はすべてスイス時間である。

「ベルン　一九四五年八月一五日

八月一一日の四大国の宣言に対する、日本の回答が遅れたので、私は一四日、時間を節約するため、回答を暗号化せずにベルンからワシントンに送ることにアメリカ政府が同意するか尋ねるよう、ワシントンに尋ねた。午前十一時、肯定の返事が来た。十六時、この返事は、『日本の回答が無条件受諾の場合のみ、暗号化せずに伝送するように』という指令に置き換わった。ハリソン公使（筆者注・ベルン駐在のアメリカ公使）も同じ指令を受け、直ちに私に知らせてきた。

ラジオスイスには、ベルンの日本公使館に東京から電報が届いたら、すぐに知らせるよう指示した。午前十一時五分、ラジオスイスから、たった今ベルンの日本公使館に東京から長い暗号電報が届いた、という知らせが入った。待っている回答である可能性が極めて高い。アメリカ側がこの回答をどれほど心待ちにしており、また興奮して受け取るかを考え、私は午前一一時五〇分、ワシントンのスイス公使館の電信員に電話し、『暗号電報がきた。恐らく待ち望んでいる回答だろう』と伝えた。ハリソン公使にも同じことを伝えた。その後十四時半になっても、日本公使館から連絡がないので、私は日本公使館に、まだ回答は届いていないのかと尋ねた。彼らの返答は、『電報は届いたが、期待された回答は入っていない』というものだった。私は直ちにこのことをワシントンに打電した。……

午後の間中、ベルンの日本公使館からさまざまな電報を受け取ったが、期待された回答はなかった。ジャーナリストたちが騒ぎ出し、情報が錯綜していたので、『一七時一五分の時点で、まだ回答を受け取っていない』という発表を出させた。

午後六時五〇分、日本公使が電話で、『回答が届いた。これから解読する。一時間ほどで手交できると思う』と言ってきた。二〇時、加瀬公使が来て、私に回答を手交した。直ちに隣室で待機していたハリソン公使に伝えた。私たちは回答の文面を詳細に検討し、返事を平文で送るか、暗号化した方がよいか、相談した。曖昧な部分や不完全な箇所があったので、暗号化することになった。二一時五分、暗号電報をワシントンのスイス公使館に送った。早くも二一時二二分には、ニューヨークから受信確認の連絡が来た。

ハリソン公使がまだ私の執務室にいたとき、公使のもとにアメリカ国務省のバーンズ長官から、状況を問い合わせる電話がかかってきた。ハリソン公使が日本の回答文を口頭で伝えると、ワシントンへ電報を送るようにと指示された。結果的に、ハリソン電がワシントンに届く前に、回答はワシントンの我が国公使館からアメリカ側に手交された。

八月一五日午前二時二五分、ワシントンのスイス公使館から平文の電報が届いたと連絡があった。私は外務省に出向き、日本の公使に午前三時半に来るようにと伝えた。私は彼に日本向けの公式回答を手交した。その際、彼に重要箇所について知らせた。アメリカ政府が日本の回答はポツダム宣言だけでなく、八月一一日の覚書も受諾する意味だと見ていることを日本政府に知らせるべきだと思ったからだ。……」

(https://dodis.ch/36　原文ドイツ語)

「八月一一日のアメリカ大統領宛て覚書」には、降伏後の日本をアメリカ、イギリス、ソ連、中国の四か国で分割統治する案が記されていた。

海外の短波放送は、早くも日本の降伏を伝え始めていた。軽井沢では、海外の短波放送を密かに聴いていた外国人たちから、ついに戦争が終わるというニュースが漏れ、口伝えで、さざ波のように広がっていた。

八月一五日は晴れた穏やかな日だった。警察が、正午に大切な放送があるからラジオを聴くようにと知らせてまわった。三笠ホテルの外務省事務所でも、全員が集まるようにと指示された。

正午前、職員も家族も続々と集まってきた。机の上にはラジオが置かれていた。

「一体全体何事ですか？」

ただならぬ様子に長男が尋ねると、大久保は答えた。

「終戦だ」

終　章

戦後の復興とともに

それぞれの終戦

人類史上最悪の戦禍となった第二次世界大戦は、日本の無条件降伏により、ようやく幕を下ろした。日本はアメリカ、イギリス、中国、ソ連の四か国による分割統治ではなく、アメリカの占領下に置かれることになった。

八月二八日、神奈川県の厚木飛行場に連合国軍最高司令官マッカーサーが降り立った。

九月二日、東京湾内に停泊した米戦艦ミズーリ号上で、降伏文書の調印式が行われた。重い義足をつけた重光外相は、アメリカ側から、「その足で艦上までのぼるのは大変だろうから、クレーンで吊り上げてもらってはどうか」と言われた。しかし重光は、「一国の代表として来ている者が、荷物と同じに扱われるわけにはゆかぬ」と断り、代わりに背の高い水兵を二人貸してもらえないかと頼んだ。水兵の肩を借りながら、重光は一歩一歩ゆっくりとタラップをのぼっていった。甲板に到達すると、拍手がわき起こった。

重光外相、梅津参謀総長が降伏文書に署名し、ここに第二次世界大戦は正式に終結した。

以下に、本書に登場した主な人々の終戦前後の動きを記す。

ドイツの大島大使は、一九四五年三月頃から、ようやく「ベルリンが戦場となる危険性」について東京に報告し始めた。四月一三日深夜、リッベントロップ外相から、「外交官は全員ベルリンを退去せよ」というヒトラーの指令が伝えられると、翌一四日、大使館職員らとともにベルリンを脱出。車で四日間かけて南部のバート・ガスタイン（現在はオーストリア領）に到着する。

五月一一日、バート・ガスタインに避難した外交官、新聞記者、民間企業関係者など総勢一四〇名の日本人は、アメリカ軍に包囲された後、身柄を拘束された。大島大使、陸海軍将校や大使館の幹部三二名はフランスのルアーブルへ、そこから船でニューヨークに移送された。ワシントンでアメリカ軍による取り調べを受けた後、ペンシルヴァニア州に移送された。

フランスはヴィシーの三谷大使は、連合軍によるフランス解放が近づいた一九四四年八月、ペタン政権から、ドイツ南西部の小都市ジグマリンゲンへ退避することを告げられ、ともに移動する。道中ガソリンを調達しながら、ドイツのフライブルグを経由してジグマリンゲンに到着する。

だが一九四五年四月、ジグマリンゲンにも連合軍が迫り、さらに東方へ退避するとペタンから告げられると、三谷大使も同行を決めた。進撃する連合軍を間一髪でかわしながら、ヴァンゲンを通り、ボーデン湖畔の町ブレゲンツに到着した。普段は静かな湖畔の町は、迫りくる敵軍から逃げようとする人々でごった返していた。この先どうしたらいいものかと思案していたところ、以前スイス公使だったことが幸いしてスイスの入国許可が下りた。三谷大使は日本人数人とともにスイスに入国し、ベルンで終戦を迎えた。

ナチス・ドイツのリッベントロップ外相は、ドイツ降伏後に逃亡したが、六月、ハンブルグ市内の小さな家に潜伏していたところを通報され、捕えられた。

ハンガリーのカーライ元首相は、一九四四年三月に首相を罷免された後、ナチス・ドイツに身を追われ、トルコ公使館にかくまわれた。しかし八か月が経った時点で、これ以上トルコ公使の厚意に甘えることはできないと覚悟を決める。ナチス・ドイツの手に引き渡されたカーライは、ミュンヘン近郊のダッハウ強制収容所に収容された。その後マウトハウゼン強制収容所に移送され、ここで偶然、ホルティの次男と再会する。一九四五年四月にはチロルに移送され、進軍して来たアメリカ軍によって解放された。

ホルティ摂政は、一九四四年一〇月一五日のラジオ放送後、家族とともにナチス・ドイツに連行され、ドイツ南部ヴァイルハイム近郊の城に軟禁された。ヒトラーはホルティ一家の処刑を命じたが、現場の将校は刑の執行を引き延ばした。一九四五年五月一日、ホルティはアメリカ軍によって解放され、その後ニュルンベルグに移送された。

終戦とともに自ら命を断った者も少なくなかった。ハンガリー駐在のドイツ公使だったヤゴーは、ドイツ降伏目前の四月二五日に自殺。

日本への帰国を切望し、トルコのアンカラでソ連の通行ビザを待ち続け、帰国する大久保らを見送った千葉公使も、ホテルで夫人とともにピストル自殺した。

独伊使節団の団長だった岡本中将は、スイスで講和工作を行っていたが、日本の降伏とともに自ら命を断った。

一九四六年一月、ヨーロッパで終戦を迎えた日本人三百数十人はスペイン船に乗り、帰国の途に就いた。船には、三谷フランス大使、須磨スペイン公使、森島ポルトガル公使、栗原トルコ大使、スウェーデンの小野寺武官、さらに岡本中将と千葉公使夫妻の遺骨も乗っていた。

紅海、スリランカ、シンガポールを経由し、マニラで日本船の筑紫丸に乗り換えた。

三月下旬、船が駿河湾に入ると、戦禍をくぐり抜けて祖国に帰ってきた一行を出迎えるように、霧の中から富士山がぽっかりとその山頂をのぞかせた。

軽井沢事務所最後の業務

九月上旬、軽井沢にもアメリカ軍がやってきた。カーキ色の制服に身を包んだアメリカ兵の乗るジープが我がもの顔で疾走するようになり、町の様子は一変した。

その少し前、大久保は一人、三笠ホテルの裏で写真を燃やした。在欧大公使会議や、三国同盟の祝賀会の写真だった。もしも自分が戦争犯罪人にされるとしたら三国同盟に関わった罪だろう。そう懸念してのことだった。誰も見ていないと思ったが、次男が見ていた。

三笠ホテルにも、アメリカ兵が駐留するようになった。若いアメリカ兵一人が毎朝九時頃、ジープでやってきた。三〜四時間すると交替のアメリカ兵がジープに乗ってやってきた。アメリカ兵の身なりや装備のよさ、そして食料の豊かさに、日本人は目を見張った。ズボンにはぴしっと折目が入り、ぱりっと糊《のり》のきいた軍服を着たアメリカ兵は、肩から弾倉のついた自動小銃を下げ、持参した軍用食をむしゃむしゃ食べ、缶に入ったオレンジジュースをがぶがぶ飲んだ。その姿に日本人の子どもでさえ、こんな国と戦争していたのか、これでは勝てるはずがない、と悟ったのだった。

大久保は子どもたちに、「アメリカ兵は危険だから近づくな」ときつく言い渡した。しかし長男の利宏はアメリカ兵のいる部屋をのぞきこんだり、「ギブ・ミー・チューインガム」などと言って近づいていった。父親の言葉とは裏腹に、アメリカ兵は規律正しく、また驚くほどフレンドリーだった。

軽井沢に疎開していた外国人たちも少しずつ東京や横浜に戻り始めた。彼らは日本語が話せ、日本の事情に通じていたので、通訳や道案内人としてアメリカ軍に雇われた。ユダヤ人、白系ロシア人、アルメニア人、フランス人などは早々と雇われた一方、ドイツ人は最後に雇われた。

スイスのゴルジェ公使も、東京に戻ることにした。これを知った大久保は、道中、敗戦にいきり立つ輩に襲撃されるのではないかと心配し、帰京を延ばすか、警備のために警官一名を車に同乗させるよう懇願した。だが戦争中、日本の警察からさんざん嫌がらせや妨害を受けてきたゴルジェは、大久保の要請を断った。

九月五日、ゴルジェは夫人を残し、愛犬一匹だけを連れて、日本人運転手の運転する公用車で軽井沢を発った。無事東京に着くと、公使館や自宅のあった場所などを見てまわった。どこもポンペイの遺跡のように変わり果てていて、ゴルジェは強い衝撃を受けた。

翌日、ゴルジェは重光外務大臣に会うため帝国ホテルを訪れる。外務省の建物は空襲で焼失してしまったため、外相の執務室は帝国ホテルに置かれていた。ゴルジェは日本の様子、重光外相と松本次官との会談について一〇日、本国に報告している。

「日本は極めて落ち着いている。軽井沢と東京の間で見かけた群衆は戦争が終わってほっとした様子だった。空襲を受けた故郷の村を目指す大勢の復員兵は、スイスの小旗を掲げた私の車を見ると敬礼した。東京はアメリカ兵であふれているが、いざこざは起きていない。木曜（筆者注・九月六日）には重光外相と会った。重光は（彼に言わせれば）ドイツから持ち込まれた軍国主義の廃絶を、手放しで喜んでいた。彼は、日本の平和主義者が急速に力を取り戻し、大変革を起こすだろうと考えている。彼はまた、この危機において天皇が果たす役割がいかに重要かについて力説した。我々は、重光の無能で偏狭な前任者が悪化させた日本とスイス間の諸問題について話し合った。重光は遺憾の意を表す一方で、外務省が警察の前でいかに無力であったかを示唆した。アメリカを苛立たせている戦争捕虜の問題（全国三万人超の捕虜のうち一万一二〇〇人しか訪問できなかった）については、私を助けるため個人的にあらゆる手を尽くしたが、その努力はあまり報われなかったと述べた。……

外務次官とも長時間話し合った。彼によると、日本人はまず外国人を敬うことから学ぶべきだという。彼は、スイスのような中立国に大変な苦労をかけたことを心から申し訳なく思うと言い、一部の警官は異常だったという私の言葉に全面的に同意した。……私が離日の話をすると次官は、『これからの我々にはあなたのような人が必要です』と今しばらくの留任を求めた。ここで次官の言葉を引用するのは、その場の雰囲気を伝えたいからである。だがこの言葉も私の気持ちを変えることはなかった。雄々しくあるべき時に、あまりに醜かったこの国を、私はどうしても離れたいのだ」

（https://dodis.ch/2015 原文フランス語）

スイス公使館は戦争中、アメリカやイギリスの捕虜や抑留者たちのために尽力し、奔走した。戦争が終わった後も、解放された捕虜たちへの支援を続けていた。ところが上陸してきたアメリカ軍もイギリス軍も、ちっともゴルジェのところに挨拶に来なかった。それどころか、警備のアメリカ兵のぶしつけな態度、アメリカ側が先にスペイン公使に面会したことなどに、ゴルジェは忸怩たる思いをさせられた。ようやくイギリス軍、次いでアメリカ軍の将校が礼を述べにやってきた。ゴルジェは戦勝パーティーに招待されるが、「中立国の代表として、連合軍の対日勝利を祝うわけにはいかない」として辞退する。

一〇月五日、ゴルジェはマッカーサーに面会。一一月には、六年近くを過ごした日本を去り、帰国の途に就いた。

軽井沢はアメリカ軍の保養地に指定され、三笠ホテル、万平ホテル、洋式の別荘はアメリカ軍に接収された。

一〇月、大久保の長男は学校の用事で帰京し、世田谷の自宅の様子を見に行った。家は空襲で隣家まで燃えながらも、留守を預かっていた遠縁がバケツリレーで消し止めてくれたおかげで焼け残っていた。しかし空襲で焼け出された人々がつてを頼って四〇人ほども身を寄せており、廊下まで人でいっぱいだった。以前住んでいた青山一帯は焼け野原になっていた。大久保が一九三七年に近衛首相の言葉に大戦争を直感して引っ越していなければ、一家も家を失っていた。

自宅がとても帰れる状況でないことがわかり、大久保は帰京を延ばし、寒さの厳しい軽井沢で冬越しをすることに決めた。

「お困りでしょうから」

そう言って、貸別荘「前田郷」を経営する前田栄次郎が、スイス公使館員ヨストが転出した後の別荘を提供してくれた。簡素な夏仕様の家に薪ストーブを設置し、庭に食料貯蔵用の室《むろ》を掘った。工藤家、間山家も前田郷での冬越しを決めた。

一一月二一日、大久保はポルトガル公使に「ＧＨＱの指令により、中立国公使館との外交関係を停止する」との口上書を手交し、軽井沢事務所長としての業務を終えた。

ドイツ、ハンガリー、日本の軍事裁判

戦争犯罪人を裁くための軍事裁判が始まった。

ドイツでは、いわゆるニュルンベルグ裁判が行われた。ユダヤ人大量殺戮《さつりく》の事実が明らかにされ、世界の人々はショックで身震いした。

一九四六年一〇月、リッベントロップ、ゲーリング、カイテルなどナチス幹部一二名に死刑判決が下った。刑執行の当日ゲーリングが自殺し、最初に一三段の階段を上ったのはリッベントロップだった。遺体は直ちに焼却され、灰は川に流された。

ハンガリーでは人民裁判によって大戦中の指導者が裁かれた。バールドシ元首相は戦争犯罪とナチ協力罪で有罪を宣告され、一九四六年一月、銃殺刑に処せられた。ドイツ占領下のハンガリーで恐怖政治を敷いたサーラシとストーヤイの元首相二人も死刑に処せられた。

ホルティは、ニュルンベルグ裁判の証人としてアメリカによる聴取を受けていた。アメリカはホルティを証人として拘束することで、ホルティの命を守ろうとした。ユーゴスラヴィアが、ハンガリー軍によるウーイヴィデーク虐殺事件で、ホルティを罪に問うべきだと主張していたからだ。

敗戦国となったハンガリーは、第一次世界大戦後に獲得した領土をすべて失った。国境線はトリアノン条約で定められた線にまで戻された。王制が廃止され、共和国が宣言された。

一九四七年二月一〇日、ハンガリーはイタリアなどとともに、パリ講和条約に調印。国内では、土地を持たない農民に農地が分配され、ナチス協力者の財産が没収された。

戦争を清算し、民主主義の道を歩むかに見えたハンガリーだったが、東西冷戦が始まるとソ連の勢力圏に組み入れられてしまう。一九四八年にはオーストリアとの国境に有刺鉄線が張られ、地雷が埋められ、西側諸国との接触を断たれてしまった。

ホルティはニュルンベルグ裁判で証言した後、一九四八年に解放された。だが共産主義国となった祖国には戻れず、一九五〇年、ポルトガルに移住。ホルティを経済的に支援したのは、ブダペストに駐在した二人のアメリカ公使、モンゴメリーとペル、そして親交のあったローマ法王ピウス一二世だった。ホルテイは回想録を執筆し、一九五七年に八八歳でその波乱の生涯を閉じた。

カーライ元首相は数か国を転々とした後、一九五一年にアメリカに落ち着き、一九五四年に回想録を出版。一九六七年、八〇歳の誕生日を目前にニューヨークで死去した。


日本の東京裁判（極東国際軍事裁判）では、東條元首相、近衛元首相、平沼元首相、広田元首相、小磯元首相、松岡元外相、東郷元外相、重光元外相、梅津元参謀総長など、戦争中の政府と軍の指導者の多くが戦犯となった。また三国同盟を推し進めた罪で、大島元駐ドイツ大使と白鳥元駐イタリア大使も、起訴された。

近衛元首相は一二月一六日、収監される日の朝、自宅で服毒自殺をした。

一九四六年（昭和二一年）五月三日、公判が始まった。大島の弁護団の一人は、ベルリンで大島にかわいがられ、大久保とともに帰朝してきた牛場信彦だった。

大島の裁判を、大久保はとりわけ熱心に追った。

一九四八年（昭和二三年）一一月一二日、判決が下った。松岡元外相は獄中で病死していた。東條元首相、広田元首相ら七人に死刑、東郷元外相は禁固二〇年。起訴そのものが不当と思われた重光元外相は、禁固七年。大島元大使は一票差で死刑を免れ、終身刑だった。白鳥元大使も終身刑となったが、半年後に病死した。

東郷は獄中で回想録を執筆したが、原稿をほぼ書き上げた時点で心臓病が悪化。一九五〇年（昭和二五年）七月に六七歳で死去した。郷里の鹿児島県日置市にある「元外相東郷茂徳記念館」には、大久保を含めた鹿児島一中の同窓生三十数名が、獄中の東郷の回復を願って書いた寄せ書きが展示されている。

大島は一九五五年（昭和三〇年）一二月に仮釈放され、三年後に恩赦を受けた。講演や原稿執筆の依頼、さらに自民党から衆議院選挙出馬の打診も受けたが、「自分は国をミスリードした人間である」として、二度と表舞台に出ることはなかった。一九七五年六月、八九歳でこの世を去った。

重光元外相は一九五〇年（昭和二五年）一一月に仮釈放され、公職追放を解かれた後、政界に復帰する。一九五四年（昭和二九年）、鳩山一郎内閣で外相を務め、日本の国際社会への復帰に尽力した。一九五七年、六九歳で急逝。

講和条約調査団の一員として

大久保は一九四六年（昭和二一年）三月、外務省を依願退職した。占領下の日本に外交はなかった。外務省の業務は帰国者の支援と残務処理などに限られ、外交官の多くが外務省を去り、異なる畑に進んでいった。例えば三谷元大使は一九四七年に学習院女子部長になり、その後は長く天皇の侍従長を務めた。

一一月、大久保は家族とともに軽井沢から東京に戻った。焼け出され、大久保の自宅に身を寄せていた人々もそれぞれに行き場を見つけ、ようやく住める状態になったからだ。だが仕事はなかった。戦後のインフレに新円への切り替えが追い打ちをかけ、社会は混乱し、生活は苦しかった。大久保は大学時代の親友であり、『鞍馬天狗』などのヒット作で売れっ子作家になっていた大佛次郎の厚意で、スタンダールの『赤と黒』の下訳の仕事をもらった。ある程度翻訳ができあがると、鎌倉の大佛宅まで原稿を届けにいった。大佛は友人や知人を援助するために出版の見込みがなくても仕事を依頼することがあり、この原稿も結局出版されなかった。やがて大久保は工革協会に小さな職を得ることができた。

一九五一年（昭和二六年）、講和条約準備のため、アメリカに調査団が派遣されることになった。前年か

カンザス州での講和条約調査団。右より河野、角倉、西澤、大久保、ワトソン（カンザス州商工会議所議長）、入江、奥野、ハナウミ（通訳）

（"The Topeka State Journal" March 7, 1951 より）

ら国立国会図書館の外交問題専門調査員を務めていた大久保は、調査団に加わることになった。団長は、憲法改正と関連法の制定に取り組んだ入江俊郎衆議院法制局長（この翌年に最高裁判所判事）。副団長は大久保、団員は、奥野健一参議院法制局長、西澤哲四郎参議院事務局長、河野義克参議院事務総長、そして国立国会図書館の角倉志朗だった。

一月、六人は羽田空港をプロペラ機で発ち、グアム、ハワイを経由してサンフランシスコに入り、そこから首都ワシントンまで列車でアメリカ大陸を横断した。まだ日本の外貨高も少なかったので、ホテルも食事もつましいものだった。タクシー代を節約するために地下鉄に乗り、雪の中を歩いた。屋外は寒いのに屋内は暖房で異様に暖かく、一行の中で最年長だった大久保は二度も風邪をひき、一度は入院までする羽目になった。

ワシントンでは連日各方面のブリーフィングに出席した。日本の農業議員団と一緒になったこともあったが、彼らには取材陣が同行していた。ブリーフィングは大体午後四時半頃に終わったので、大久保はアメリカの上院議会に通って、審議の様子を傍聴した。折しも朝鮮戦争のさなかであり、議会では連日共和党議員が、「あれだけソ連を極東にのさばらせたのは誰の責任か？　ソ連を対日戦に引き入れたのはアメリカ外交の大失敗で、アメリカは独力で日本を屈伏させられたのではないか？」と名前こそ出さないながら民主党のルーズヴェルト元大統領の政策を非難し、激しい外交論戦を展開していた。

ワシントン滞在中、大久保はグルー元駐日大使を訪ねた。グルーは大層喜び、戦時中の話をいろいろと語った。終戦の話になると残念そうに言った。

「自分は一日も早い戦争の終結を願っていた。講和条件として、日本の皇室の問題に触れなければ日本は必ず講和交渉に乗ってくると主張したのだが、誰も相手にしてくれなかった。今になって、君の言うことは正しかったと言われる。もう少し講和が早ければ悲惨なことにならずに済んだのに」

外交官に復帰し、経済外交に

一九五一年（昭和二六年）九月、日本はサンフランシスコ講和条約を締結。翌年アメリカによる占領を解かれ、独立国家として主権を取り戻した。一九五六年（昭和三一年）一二月には国際連合への加盟を認められた。重光外相が全権代表として受諾演説を行い、国連本部の前庭に日本国旗を掲揚した。日本は国際社会への復帰を果たした。

だが経済面での自立はまだまだだった。貿易は未だ大幅な輸入超であり、輸出を増やさなければならなかった。勢い、経済外交に重点が置かれることになった。主権国家として、外交主権も取り戻した外務省には、外交官の多くが復職してきていた。大久保も外務省への復帰を果たし、復興に貢献したいと、南米、とりわけアルゼンチンへの勤務を希望した。

農業国アルゼンチンは第一次世界大戦後、食料不足に陥ったヨーロッパに大量の食料を輸出した。第二次世界大戦中も中立国として、アメリカやソ連、西ヨーロッパの国々に食料や羊毛を輸出し、巨額の外貨を獲得。経済的には極めて好調だった。軍人出身のホアン・ペロン（Juan Perón）は大統領に選出されると、労働組合の保護、労働者の賃上げ、女性への参政権付与といった進歩的な政策を推し進めて、労働者層の支持を集めた。その一方で独裁体制を固め、反対派を容赦なく弾圧した。だが一連の政策により戦時中に蓄えた外貨を使い果たし、人気も凋落し、大統領の座を追われてしまう。しかし一九五二年、国民にカリスマ的人気があった元女優で、妻のエビータ、ことエヴァ・ペロンの支えにより、再び大統領に返り咲く。彼女の名を冠した慈善団体「エヴァ・ペロン財団」は、戦後の混乱のただ中にあった日本に支援の手を差し伸べ、一九五〇年五月、小麦、衣類、食料品を満載したアルゼンチンの貨物船が横浜港に入港した。アルゼンチンはまた、戦後最初に日本人移民を受け入れた国でもあった。

ペロンが大統領に返り咲いた年の一一月、大久保は国交を回復したばかりのアルゼンチンの、戦後初の特命全権大使に任命された。吉田茂首相から「南米に行ったら商売人になったつもりで通商問題に重点を置くように」と指示された大久保は、翌年一月に着任すると早速日本製品の売り込みに着手した。当時、貿易取引は主に大使館とアルゼンチン貿易省との間の交渉でまとめられた。しかし日本製品は国際的な知名度も信用度も未だ低く、見本市を開いて宣伝するのが関の山だった。大久保は売り込む物を探した。

日本は朝鮮戦争による特需も去り、鉄鋼が生産過剰になっていた。一方、工業化を推し進めていたペロン政権は、大量の鉄鋼を必要としていた。大久保は日本の鉄材をアルゼンチンに売り込むことにした。

ペロン大統領（右）と大久保。中央はレモリノ外相

ソ連も競争に入ってきて苦しい展開に陥っていた矢先、大久保は富士製鉄の永野重雄社長が北米に来ていることを知る。早速電話をかけ、ブエノスアイレスまでご足労願いたいと頼んだ。永野社長をペロン大統領は歓迎し、大量の鉄材を日本から買うことが決まった。

ペロンの工業化政策は最終的には失敗に終わるが、南米市場を得たことは日本にとって経済復興の大きな一助となった。一九五三年、日亜通商協定が締結され、日本政府はペロン大統領に勲一等旭日大綬章を授与した。

一九五五年（昭和三〇年）一一月、帰朝した大久保は皇居で天皇、皇后両陛下に御進講をした。このときの侍従長は、三国同盟で大久保が苦労をともにした三谷隆信だった。天皇は戦時中の大久保の御進講についても触れた。大久保は感無量だった。陛下は覚えておられた。あのとき自分が決死の覚悟で帰ってきたことは、無駄ではなかったのだ……。

アルゼンチンに石川島播磨重工業が設立した造船所が経営に失敗し、ブラジルに売却されることになったことを知った大久保は、このとき石川島播磨重工業の社長だった土光敏夫に頼み込んだ。

「国の発展のために、もうひと汗かきたい。私をブラジルに行かせてもらえないだろうか」

一九六〇年（昭和三五年）、大久保はブラジル政府との合弁で設立された石川島播磨重工業ブラジル造船所の代表取締役副社長としてリオデジャネイロに赴任した。

一九六三年（昭和三八年）に帰国。翌年、日本アルゼンチン協会の会長に就任した。

その後は、同期入省の鹿島守之助が設立した外交問題研究団体である鹿島平和研究所の理事となり、ここに机を一つもらい、評議員となり無給となった後も通い続け、外交を論じた。

日本が平和国家として安定を取り戻し、高度経済成長を遂げ、戦争の記憶が遠のいていく中、大久保は周囲から「戦時中のことを書き残して欲しい」と要望されるようになった。「関係者が生きているので書けない」と言って断り続けていたが、推敲を重ねた末、一九七六年に『回想―欧州の一角から見た第二次世界大戦と日本の外交』と題した冊子を、鹿島出版会から出版した。それでも大久保は「生々しすぎる。関係者に迷惑がかかるのではないか」と心配し、ごくわずかな部数を、ごく親しい人にしか配らなかった。

そして、自分の葬儀に参列してくれた人々に『回想』を配るよう、長男に指示した。

「人間、食えなくなったら終わりだ」、常々そう言っていた大久保は、一九八七年（昭和六二年）の夏、食べられなくなった。一〇月入院。翌年の五月三〇日、肺炎により死去。九二歳だった。

遺言通り、『回想』は葬儀参列者に香典返しとともに送付された。

鎌倉にある大久保の墓は、郷里鹿児島の方角を向いている。

〈附録〉大久保利隆著作

❖ 回想―欧州の一角より見た第二次世界大戦と日本の外交

◎昭和五十一年七月十五日に鹿島出版会から刊行された同題の回顧録の全文。

一、はじめに

大正十年四月私が大学を卒業して外務省に入り、アジア局第一課に配属されてから約一カ月たったある日の昼頃であった。当時のアジア一課は元の政務局第一課の仕事を引き継ぎ、重要な外交案件を一手に引受けてやっていた。私が書類を持って木村鋭市課長の部屋に入ったら、そこには小村欣一アジア局参事官、重光条約局第一課長、栗野書記官等当時のお歴々が、いとも沈痛な面もちで頭をうなだれていた。私は書類を木村課長に渡して急いで課長室を出て大部屋の隅にいた川越茂アジア第三課長に、「何事かあったんですか?」と聞いた。川越課長は「とうとう来たんだよ、日英同盟の廃棄通告が」と教えてくれた。それから暫らくたって同盟通信から電話があった。内容は「米国政府はワシントンに列強会議を招集し、海軍軍縮問題および中国に関する諸問題を討議する由」ということである。私は電話の次第を課長室のお歴々に伝えた。お歴々の顔には何だか急に元気が出たように感じられた。愈々国難来る、とでも感じたのであろう。先に二十一カ条問題で世界的に信用を失墜し、また当時は例の八・八艦隊問題で米国に脅威を与えていた日本としては、日英同盟条約の廃棄された今日、列国会議の席上まったく孤立無援で被告席に立つものと覚悟を決めざるを得ない。私は翌日から上司に命ぜられて、ワシントン会議用の二十一カ条問題に関する調書作製にとりかかった。私はこのとき初めて、日本の外交というものはこんなものだったのかと知って驚きながら調書を作った。日清戦争後の三国干渉で苦杯をなめた日本外交は、その後日英同盟が唯一の頼りであった。日露戦争終結に対する当時の軍の態度も、よく止るところを知る適切なものであった。しかし二十一カ条頃からの日本外交は次策に常軌を逸して来た。すなわち中国に対する独占的支配欲である。日本が中国の物的人的資源を利用するようなことになることは米国にとっては一大脅威であり、米国が絶対にこれを防止しようとするのは当然のことである。

ワシントン会議については詳述する暇はないが、まず海軍軍縮問題については大体において米国案を呑み、また中国に対する列国の諸特権放棄の問題についても日本は苦境に立ちつつも要領よく妥協を続け、会議外において山東懸案解決交渉をまとめて日本の誠意を示した。閉会会議における演説で幣原全権は「もし中国において自由競争となれば、日本は最も有利な立場にある」と述べて、各国全権の前で大いに気勢をあげた。会議に対する日本の出方を注目していた各国論調も、大いに日本の態度を賞讃し、日本外交の成功は百パーセントと述べた米紙もあった。

ワシントン会議以後の日華関係は、山東懸案解決細目協定交渉、関税会議その他治外法権撤廃関係の交渉等の進捗に伴いますます緊密化を加えてきた。幣原外相は中国は対外関係が平静になると内乱が始まるといったことがあるが、暫らくして蒋介石の北伐が始まり、済南事件では一時日華の関係は危機に瀕したが、幸いに双方の良識により事なきを得た。しかし事態は、張作霖の爆死に続いて、張学良の排日政策から、不幸なる満州事変にまで発展してしまった。

満州事変から一年半たった昭和八年四月、私は欧州より帰朝の途次ワシントンに立ち寄った。斎藤大使が「今夕、カッスル国務次官が晩餐に来るから君も来ないか」といったので出席した。晩餐が終わってブリッジが始まったが偶然にもカッスル次官と私とが二人残ってしまった。私はこの時とばかり次官の横に坐って日米関係に関する国務省の意見を質してみた。次官は初めは遠慮勝であったが次第に日本の軍側の対華政策を批判し始めた。彼は軍の意見と外務の意見が異っていることをよく知っていたからである。しかし結局彼が熱心に説いたのは、瑣末な点は暫らく措き日米間に戦争が起こる可能性を探すことは非常に困難だということである。戦争の原因となる何ものもないからである、と述べ、何だか満州国の存在については、すっかりあきらめているように感ぜられた。

満州事変の落着は一応軍の外交の成功という錯覚を国民に与えてしまった。明治の軍閥のように止るところを知る慎重さがあったら、それでも致し方なかったであろう。何れにしても外交らしい外交はこれで終ってしまったといってよいであろう。その後私は海軍軍縮条約の連絡係という意味で、岡田内閣の兼任総理大臣秘書官に任命された。

仕事は内閣外務間の連絡もさることながら、総理について国会の委員会に行くことが多かった。また天皇機関説が問題になりだしてからは、金森法制局長官について委員会によく行った。

野党の質問も、軍に迎合せんとするものが多く、同時に天皇機関説をもって倒閣の具にせんとするものであった。その間において野党の芦田均代議士の天皇機関説擁護論はその論旨と勇気において称賛に値するものであった。

私は二・二六事件の後外務省勤務に戻った。日華間には常に問題が起り、ある時は某書記生の失踪事件に関連して、南京総領事は軍艦二隻の派遣を請訓し、日華問の国交は危殆に瀕した。時宛も海軍大演習で宮中と政府間連絡が杜絶する惧があったため、外務宮内両省間で協議の結果、私が電信官一人と共に御召艦に便乗し、鈴木侍従長との連絡に当ることとなった。幸いに事件は無事落着し、私は当時普通の役人の見ることのできない海軍大演習を参観することができた。

当時の満州国と北支との接触する地域では常にいろんな動きがあった。私が未だ総理秘書官をしていた頃に、ソ連大使は岡田総理に対して北支でもまた満州事変のような事件が起こるのではないかと随分大胆な質問をしたことがあった。岡田総理は、自分がこの地位にいる限り絶対にそういうことはさせないから安心してくれと答えたことがあった。ここで国民のため不幸なことは、満州事変をやったお歴々を世間が英雄にしてしまったことである。そこで彼らにできることなら自分達にもできると思う連中が出てくることは当然で、北支でも同様の事件が起こることは充分予想された。しかし彼らは謀略の雄に過ぎなかった。果して中国大陸に兵を進めて見たものの、どうにもならなかった。

一夕、武藤軍務局長はわれわれ外務省の中堅どころを招いて、日華事変の早期解決について、極めて真摯に相談したことがある。誠に時宜を得たものであり、われわれも当然協力を約束した。しかし和平工作もなかなか容易でなく、軍の内部には次第にあせりの色が現われて来た。東條関東参謀長が蘇支両面作戦を唱えて疲れきった事態に対する国民の士気を喚起するなどということもあったように記憶する。

阿部内閣時代に貿易省事件という事件が起った。事件の発端は新しく貿易省なる省を創設して、外務省と商工省の貿易行政を一元化しようというのである。そこでまず外務省通商局およびこれと意見を同じくするものは、外交の一元化を破壊するものとして絶対反対を表明したのは当然のことである。谷次官の弱腰として同次官の排撃をねらう革新派の先輩組は強力に同調し、そこに外交の一元化を主張する純理派も加わって結局外務省課長級および主なる事務官級並に在外書記官級全員の辞表を纒め内閣書記官長に提出した。対華外交を始め重要なる外交は全部軍に一元化され、残された通商外交も貿易省に移管されようというのであるから無理もないことである。

ところが所謂外交一元化のために、外務省全体が連日連夜騒いでいる間に軍の一部には外務の中堅層が辞職したあとに強硬派を補充し、必要に応じ軍部からも人員を出向させて、所謂霞ガ関の軟弱外交をこのさい一掃しようという動きがあったことである。このことを軍方面の友人から聞いた私は早速松本俊一人事課長を急がして、内閣書記官長から前記の辞表を全部取り下げて来て貰ったことがある。

外務官僚が外交一元化をさけんでいる間に軍の動きは外交にますます優先し、予測通り起った北京近郊の軍事衝突は近衛首相をして「今回の事件を以て事変とす」と宣言させた。近衛首相の演説はますます神がかって来て、神武天皇の東征の先例を引いたりなどしたが、中国大陸における陸戦は泥沼に入った観があり、和平工作もここまで来てはなかなか思うに任せず、遂に蒋介石を相手とせずという勇ましい声明が発せられた。

こうした中国大陸における日本軍のジリ貧状態に対してわれわれが一番心配したのは、申すまでもなくソ連の態度であった。第二次世界大戦は未だ始まっていなかったが、中国大陸で日本軍が疲労困憊に達したとなると、ソ連のことだから何とでも理由をつけて満州に南下してくる可能性がなくもない。日独防共協定は、対ソ安全保障という意味では、苦境に立つ日本外交に一定の安心感を与えたものであったことは否み得ない。対ソ安全保障ということで止めておけばよかったのであろうが、その後がどうもまずい。その場その場で変転するナチス外交に引きずりまわされる発端を作ったのは、遺憾なことであった。ナチス外交は端的にいって素人の外交である。ドイツ外務省には第一次世界大戦の経験もあり、世界の大勢をよく知っている外交専門家が相当いたはずである。しかし彼らの意見はまったく影をひそめてしまっていた。ミュンヘン会議前後の欧州を中心とした部分的の外交の成功で、欧州の外交を甘く見てしまったようだが、世界的規模における外交的動きになると、ナチの幹部はまったく素人といっても過言ではなかった。この点東に米、西にソ連という強豪を控えた日本外交当局は世界の大勢を把握していたはずである。その日本がナチス外交に引き回されたのである。日華事変がどうしても解決しないことは板垣陸相をいたく焦慮させた。国民に対する軍の威信をつなぐには何かやらなくてはならない。それには日独伊三国同盟しかない。三国同盟の締結が日華事変の解決につながるように考え始めたらしく、そうした啓発運動が始まった。三国同盟に反対するものは国賊のように宣伝された頃がある。近頃はそうでないかも知れないが、当時の日本国民はごく一部を除いては外交問題についてきわめて単純であった。従って軍がこの方向に向って国民を引っ張って行こうと思えば、もっともらしい理由を並べれば簡単にできた時代である。それに加えて日本人は一旦こうと信じると中々ぬけきらないところがある。私が昭和十九年正月独ソ戦線の後方を回ってシベリア経由帰国し、ドイツはあと一年か一年半位しか持ちこたえられないことをごく一部の人に伝えても、納得して貰うのに相当骨が折れた。

一九三八年ミュンヘン会議のときである。在欧の各大公使からは愈々第二次世界大戦が始まるという意味あいの電報が本省宛に集中した。本省の関係課長は固くこれを信じて疑わなかった。その頃、ムッソリーニは連日、或はミラノで或はトリノで大演説を行なった。一見事態を煽っているように見えたが、よく読めば自分に任せれば何とか纏めて見せるという意味が読めた。だから私はこの年までは、ムッソリーニが何とか中に入って纏めるだろうと少数意見を述べたが、なかなか容れられなかった。そのうちチェムバーレインが直接ムッソリーニに連絡して、遂にミュンヘン会議を纏めたことは衆知のことである。ところがその翌年の、愈々第二次欧州大戦の始まる時である。どの大公使も前年のことにこりてか、その危険性は認めていてもはっきりした意見は述べてこない。その頃松本俊一君とよく意見を交換したが、今度はミュンヘンのような奇蹟は起るまいというのが私達の結論であった。間もなくドイツのポーランド侵入となった。

私は昭和十五年秋ハンガリー駐箚の公使に任命されたが、シベリア経由のヴィザを取るのに三カ月以上かかった。赴任の挨拶に次官の部屋に行ったところが、次官は単身赴任するのかと不思議そうにいう。そこで私は「何れそのうちには独逸とソ連の衝突が始まるから家族を連れていくと足手纏になるから単身赴任する」と答えたら、次官は「独ソが仲が悪いなどというのは英米の宣伝だよ」と簡単に答えた。そこで二、三応酬したが、当時軍部を始めとし、何でも日本に都合の悪いことは「英米の宣伝」なる一言の下に葬り去られた。独ソ戦はこの時から約六カ月後に始まった。

昭和十六年一月四目《ママ》に東京駅を出発した。丁度同じ列車に乗っていた軍令部の鈴木海軍中佐（戦後の海幕長）と二人で展望車に行っていろいろ話をし、目本の空軍力（彼は海空軍の担当者であった）について種々質問して見た。彼の意見では日本の空軍力では英米との戦争など到底不可能ということであった。私は海軍がしっかりしている限り米英との戦争はまずあり得ないという結論を自分で作り上げて彼と別れ、敦賀から船に乗り、シベリア経由ベルリンを経て一月二十日過ぎブダペストに着任した。

実は私は、満州事変以後終戦までの日本外交の裏から見た面を、私の知り得た範囲で書こうと思ったのであるが、いざ筆を取って見るとどうも気まずいことが多い。しかし何か書き残しておけという人が多いので、僭越ながら自分の貧弱なる経験を書き綴って間接に第二次世界大戦前からの日本外交のある一面を紹介することとした。何卒悪しからず御寛読を願う次第である。

二、大国と運命を共にする小国

一九四一年（昭和十六年）三月のこと、丁度私がブダペストに着任してから約二カ月も経った頃だったと思う。当時の松岡外相が、独逸およびイタリーを訪問するためベルリンに来るとのことで（独伊両国訪問の後、同外相はモスコウに立ち寄り、スターリンと大いに肝胆あい照して日ソ中立条約を結んだことは人びとの知るところである）、在ヨーロッパの大公使はベルリンに集まるようにとのことであった。私は出発の準備を整えて前夜は早く就寝した。

ところが翌朝六時頃である。運転手が私の部屋の戸をけたたましくたたき、チャーキー《〔ママ〕》・ハンガリー外相《〔ママ〕》が急死した、と告げた。私は一応暗殺《〔ママ〕》かなと思った。当時のハンガリーの内外政情、殊に対外関係が極めて複雑であったからである。服装を整えて、テレキ《〔ママ〕》首相に弔意を表すべく、総理官邸に赴いた。まず官房長官に会って弔意を表したが、同長官は謝意を述べたあと、小声で外相《〔ママ〕》は自殺したのだと教えてくれた。次いでテレキ《〔ママ〕》首相の部屋に通された。勿論首相《〔ママ〕》はチャーキー《〔ママ〕》外相の自殺のことなどには触れなかったが、沈痛な表情で「ハンガリーは最も大切な時期に貴重な人物を失った。故外相《〔ママ〕》は多分に東洋人的な、殊に日本人に似た性格の持主であった。彼は一定の方針をたてると勇敢にこれを推進する」といいながら、指をテーブルの縁まで持って行き、「ここまで来ると彼（外相《〔ママ〕》）は下を念入りによく見る、そしてこの絶壁の上で暫く考える。これはいけないと思ったら、速かに引き返してくる。そうして二度と同じ途をたどろうとしない。その慎重さと思いきりのよさには真に敬意を表する」と語った。

私も若い時分から数多くの外国人に接触する度に聞かされる日本人に対する悪口にも慣れっこになっていたが、日本人に対するおほめの言葉も随分聞かされた。しかし前記テレキ《〔ママ〕》首相の所謂日本人の考え方に似ているらしいというチャーキー《〔ママ〕》外相礼讃の言葉は、単にハンガリー国民が、日本人に対して持っている親近感の表れから来る表現に過ぎないだけのものとしては受け取りたくなかった。中央ヨーロッパの小国、ハンガリーの首相〔ママ〕の言にあまりにこだわり過ぎるようで申し訳ないが、今少しく続けさせていただきたい。私は首相〔ママ〕に別れを告げて、公使館の事務所に帰り、夕刻まで机の前に坐っていたが、どうも気になるのは、テレキ〔ママ〕首相のチャーキー〔ママ〕外相観であった。気になるといっても悪い意味の気になるのでなくて、なんとなく慰められるような、一縷の望みを持つというか複雑な気持である。時は今から考えれば、あたかも日本が大東亜戦争に突入する八カ月前であった。私は先述のように二・二六事件のとき、軍縮条約の関係で兼任の総理大臣秘書官をしていたので、その頃の日本の政界、および軍の動きはある程度は知っていた積りである。日本の政治を軌道に乗せる問題の鍵は政策の問題ではなく、良識ある政治家（軍人政治家を含む）、それも一人の政治家でなく数人の政治家の勇気と中堅常識層の良識の結集にあると思っていた。前述のチャーキー〔ママ〕外相のような慎重さと明敏さを持つ政治家は日本にも相当いた筈であり、日本人で本当に国民のためを思う人なら、中国での戦争が泥沼に入っているのに、さらに対米英戦争とは何事ぞ、と思うのが当然である。前述テレキ首相の日本人に似ている云々は、単なるお世辞でいったのでは勿論ない。彼は日本の近代史をよく研究していたらしい。欧米の大国の政治家、評論家の中には、日本の物質文明の進歩の一面しか見ていない人が多いが、小国、殊に日本に親近感を持つ国の政治家達の中には、日本人のどこが他のアジア人と違うかをよく研究している人がいる。

テレキ首相の日本人観は決して誤っていなかったし、またこの種の日本人が当時力を持ち得たら、あの後の悲劇は起らなかったであろう。私は今後も度々この問題に触れ、将来日本人の辿るべき路についてもささやかな外交上の経験に基づいて申し述べたいと思うが、とに角一九四一年（昭和十六年）三月のこのとき、日本が流されつつあったあの重苦しい潮流の中で、こうした良識ある政治勢力の台頭を望むことは、非常に難しいこととは知りながらも、全然不可能とは思いたくなかった。当時欧州では独伊と英仏とが戦っていた。前年の一九四〇年には、独逸は英軍をダンケルクから追払い、次いでフランスを屈伏させていた。これに眩惑されてか、日本は平沼内閣時代にあれほどもんだ五相会議の問題点はすっかり忘れてしまったかのように簡単に三国同盟を結んでしまっていた。しかし、それでも日本が軽々に動かなければ、そして出来得たら、日米交渉を進めて日華事変を解決することができれば、日本は何とか救われるであろうという一縷の望みを持っていたのは、単に外務官僚だけではなかったのであろう。

私は政府の命令でチャーキー〔ママ〕外相の国葬に参列することとなったので、ベルリンに行かなくてもよいことになった。

一方チャーキー〔ママ〕外相の自殺については、いろいろの説が流れた。最も一般的にいわれたのは、数週間前に彼が隣邦ユーゴー・スラヴィアとの間に結んだ友好条約が、独逸との関係上、実現が不可能となったということである。

しかし、彼はこうした国際的不信義ということだけで死を選ぶほど純情だけの人であったろうか。実のところ当時のヨーロッパ戦局はまったく行詰りの情勢にあった。ヒットラーはその前年フランスを屈伏させたが、これだけでは欧州戦争は終わらなかった。その頃独逸の軍部は在ベルリンの日本側に対して、対英上陸作戦成功の可能性を宣伝していたようである。これはわれわれの間でも、しばしば検討したことであるが、当時独逸空軍は英国空軍を制圧していたことは事実である。しかし英仏海峡の制空権だけでは、まったく一時的な対英上陸しかできず、英仏海峡の制海権を確実に、しかも長期に亘り確保しない限り、大軍を上陸させても引続き作戦を継続することは絶対に不可能なことである。英国が強力なる海軍力を保持しているかぎり、英仏海峡における英国の制海権はまず動かないというのが一般の常識である。ヒットラー自身もこのことはよく判っていた。それであればこそ、松岡外相の訪独に際して、ヒットラーは日本軍によるシンガポール攻撃を要請し、英国の海軍力を東南アジアに集中させようとしたのであろう。これらの点については別の章で詳しく述べるつもりであるが、何れにしても当時ヒットラーは行き詰まったヨーロッパ戦局の打開のために、相当思い切った手を打つ必要に迫られていた。独逸陸軍は、あれだけの大作戦を展開しながらあまり痛手を蒙っていなかったというのが実情であった。膨大なる陸軍を擁しながら手をこまねいていることは、勝利を誇るナチス幹部としては独逸国民に対する面目上からも耐えがたいところであったであろう。ヨーロッパ政局に心をいたす人びとの中には、ヒットラーが或は彼の宿望たる対ソ連作戦に出るのではなかろうかということを感じ始める人もあった。勿論チャーキー〔ママ〕外相も、このことを敏感に感じた一人であったにちがいない。そしてその結果については、独逸周辺の国の人びとの多数が予見したように、緒戦は独逸に有利であるが、結局は独逸の敗戦に終わり、これに加担した近隣諸国は混乱の結果、赤化の運命を辿るであろうということである。独ソ開戦の場合、防共協定と三国同盟に加盟しているハンガリーとしては参戦を免れることは絶対にできないのみならず、終局的にはソ連軍のハンガリー侵入を防ぐため、国を挙げて戦わなければならない。しかも見透しは決して明るいものではない。チャーキー〔ママ〕外相の自殺は、自国のために絶対に不利と知りながらも、強大なる隣国と運命を共にしなければならない小国の悲哀を物語るものであろうか。

ユーゴーの三国同盟加盟を不満として同国に起ったクーデターを契機とする、独逸軍の対ユーゴー進攻は予想外に迅速に進捗した。スラブ民族であるユーゴー軍の抵抗は、ポーランド軍やフランス軍のそれよりも遙かに頑強なものであろうと予想されていただけに、今更に独逸軍の兵器の優秀さを一般に印象づけたが、同時にナチス幹部の自信を徒らに増長させる結果となった。

独逸軍のユーゴー進攻の時は、独逸の大部隊がブダペストを通過して行った。ユーゴーへの通路であるからである。しかしユーゴーの平定が終わった後、あれだけの独逸の大部隊が何処へ行ったのか各国公使の間でも問題になったが、誰も正確には知らなかった。ハンガリー軍部の懇意な向きに聞いて見ても、言葉をにごして何もいわない。しかしそのうちに、どうも東方ソ連国境方面に集結しつつあるらしいというのが通説となってきた。

私がブダペストに着任したのは一九四一年の一月中旬（マヽ）であるが、着任当時私にハンガリーの事情、殊にハンガリー外務省の内情を非常に親切に教えてくれたのは、シャルノフというソ連の公使であった。彼は非常に有能な外交官で、ポーランド駐在のソ連大使であったが、ポーランドが一九三九年に独ソ間に分割されてから、駐ハンガリー公使としてブダペストに来たのだそうだ。彼の話は私も初めは警戒して聞いていたが、時が経つと共にやはり真実だなと思うことがよくあった。例えば、外務省の幹部でも誰々のところに行けば本当のことを教えてくれるとか、誰々の話はあてにならぬとかいうことは皆的中した。要するに彼は小出しに私に種々の情報を提供しておいて、重大な時に重要な情報のにおいをかぎつけようというのであろう。従って私も彼との交際は個人的な交際を避け、パーティー等で他の同僚を交え雑談することにしていた。これに反し、ルーズヴェルトのパーソナル・フレンドと称する新任の米国老公使や参事官とは、個人的に親しく交際した。米国公使館側では、日米間の緊張を緩和するため、日本の外交官と親密にするよう内命があったのかどうか知らないけれども、一切の政治外交の話をぬきにして、私に近づいて来た。日米の公使館でゴルフの試合をしようと準備していたが、ぐずぐずしているうちに、パール・ハーヴァーになってしまった。

話は脇道に入ってしまったが、一九四一年六月に入って、独逸軍の東部ソ連国境集結はほぼ確実と思われるようになった。私は私なりに、独逸は大軍をソ連国境に集結しておいて、ソ連に対しイランを経て南方ペルシャ湾方面に進出することを強要しているのかと思ってもみた。もしそうだとすれば、その結果は当然英ソ間の開戦となり、英国は非常な窮地に陥ると共に、独逸は強力なる味方を得て、米国が参戦しない限り戦局は一時独逸に有利に展開するかと思えた。私はこの辺の真相を確かめるべくベルリン行を思い立って、列車の寝台の切符を用意させたが、旅行社から新聞社に漏れて、時機が時機だけに翌日の新聞に「日本の公使がベルリンに打合せのために行く」と出てしまった。丁度その夜ある会合で例のソ連公使は、私に近づいて来て、「ベルリンに行くそうだが、是非面白いニュースを教えてくれ」といった。

ベルリンで聞いたところでは、独逸軍の東部集結は本当らしいが、独ソ間の交渉については何もないというのが本当らしかった。私がブダペストに帰った翌日、ベトレン伯のばらの庭園でガーデン・パーティーが催された。ブダペストはばらの名所だが、ベトレン伯の庭園のばらは殊に美しいものであった。私が庭園に入るや否や、ソ連公使は私の方に遠くから歩いて来た。しかし彼は途中で他のお客につかまってしまった。そしてその人との話があまりに長いので、私はこれ幸いとパーティーの主人達と少し話して、次に行くところもあったので、ガーデン・パーティーを去った。

それから二、三日経って六月二十二日、独逸軍はソ連国境を越して進撃した。

独逸軍の進撃は初めの二、三週間は、文字通り破竹の勢いとでもいうべきものであった。しかしその後、日を経るに従って、次第にテンポが鈍くなって来て、何となく停滞しているような気配が感ぜられて来た。私はときどきベルリンの日本大使館の故加瀬参事官（戦後の駐独大使）に電話して、様子を聞いて見た。加瀬君の話では、コーヒー豆の粒が大きすぎるので、折角はさんでも豆がつぶせない、といかにも独逸側の説明そのままらしい説明である。これは後に聞いた話であるが、東部戦線の独逸軍は、昼間の戦闘でソ連軍の大部隊を包囲してしまうらしい。しかし夜になると、独逸兵は文明人だから、少部隊を残してあとは付近の部落の民家に入って眠る。ソ連の冬は早く来るが、ソ連の兵隊は厚い毛皮の外套を着たまま、どこでも眠る。そうして、包囲した独逸軍の手薄になった頃を見計らって、包囲線を突破して逃げてしまう。これではいくら独逸軍が包囲しても、ソ連軍は大した損害も受けずに夜になって逃げてしまうことになるわけだ。そのうちだんだんと本当の冬が迫ってきた。この調子ではモスコウ、レニングラードどころか、独逸軍は厳寒の冬を、ヨーロッパ・ロシアでソ連軍と対峙しなくてはならなくなるのではないかと思われるようになった。丁度その頃である。大島大使の命を受けて松島公使が、ハンガリー、ルーマニア、ブルガリア駐在の公使に東部戦線の状況を説明するため出張して来た。要するに独逸軍の作戦は予定通り進んでいるのだから、余計な心配はする必要はない（裏からいえば独逸軍に不利な報告はするなの意）との趣旨であった、松島公使の説明は独逸大本営の説明であって、松島公使自身これをそのまま信じていたかどうか判らないが、この説明に基づいてわれわれで自由に論議した。結論は決して明るいものではなかった。

十二月に近くなって、東部戦線最前線のハンガリー部隊が、交代のためブダペストに引き揚げてくるとのことで、外交団の一部はその帰還を出迎えるべくハンガリー政府に招待され、ブダペストの東の町はずれに行った。ハンガリーの大部隊がトラックに乗って帰って来たが、トラックは相当破損し、兵隊は疲労の極にあるように見受けられ、東部戦線の惨状を如実に物語るものであった。私は思った、東部戦線の実状はわれわれの想像以上のものであるということを。

私は独ソ戦は相当の長期戦になると感じた。そして最悪の場合、ナポレオンのモスコウ敗退のようなことにはならないにしても、到底勝目はないと考え始めた。私は一日も早く、私の気持をベルリンから横槍の出ない方法で、外務本省の幹部だけには伝えたく思い、その方法を研究したが、なかなかよい方法が見当らなかった。そうこうしているうちに、パール・ハーヴァーになってしまった。私は思った、日本政府は独逸が結局勝てないということを知らずに大東亜戦に入ったなと。未だに残念に思っている。

三、行き詰まれる戦局の打開

一九四一年（昭和十六年）春、松岡外相の独伊両国訪問に関連して、フランス（ヴィシー）公使――ハンガリー等戦前のヨーロッパの中小国は何れの国とも大使を交換していなかった――は私に対して次のようなことをいったことがある。「松岡外相は独伊訪問の結果如何によっては、英国に行くのではないか?ということは誰が見ても今日のヨーロッパ戦局は膠着したままで、打開の道はない。独逸軍の英国上陸作戦のごときは到底成功の見込みはないし、一方連合国側でも米国が参戦しない限り、勝目はない。独伊と連合国側との間に話し合いのきっかけを作るには、今が絶好の機会で、それには松岡外相の手腕から見て彼が最も適任者と考えられる。甚だぶしつけなことをいって申し訳ないが、日本も中国大陸での戦争も相当長引いているようだし、ヨーロッパに和平の気運が生まれることは、日本にとっても中国の戦局を収拾するため有利ではないか」云々。これに対して私は「あなたの観測は誠にご尤もと思うが、われわれは全然そうした話を聞いていない」と答えたが、フランス公使は失望の色を禁じ得ないようであった。フランス公使のいうことは、外交官の考えることとしては至極適切な判断である。戦争は長引けば長引くほど資源の少ない国にとっては致命的であるから、戦局の悪くならないうちに、多少の不利は忍んでも片付けてしまおうというのが、責任ある政治家の当然考えるべきことである。

一九四一年春頃までは、ヒットラーがユーゴー攻撃のあと、ヨーロッパの戦局打開のため、ソ連に侵入するなどということを予想する人は一部の人びとを除いては少なかった。と同様に、中国大陸であれだけの消耗戦を続けている日本が、その動機の如何はさておき、さらに米英に対して戦争に入るなどという大冒険を冒すことなど夢想だにしないというのが、ヨーロッパにおける常識であった。

ナチの幹部を除き、独逸の識者の中には、万一中国の問題に関連して日米が戦うようなことにでもなれば、三国同盟によって直ちに米独間の戦争となり、米国軍の欧州戦線介入を誘致して第一次大戦と同じ結果を来たすであろうことを憂慮していた人が相当あったはずである。日独伊三国同盟が、果して当時の当事者が考えていたといわれるように、米英に対して戦争をするためではなく、相手方との交渉を有利に導くための後楯とするつもりであったとすれば、「日米間の関係が交渉によって解決するのならよいが、交渉が決裂して戦争に発展するようなことは、これを極力避けてもらう」よう、独逸側から日本側に対して強力な働きかけがあるのが当然である。今から考えてみると、当時こうした外交の良識の働く余地はまったく閉ざされていた。独逸でも日本でも、ある行詰り自体を多少の犠牲を忍んでも解決しようとするのではなく、さらに大きな事態に突入することによって、一時的に難局を解決しようとする安易な考え方が支配的であったからである。

ヒットラーは、ベルリン訪問の松岡外相に対して、日本軍によるシンガポール攻撃を要請したといわれる。しかもそれは英国に決定的打撃を与えると同時に、米国の参戦を牽制するためだという。第一にシンガポールが日本軍に占領されても、英本国が独逸に対して手を挙げるようなことは、まずあり得ない。信じられないような奇蹟が生じて、英仏海峡に対する独逸の制空権だけで独逸軍の対英上陸作戦が成功し、かつ後続補給が続けられたと仮定しても、英王室と政府はカナダに移って、米国の参戦を促し、最後の勝利を得る迄戦争を続けるであろうことは、国際政局を知る人びとの常識である。第二には日本がシンガポールを攻撃するのを米国が黙って見ているということは絶対にあり得ないことである。これは日本の軍部といえどもよく知っていた。前にも述べたようにどうもその頃の考え方は、戦争を和平によって解決しようというのではなく、行き詰まった戦局をさらに戦争の拡大によって一時的に解決しようという考え方が支配的であった。

ここで私は、溯って日独伊三国同盟締結のための三国間の交渉の頃のことを思い出さざるを得ない。一九三年九月のミュンヘン会議以来、独逸の外交は明白な変転を示した。チェッコと緊密な関係にあったソ連が、ズデッテン問題等に関して何も文句をいわないのに反して、英仏が独逸の対チェッコ政策に対して強硬に反対した。かくてナチス幹部は独逸の進展を妨げるものはソ連ではなく、英仏であるとの結論に達したのであろう。防共協定強化に関する交渉を振り返ってみても、日本側ではソ連を対照《ママ》として考えていたのに対し、独逸側ではむしろ英仏を主たる対照《ママ》として考え始めた。これはイタリーを加盟させるための考慮も大いにあるが、第二次世界大戦に独逸が入ったときの態勢、つまり、ソ連と不可侵条約を結んで後顧の憂のないようにしておいて、まず英仏に当ろうという考え方が次第に形作られて来たように思える。しかし、こうしたことが、日本側に感づかれると、当時対ソ防衛の強化のみを考えていた日本側に逃げられる惧れがあるから、表面はあくまでも、日独伊防共協定強化ということで、日本を引っ張って行った。独逸としては、英仏を敵とするには、日本海軍力による英国海軍力の分散を必要と考えたのであろう。このことは後に、一九四一年三月の松岡訪独に際して、先述のようにヒットラーが日本によるシンガポール攻略を要請したことによっても明白である。

もともと三国同盟問題の初めから主として英仏をも対照《ママ》とする、しかも軍事的援助を直ちに発動させるような日独伊同盟の成立を切望していたリッベントロップ外相は、独特の説得力をもって大島大使を説得し、当時日華事変の解決に腐心していた板垣陸相を動かしていった。

話は前後するがリッベントロップ外相には、私も駐ハンガリー公使時代、同外相がハンガリー政府とときどき打合せのため、ブダペストに来る度毎に会見して話したことがあるが（このことについては別項に述べる）、駐英大使の経験もあり、世界情勢にも通暁していたものと思われるが、三国同盟交渉当時の彼の言動でも判るように、どうも外交政策に関する構想が、常に米国を暫く考慮の外において、ヨーロッパだけのことを考えていたのではないかと思えるふしが多い。三国同盟の対照《ママ》をソ連のみならず英仏とし、日本をしてシンガポールを攻略させるまではよいとしても、その結果は日米開戦となり、軍事援助義務を明白にした結果は直ちに米独戦となり、第一次世界大戦と同じ結果となることは外交の当事者としては当然これを予想しなくてはならないことではなかったか。

　こうした米国の存在を度外視するという考え方は当時の日本にもあった。これより以前、私は条約課長としてときどき三国同盟条約の三省間の打合せ会に出席する機会があったが、あるとき、陸軍側と海軍側の意見が対立したとき、私は米国の重工業力、生産力を充分考慮する必要があることを力説したところ、陸軍の中堅所から「米国の重工業力なんてことを考えていては何も出来ない」という強力な発言があり、海軍側からも何も反論はなかった。私はこのとき思った。三国同盟締結ということは、その是非は別として、何か絶対命令によって、しかも独逸の主張する形式によって締結せざるを得ないことになっているのではないかと。

　一九三九年一月平沼内閣ができた頃であったと思うが、上司に呼ばれて「どうも日独伊三国同盟条約は、どうしても作らなくてはならないらしい。そうでないとまた二・二六のような事件が起るということだ」と聞かされた。えらいことになったものだと思いながらも致し方ないから、独逸が第三国と戦争に入っても、日本は自由に自らの行動を決定し得る余地を残す拘束力の弱い条約案文二、三を上司に提出したが、あとは上層部の会議となった。外務省案は常に陸軍側の反対に遭い、その後五相会議は回数を重ねること数十回、常に英仏をも対象とし、軍事援助の義務づけを主張する板垣陸相と他の四相（外相は有田八郎氏）との意見の対立が繰り返された。

　私はここに、板垣将軍が、満州事変の翌年だったと思うが、欧州視察旅行に来たときの話を思い出す。当時の板垣少将は欧州旅行の途次、私の任地ブラッセルに立ち寄った。佐藤（尚武）大使は会議で出張中、また芦田（均）参事官は既に衆議院議員選挙に出馬のため帰国し、私が代理大使をしているときであった。

　一夕私は、板垣少将を蟹料理に招いて御高説を聞いた。ナチの台頭の頃でもあり、欧州政局についての話に花が咲いた。将軍曰く「自分は独逸とフランスを同盟させて、英国に当らせることは出来ないものかと考えている」と、単なる思いつきでなく、持論のように言い出したので、私も一寸驚いて、独仏同盟の如きは欧州政局に一大変転でも起きない限り、両国の歴史的外交的関係から見ても不可能で、かりに万一同盟が成立しても、英国に当るというような場合には、必ず米国が英国を助けて立つということになるから、前の欧州大戦と同じ結果になるということを繰り返し説明したが、将軍は米国の問題に関連して日米関係に言及し、将来中国大陸で何か事が起った場合、米国は強力なる海軍力をもって日本に迫って来るから、日本も海軍力を増強する必要があることを力説した。これは昭和七年頃の話であるが、その後も板垣陸相が同じようなことを考えていたとすれば、三国同盟で英仏を対象としようという独逸側の主張に同氏が同感であったろうことは判るが、米国海軍の圧力を知りながら、米国の国力と存在を無視しがちな独逸側の構造に結局引きずられることになってしまったことは、返す返すも遺憾なことである。独逸側は、三国同盟によって米国の参戦を阻止し得ると思ったのではないかという人もある。しかし日本側は、英仏を対象とする結果は早晩米国を巻き込む世界戦争となり、日華事変が解決しないままの最悪の状態で世界戦争に引きずられるという非常に不利な事態を予想した。外務は勿論、重大な責任を負う海軍、大蔵は、独逸案には勿論反対で、五相会議は四相対陸相の対立で回を重ねること数十回に及んだことはあまりにも有名な話である。

こうした駆引きは一九三九年八月二十三日に、独ソ間に不可侵条約が成立して、平沼内閣が「複雑怪奇」と退陣するまで続いた。かくて九月三日には、第二次欧州大戦が始まり、九月十五日には、日本陸軍の肝を冷したノモンハン事件も停戦協定が成立した。かくしてわれわれ外務官僚は、うまく行けば世界戦争から日本は免れるのではないかという一時的な安堵感を得たのである。

さて、こうなると、一日も早く日華事変の解決を計る必要があるのであるが、ここで気になるのはソ連の態度であった。日華事変の行詰りから国民の目をそらす積りかどうか判らないが、一九三八年から三九年にかけて関東軍はソ満国境においてしばしばソ連軍と衝突した。そして一九三九年五月、遂にノモンハンにおいて大敗北を蒙り、九月にノモンハン停戦協定が成立するまでは日ソの関係は極めて険悪なものであった。かくして駐ソ東郷大使は日ソ間の緊張を緩和するため、日ソ間の不可侵条約締結の必要を痛感し、館員を派して日本政府側の意見を打診したこともある。

翌一九四〇年春のある土曜日の午後三時頃、私は条約局の私の部屋で電報を読んでいたら、陸海軍の佐官級の人びとが、どかどかと入って来た。よく会議で顔を合せる陸軍省、参謀本部、海軍省、軍令部の人びとであった。その中に参謀本部の甲谷中佐がいたので、ソ連関係の問題であると想像された。果してそうで、「ソ連との間に中立条約を結ぶことについて、大至急条約案を作って貰いたい」とのことである。私は思わず「本気なんだろうなぁ」と質問したが、すでに陸海の意見は一致しており、また外務省欧亜局の同意も得ているとのことで、次の火曜日の閣議を待たず、月曜日の持回り閣議で決定したいとのことである。

どうも、よほど急を要する事態であると思われたので、「今日中に条約案を作っておくから、諸君は明日曜日、軍服でなく背広で都内某所に来て貰いたい」と答えて、三谷条約局長に報告の上、たしか下田首席事務官（後の駐米大使）と二人でその夜半に条約案を纏めた。

翌日曜日は朝から夜半まで、前日来訪の陸海軍幹部と共に案を練り、月曜日には予定通り持回り閣議の決定も経て、夕刻には在ソ東郷大使に、右条約案に基づいて、至急ソ連政府と条約交渉に入るよう外務大臣の訓令が出る運びとなった。このように迅速に事が運んだのも、三国同盟問題のときと異なり、関係各省の意見が問題なく一致したからである。その基本となったのは陸軍の意見であるが、そのときの陸軍の意見たるや冷静に日本の国益を考慮したもので、三国同盟問題のときのように、とかく独伊の立場を基準としたものではなかったからである。（もっとも先に独ソ不可侵条約成立の直後、日本も同様の条約をソ連と結ぶよう独逸側から日本側に呼びかけて来たようであるが、これは当時は問題にならなかった。）

さてこの日ソ中立条約締結に対する陸海軍関係官の考え方は極めて真面目なものであったと思う。ソ連との緊張を緩和しておいて、日華事変を早く解決しようという考慮もあろうが、ノモンハン事件で苦杯をなめた後とはいえ格段の進歩である。まして況や独逸がやったような、独ソ不可侵条約を結んでおいて、英仏と戦争に入ろうというようなやりかたとはまったく異なり（或る歴史家は日本も独逸のやり方をまねて大東亜戦争に入る準備をしたのだといっているが、これは結果のみを見た素人の議論である）、一方もみにもんだ日独伊三国同盟問題も一応ご破算となって、一息ついたところでもあるし、暫らくの間、静かにヨーロッパの戦局を見守ろうというのであろう。

さて前述の日ソ中立条約交渉の訓令に対して慎重な東郷大使は、今度は種々意見を具申して簡単に御輿をあげなかったようだが、再三の訓令の結果、東郷大使はモロトフ外相と会見して交渉に入った。モロトフは、やれ北樺太の日本の利権の問題とか漁業の問題とか、日ソ間のこまかい問題を持ち出して中立条約の問題を避け、最後に「こうした条約を結ぶことはソ連としては英米との関係上面白くない」という意味合のことを述べている。そのときは未だ独ソ戦争は始まっていなかったが、ソ連は何れは将来、英米を味方にしなくてはならないことを充分考えていたのであろう。

かくてこのときの中立条約交渉は急速には進展しなかったが、その後ソ連側の日本に対する態度は次第に緩和され、窮極的には一九四一年松岡外相の欧州よりの帰途、モスコウ通過に際し、スターリンの決断によって、日ソ中立条約が急遽成立する素地を作ることとなったのである。

この日ソ中立条約は、最後にはソ連によって廃棄され、ソ連は日本の敗戦直前に日本に対して宣戦を布告して来たが、日本はその前にソ連が同条約の不継続を予告して来たことによって、ソ連が早晩日本に対して敵対行為に出て来るであろうことを予知することができた。しかし何よりも大切なことは、この条約の存在によって、日本は独逸の誘いにのって対ソ戦争に入るような冒険の上塗りをしないで済んだことである。最初三国同盟問題を各省でもみにもんだ頃までは、陸軍の一部を除いては、まだ外交政略上の良識の働く余地があった。しかしそれは独逸の対仏戦勝以後変ってきた。欧州大陸の大部分を独逸が占領した事実だけを見て、何か勝負が決ったような錯覚に陥る人が多くなって来た。それに加えて独逸大本営は、今にも対英上陸作戦が成功するかのような宣伝をやるものだから、所謂バスに乗り遅れまいとする便乗的傾向が次第に増えてきたことである。先に複雑怪奇と平沼内閣が退陣する前に数十回開いた五相会議のことも恰も忘れられたように、日独伊三国同盟条約は一九四〇年九月、松岡外相の私邸における同外相とスターマー特使との間の、余人を交えざる交渉で数日間で締結されてしまった。

以上のようにヨーロッパ戦局に関する日本政府部内の見透しも次第に甘いものになってきた。しかしながら私のハンガリーに着任した一九四一年の初頭既に、私が意見を交換した同僚各国公使の中には、戦局打開の将来について悲観的な見透しを持つ人が相当あった。事実ドイツの対英空襲も失敗に終わり、対英上陸作戦も成功の見込みはなく、リッベントロップの所謂フランスを一挙にして屈伏させることによって、イギリスをして立つ余裕を与えぬという夢は既に消え去っていた。僅かに一九四一年四月に行なわれた、ドイツの対ユーゴーおよび対ギリシャ電撃戦によって、何か新しい局面が打開されるかとの期待を与えた。しかしこれもドイツの占領地が拡大されたというだけのことで、戦局に重大な影響を与える要素とはならなかった。

かくして最後の幕は切って落とされた。同年六月二十二日の独ソ戦開始である。リッベントロップは大島大使に対してこの作戦は三、四ヵ月で終了すると告げたそうである。これは取りもなおさず、日本も一刻も早く対ソ戦に参加しろという呼びかけである。そうでないとバスに乗り遅れるぞという警告である。それに躍らされたのは、今度は日本陸軍ではなく、二カ月前にモスコウでスターリンと共に日ソ中立条約の成立に歓喜した松岡外相であった。松岡外相がどうして対ソ戦参加を主張したか、これによって対米英戦争を避け得るとでも思ったかどうか。これらの点は未だに不可解の点が多いが、幸か不幸か陸軍部内の慎重派の意見が通って、七月二日の御前会議で、対ソ戦を避け、代って対南方進出の大方針が決定された。勿論対米英戦を覚悟してのことであり、日本の進むべき岐路を決定したものである。

軍事的見地のみからいえば、往年のシベリア出兵の失敗は勿論のこと、ノモンハン以後の陸軍には対ソ戦についての自信はまったくなかつたであろうし、中国大陸の戦争で消耗しきった陸軍兵力に比べ、日本海軍は無瑕といえたであろう。ナチス外交にさんざん引きずりまわされたものの、独ソ不可侵条約と第二次欧州大戦開始でやっと一息ついた日本外交は、独逸の西欧における勝利に眩惑され、蘭印等に関する野望も手伝って、今度はいとも簡単に三国同盟条約を結んでしまったのである。しかも、事態は最も危険性をはらむ独ソ戦争へと発展し、果してリッベンのいうように、三、四カ月で片付くかどうか大いなる疑問を残しているのに、そう簡単に独逸の誘いにのるわけにはいかないのは当然のことである。しかし独逸に対する義理合上この際何らかのステップを取らざるを得ないとすれば、ヒットラーが松岡外相に要請したシンガポール攻撃なら何とかできると思ったのであろうか、とに角中国大陸の戦争で消耗しきった陸軍力で、対ソ戦など思いもよらぬことである。

勢の赴く処というべきか、日本は対米英戦に突入した。結果は予想の通りであった。不幸中の幸は、日本は当初から対ソ攻撃に参加しなかったことである。関東軍に対してソ連は、独ソ戦の最悪状態中でも強力なる兵力武器を集結していたし、関東軍が東から攻めたからといって、独ソ戦に与える影響は多くを望み得なかったであろう。また日華戦争の未終結のままで日ソ衝突となったら、前世紀以来中国の保護者をもって任ずる米国が軍事的に動くのは当然で、日本は対ソ戦と同時に対米戦を覚悟しなければならなかったであろう。その結果は、日本はマッカーサーに占領される半分と、ソ達に占領される半分とに二分され、一度兵力を人れたら独立後も絶対に撤兵しない東独逸および東欧諸国の現状を考えれば、実に思いなかばに過ぎるものがあるであろう。とに角、ソ連軍に占領されるような口実を与えずに済んだことは、日本外交のため喜ぶべきことであった。

四、ベルリンの大公使会議とその後

それは一九四二年秋も深まって、冬の初めの午前であったと思う。ベルリンの日本大使館で在欧大公使会議が開かれた。議長の大島大使は、開会劈頭、「独ソ戦況も独逸側の有利に展開し（実状は決して然らず）、今一押しというところなれば、この際日本は、シベリアに兵を進めて、東よりソ連を攻撃すれば、ソ連は二正面作戦に耐えられず、遂には屈伏するであろう。従ってわれわれはここに会した機会に、本国政府に対しこの趣旨の意見を具申すべきである」旨を述べた。これに対し大島大使の正面に坐ったS公使は、双手を挙げて大島大使の意見に賛同し、かつ大使の意見を補足して、その意見の妥当なことを説明した。（事前にこの両氏は、打合せをしたかどうか不明だが、両氏の熱心な主張に鑑みれば、或はS公使は、予め大島大使から右主張を支持するよう依頼されていたのかも知れない。）

S公使の陳述以後、何人も発言せず、かねて強硬派と目されていた、栗原駐トルコ大使その他も別に賛同の意を表することもなく、満場寂として声がなかった。ここで私は立って、S公使の意見を反駁して、「ソ連の極東軍は、わが関東軍が或はこうした行動に出ることがあるかも知れないことを予測して、寧ろ増強され兵器も強化されていると聞く。他方関東軍の兵力こそ、大東亜戦の戦場拡大に伴い、他に転用せざるを得ざることとなるかも知れない。日本軍が東より進撃しても、独ソ戦況には直接大した影響はないであろうし、ノモンハン事件の先例はいうに及ばず、もしソ連極東軍が、ソ連軍の常套作戦によって後退し、日本軍がこれを深追いして、バイカル湖近くまでも進撃したら、冬将軍の出現する時節ともなれば、日本軍は先のシベリア出兵の二の舞を演ずることとなるかも計られず、日本こそ二正面作戦、否、全面作戦となって非常な苦境に立つべきは必至で、本件のごとき重大なる意見具申は、軽々にかかる場で決定せず慎重に取り扱うべきである」と発言し、S公使との間に二、三応酬があった。私としては、S公使が大島大使の意見を支持したことは、これを反駁するのに誠に好都合で、これが大島大使だけの意見だとすると、当時の大島大使の威勢に鑑み、正面切って反駁するのは多少遠慮したかも知れない。次に栗原大使が発言したが、私の意見を支持するものであったので、私もこれで孤立無援になることはないという自信を得、自分の意見を固持した。他にも発言があったが、それらはあまり態度をはっきりさせたものではなかったように記憶する。会議は長時間に亘り夕刻となったので、大島議長は本問題を表決に附することを提議し、自分の意見に賛同する人の挙手を求めたが、S公使が手を挙げただけで、他の何人も手を挙げなかった。私はこの時ほど外務省同僚の堅実さを有難く思ったことはなかった。流石の大島大使も、これ以上本件の討議を続けることなく他の議題の審議に移った。

朝九時に始まった会議は、昼食をはさんで午後五時に終わった。会議室を出て行くと、わが敬愛する先輩S公使は、私を呼びとめ別室に入って再び今朝の議論をむしかえしたが、加瀬参事官（故人）が心配して別室に入ってきた。

当時大島大使の意見は日本政府に対し大きな影響力をもっていた。これに慎重なるべきはずの在欧大公使が賛同して、対ソ攻撃の意見具申をしたとなると、如何にノモンハン事件以後の陸軍には対ソ慎重論が多かったとしても、或は不測の事態を誘導する緒となったかも知れないのである。

現に一九四一年六月、ヒットラーがソ連に兵を進めたとき、独ソ戦は三、四カ月で解決するというリッベントロップ外相の大島大使に対する言を、松岡外相は無条件に信用した。そして松岡外相の主張したように対ソ開戦に踏みきっていたとしたら、今頃日本はどうなっていたであろうか。おそらく日本は南北日本に分断され、ソ連が占領したであろう北日本は、永久に南日本とは独立した別の国家となっていたであろう。ソ連が一度介入したら、その戦果を絶対に手離さないことはあまりにも有名な事実で、その場合、日本は今の東西独逸と同様の運命を辿ったであろう。

一九四三年春のある日であった。私が駐ハンガリー公使として、ブダペストに着任してから、既に二カ年以上になる。東部戦線（独ソ戦線）の戦況は、決して独およびその同盟軍（伊、洪、羅軍）に有利ではなかった。ホテル・ドナパルトのリッベントロップ独逸外相の秘書官から電話で、今リ外相がホテルに着いたが、同外相が私に会いたいとのことであるから、都合がよかったらホテルにご足労煩わしたいとのことであった。何の用件かわからないので、一寸不思議に感じたが早速ホテルに赴き、リ外相に会った。リ外相とは、その前の年、同氏がブダペストに来たとき会談する機会があった、私がずけずけ東部戦線における独、殊に同盟軍（伊、羅、洪）の不手際を指摘するので、初めは不愉快そうに聞いていたが、終りには熱心に聞いてくれたことを記憶している。その後東部戦線の状況は私のいったよりもさらに悪くなったせいか、今度は本当に今到着したばかりだったらしかったが、ハンガリーの政府当局に会う前に私に会うことにしたらしい。開口一番、同外相は東部戦線の状況をどう見ているかと切りだした。私の東部戦況に関する知識は、主としてハンガリーの軍側の友人等から得たものを主とし、あとはB・B・Cのロンドン放送で補ったもので、大した機密情報というほどのものではないのであるが、戦局大体の動きは冷静に捕捉していたつもりであり、これによってソ連軍の次の動きを予想し得た。私は例によって独および同盟軍側の戦局の将来を、なるべく不利なように説明した。同外相が何のために私のような小ものの見方を熱心に聞くのか了解に苦しんだ。大島大使に対しては、常に独逸式の正確さで、独逸軍の優勢を強引に宣伝するリッベン外相である。もし独逸の隣国に駐箚する日本の公使が、東部戦況について日本政府に如何なる報告をしているかを探るためなら、何も忙しい時間を割いて、彼自身が直接私に聞かなくても、駐ハンガリー独逸公使をして、私の意見を聞かせればよい筈である。

話しているうちに、ハンガリーの総理大臣が約束の時間に同外相を訪ねて来た。彼は秘書官に「待たせておけ」といって私の話を、彼自身は何も言葉をはさまずに次々と、質問しながら聞いたが、あまりにハンガリーの総理を待たしてもと思って私は立ち上った。

その晩、ハンガリー総理の晩餐会で同外相と会ったが、彼は小声で、「今日はどうも有難う、大変参考になった」といった。思うにこうした不利な情報は、独大本営もリッベン外相には秘していたのであろうか。

一九四三年五月になって、ヴィシーの三谷大使が、ブダペストに、私に会いに来られた。

独ソ戦況について話し合うためであった。私は、リッベンに話したより一層露骨に私の知る限りを同大使に報告した。次で伊太利戦線についても話し合ったが、結局東部戦線はベルリンまでソ軍が来るには、未だ二年位はかかるとしても、イタリー戦線の危機は、もう目前に迫っているのではないかという結論に達した。三谷大使は今からローマの日高大使に会いに行くから、君も一緒に行こうといわれるので、私は翌朝《〔ママ〕》の列車で三谷大使に同行、ローマに行った。

ローマに着いてその晩日高大使に晩餐に招かれ、三人で時局について話し合ったが、日高大使は、マッケンゼン独逸大使の意見の影響かも知れないが、楽観的である。翌日私は、親友故加瀬公使（戦後の駐独大使）に伊戦線に関する意見を聞いたが、結局彼は私と同意見であった。しかし彼は彼の性格上、大使館の同僚にはあまりはっきり彼の意見を言わなかったらしい。その夜は駐ヴァチカンの原田公使に招かれ、三谷大使とともに原田公使の意見を聞いた。本当にそう思っていたのかどうか判らないが、日高大使同様楽観的であった。

翌朝三谷大使と私は、不安な気持を隠し得ないまま、シンプロン行の列車に乗り、スイスのベルンに夕刻着いた。阪本公使に招かれ、戦局について話し合ったが、彼一流の皮肉をとばしながらも、余り多くを語らなかった。頭のいい彼には、何もかも分っていたはずである。

三谷大使とはベルンで別れ、私はチューリッヒで列車を乗り換え、チューリッヒ湖に沿ってリヒテンスタインの国境に向った。するとチューリッヒ湖畔に、高さ一米位のコンクリートの角い柱がぎっちりつまって、幅十米位の帯状に湖水に沿って延々とチューリッヒ湖の東の端まで続いているのが見えた。言うまでもなく、これは独逸軍がスイスの中立を侵して侵入して来た場合の独逸軍の戦車の進撃を防ぐ対戦車防御帯であった。ヒットラーはベルギーを突破して、マジノ線の裏に出る作戦が英仏軍の抵抗によって不成功に終った場合には、スイスの中立を侵してマジノ線の裏に出る作戦も考えていたという人もあるが、その真否はさて措き、永世中立国なる条約上の地位を確保しながらも、実際上中立を維持するためには、これ程までに厳重な防御設備を整えなければならないものかと、つくづく感銘した。スイス政府は金塊をアルプス山中に埋め、万一独逸軍侵入の場合にはシンプロンとモントルーの間の谷間にこもって最後迄頑張る準備をしているとの噂が専らであった。

私はスイスとリヒテンスタインとの国境の町で一泊し、翌日は列車の窓から雪を戴くチロールの山々を眺めながら、欧州戦局の将来を案じつつ、ウィーン経由淋しくブダペストに帰任した。イタリーにバドリオ政権のできたのは、それから約一カ月後であった。

五、天皇に欧州戦況を御進講

一九四三（昭和十八年）九月〔ママ〕、私に対してパリに転勤命令が来た。その頃フランスではヴィシーに三谷大使がいて、パリに千葉公使がいた。ただし私の後任の森公使が着任するまでは、ブダペストに止まるようにとのことである。その後暫らく待って、森公使出発の日取りについて本省に問い合わせたのに対し、本省からの返電によれば、森公使の出発日取は未定であるが、来ることは来るらしい。

その頃独ソ戦線の戦況は、次第に独逸およびその同盟国軍に対して不利となり、独逸国内の物的状況も日を追って切迫しつつあった。これらの詳細をここに述べることは避けるが、私の駐ハンガリー公使としての使命は、これらの情勢を的確に判断して、本国政府に報告することにあった。しかしこれについては種々な困難があった。あまり本当のことを電報すると、東京およびベルリンで物議をかもす惧のあることである。従って従来は、なるべく遠慮がちに報告していたが、どうも東京ではピンと来ていないように感ぜられた。しかしもう転勤を命ぜられたのであるからかまわないと思って、その頃から少し露骨に実状を伝える電報を打ち出した。

スターリングラードの反撃で成功して以来のソ連軍の作戦は常に一定していた。東南端のスターリングラード附近の独逸軍の守備している部分を残して、南方に向って圧力をかけ、西南部に細長くのびた戦線の中で、順を追ってルーマニア軍、イタリー軍、ハンガリー軍の守備地域に向って、北から南へ向って切断する作戦をとった。専門家にいわせるとこれは非常に単純な作戦だそうであるが、当時のソ連軍の兵力と武器をもってすれば、必ず成功した。これに対し東南端にいた独逸軍も後退して西方に退き、戦線を整理すれば、兵力もさほど分散しないで済んだかと思えるのであるが、何とかしてコーカサスの油田地帯との連絡を実現したい独軍としては、どうしても思い切って西方へ後退したくなかったらしい。何時ぞや、カイテル独参謀総長がブダペストに来た時、独逸軍は対ソ作戦を継続するためには、ルーマニアの産油のみでは不充分で、どうしてもコーカサスの油田を確保する必要がある、と私に洩らしたことがある。

かくの如く東部戦線のソ連軍の反撃はこの単純な作戦を繰り返して西へ西へと押して来た。スターリングラード附近の独軍もついに多数の捕虜を残して後退した。イタリー軍およびルーマニア軍は既に壊滅に近く、比較的勇敢なハンガリー軍も相当の打撃を受けていることを思えば、独逸軍だけで必死の防戦に努めても、この調子で今後一カ年を経過すれば、ソ連軍は、北はワルソーより、南はハンガリーおよびルーマニアの東部国境近くに達することは殆ど確実であり、ルーマニア油田を失った独軍の戦闘継続能力は急激に低下することは明らかであった。一方イタリー戦線では、イタリー軍は次第にイタリー北部に追いつめられつつあるのみならず、今後一年以内には米英連合軍は、英仏海峡のどこかに大規模な上陸作戦を試みることとなることは明らかで、独逸としては動員し得る兵力の総てを動員しても、東はソ連軍の膨大な兵力には到底及ばず、またその同盟軍は全然頼りにならず、独逸軍だけで防戦しなければならない状況となる。これに加え、さらに西部戦線、南部（仏伊）戦線と兵力を分散する事態ともなれば、たとえ独逸軍が最後まで抗戦したとしても、独逸国内の食糧その他の物的事情から推算しても、その後六カ月を持ちこたえることがせいぜいと思われ、結局独逸は、この時期から一年乃至一年半以内には敗戦のやむなきに至るであろうとの結論に私は達した。

これより先一九四三年の春である。日本から大東亜戦争作戦指導の最高幹部が、欧州戦況視察のため、シベリア、コーカサス、トルコ経由でブダペストに到着した。シンガポール攻略の副参謀長岡本中将を団長とし、陸海軍参謀大佐、中佐二、三名だったと記憶する。

早速公使館で東部戦線の戦況について意見交換を行ない、私からは前記ソ連軍の一つ覚式作戦の確実性と、伊、羅、洪軍の志気の振わざることから推論して、地図により今後の戦線の動きと、その進展の速度が意外に早いであろうことを説明した。一行は熱心に聞いていたが、最後に岡本中将は「独逸軍もそう簡単には後退しないでしょう」と述べ、翌日ベルリンに向って出発した。

その後二、三カ月たって、前記一行中の参謀本部の甲谷大佐が、ブダペストに私を訪ねて来た。曰く「独逸大本営の説明も常に聴いているが、どうもそのようには進展しない。かえって先般貴殿がここで説明したような戦況になっていくようであるから、今一度ここで検討しよう」とのことである。二人で大いに議論を闘わしたことを記憶している。東部戦況については、ブダペスト駐在陸軍武官、林少将とも常に共同で研究した。随分長時間議論をしたが、結果的には二人共同じ結論となることがよくあった。そこでその結論を武官からも参謀本部に電報することを奨めると、武官は、「それは困る、公使から外務大臣に報告した方がよい」という。

余談が長くなってしまったが、あらゆる面から検討した結果、私自身としては、独逸は今後一年半、よほどよくいって二年位しか持たないということは動かすべからざる結論であった。日曜日など朝から深夜まで、書斎に引きこもって各方面からのラジオ、ニュースを聞きながら考え込んだことがよくあった。東京ではどうも欧州戦況を的確につかんでいないようだし、一日も早く東京に戦局の重大性を知らす必要を痛感したが、電報による報告は如何に限られた範囲に配布するものとしても、政府部内にある程度の衝撃を与える惧がある。さて如何にすべきかと連日思い悩んでいる矢先に、パリへ転勤命令が来た。後任公使は来ることは来るが、何時来るか判らない。それまではパリに行くなとのことである。或は欧州戦局について、あまり独逸側に有利な電報を打たない私に対し、軍部からある種の圧力がかかったものかとも思った。これは私が帰国後聞いた話であるが、東條首相が「どうも独逸の周辺には、米英の宣伝に乗っている公使がいる」とて《〔ママ〕》御機嫌が悪いので、君からの電報を内閣の方に回すのに困ったよ、とのことであった。

私がパリに赴任することは、さほど急を要しないらしい。かつ後任公使は何れ来ることになっている。独逸敗戦の時機を予想することは、日本の立場に直接重大な影響があることで、かりに私単独の意見でも、一つの参考意見として一刻も早く確実に伝達する必要があると思ったので、思い切って本省に帰朝の許可を得たい旨電報した。

二、三電報の往復があって、帰朝を許可する旨重光外相より電報があった。当時の外務次官松本俊一君の取計らいである。

帰朝命令は来たが、次はソ連の通過査証が果して得られるかどうかの問題がある。正確な数は記憶しないが、当時ソ連の通過査証を要請していた日本人は、外、陸、海関係者、民間関係者合計四、五十名あったということである。現にパリの私の前任者千葉公使のごときは、パリを離任し、イスタンブールでソ連のビザを待っていた。ところが一九四三年十月中旬かと思うが、私と在独牛場書記官（後の駐米大使）、道正通訳官、それに古河工業、日本楽器等の優秀なる技師三、四名に査証を与える旨ソ連政府から日本政府に通告があった。

未だに時々思い出すことであるが、ずっと後から査証を求めた私に、どうしてこんなに早くビザが来たかということである。先に独ソ戦が始まり、ハンガリーも対ソ参戦するまで、ブダペストにいたソ連公使とは、どういうものか私は懇意にしていた。彼はその前、駐ポーランドソ連大使として活躍した優秀な外交官であった。モスコウに帰ってからも外務省の重要なポストにいたことは想像される。或は彼が私のビザを早めてくれたのか、とも思った。彼とのブダペストにおける交際については、先の項で述べた通りである。

牛場書記官一行がベルリンから来て、共にブダペストを出発したのは、一九四三年（昭和十八年）十一月十一日頃だったと思う。一九四四年一月四日東京に着くまでのソ連横断旅行は、一生に二度と経験出来ない痛快なものであった。これは相当長い話となるので別の機会に譲ることにする。

トルコからコーカサスに入り、カスピ海を渡って草原を東北上し、シベリア線に出て、一九四三年十二月末、新京に到着した。花輪参事官の案内で、梅津関東軍司令官兼駐満大使を訪問した。丁度梅津司令官は牡丹江から来た山下奉文大将等と重要会議中であったが、出て来られて、私に対し「あなたの話は、是非ゆっくり聞きたいから、明晩夕食に来て下さい」といった。梅津将軍の人柄を或る程度知っていた私は、「是非聞いて戴きたいと思います」と答えて、翌晩将軍には、或る程度欧州戦局の真相を話すつもりであった。ところが宿舎に帰ったら、どうも寒気がする。熱を計ったら三十九度何分かあって、医者は明晩は外出してはいけないという。こういう次第で、未だに梅津将軍に報告できなかったことを残念に思っている。

一月四日〔マヽ〕夕刻東京に着いて、五日午後重光外相に会って、限られた時間ながら欧州殊に東部戦況を簡単に説明し、独逸の運命は約一年半で決定する旨を加えた。重光外相は例のむずかしい顔をして、私の報告を聞いていたが、最後に「流石に君はよく見ちょるなぁ」といった。私は外相もよく理解してくれたようだし、自分が無理して帰朝した意味もあったなと思って、肩の荷を下したような気持になった。

松本次官には独り会って詳しく報告した。彼はよくわかってくれた。そして日本としても、あまり遅くならないうちに、今から独逸敗北のときに取るべき態度について準備しておく必要があるとして、時々二人きりで会談することにした。翌年終戦に際して松本次官が、東郷外相を補佐して如何に奮闘したかを知っている人には、松本次官のこの態度は当然のことと思われるであろう。

その頃海外から帰朝していた大公使級は、戦時調査室という部屋に机を並べていた。私が重光外相に欧州情勢を報告してから五、六日目である。室長格の堀田大使から、戦時調査室で「大東亜共栄圏の理念について今一応研究せよ」との重光大臣の命令が伝えられた。実をいうとそのとき、私はまだこんなことを言っているのかと呆れてしまったが、あとからよく考えて見れば、重光氏は元来中国とはどこまでも共存共栄に徹する思想の持主であったから、敗戦を予知した彼外相は、この理念を国内的に活用して、国内の強硬論者を抑え、まず中国と寛大な条件での和平を促進しようという考えであったかも知れない。

省内の幹部とも種々懇談したが、日本としても早く何とかしなければならない、という私の意見に対しては、「今更そんなことをいっても」という意見が多く、ただ門脇総務課長だけが、独逸敗戦のときには同時に日本も停戦すべきだとの意見だったことを記憶する。

私が帰朝したことを聞きつけて、ベルギー時代の上役だった芦田均代議士が欧州戦況を聞きに来た。私は兼任の総理大臣秘書官時代に、国体明徴論に関連して政府に痛烈な質問をした芦田代議士の奮闘ぶりをよく知っているので、うっかり欧州戦況について真相を話そうものなら、直ちに国会の質問の材料にされることを惧れたから、芦田氏に対しては、「独逸はまだ大丈夫です」と簡単に答えてお茶をにごしてしまった。未だに芦田先輩には、相済まぬことをしたと思っている。

そのうち大政翼賛会から、講演に来てくれといってきた。どうせ本当のことは話せないからと思って、断り続けた。次に参謀本部から話しに来てくれといってきたが、これは断わると事面倒だと思ったので、牛場書記官に話して貰い、私は質問を受けることにした。

牛場君が適当に参謀将校三、四十名に一般的に説明し、私に対する質問も有末中将が適当に打ち切ってくれたので助かった。当時到底ありつけないすき焼の御馳走になって帰った。

さて重光外相が欧州戦局に関する私の報告を是認しながらも、結果的には大東亜共栄圏理念の検討という命令となって表われたことについては、私も失望の念を禁じ得なかったが、一九四四年一月中旬、私が帰京してから十日以上過ぎた頃、松平恒雄宮内大臣から、欧州情勢を報告に来るようにとのことであった。早速宮内省に赴き、宮内大臣室で、幸いに大臣独りであったので、約二時間半に亘って詳しく説明した。

松平宮相には比較的遠慮なくお話しし得る立場にあったし、松平宮相から軍部の方へ洩れる心配もないのみならず、必ずや天皇のお耳に入ることもあろうと思ったから、何の遠慮もなく洗いざらいお話しして、結論として独逸は、この時から約一年乃至一年半しか持たないであろうことを報告した。私はこのときほど、さばさばした気持になったことはなかった。

翌朝、何か自分の外交官としての任務を果したような気持で、ある種の満足感を感じつつ戦時調査室に行って見ると、松平宮相から電話で「君の報告は非常に重要であるから御進講の手続をとる。その日時は追って通知するが、御進講に際しては、自分（宮相）に報告した通りを申し上げるように」とのことであった。松平先輩なればこそ、思い切って何もかも、しかも自分の意見を加えて報告したのだけれども、陛下に対し、日本の陸軍が当時最も頼りとし、かつその勝利を信じて疑わなかった独逸が、一定の時期に負けること、しかもその時期を予見して申し上げることは、如何にも当時の言葉では宸襟を悩ますこと、御心配をかけることになりはしまいかと考えた。未だ昭和十九年の初めであるから、独逸が一年半以内に負けるのだと断言するには、ある程度の勇気を要する。相当の反響を予期せざるを得ない。しかし最近枢軸国から帰朝した唯一の外交官としてその冷静に判断したところを申し上げるのは当然の責務であり、もし自分が申し上げなければ、誰もこんなことを申し上げるものはなく、未だ独逸は当分大丈夫だと思っておられるかも知れない。

まったくその頃の日本というものは嘘の塊であった。外務省関係のものは勿論、陸海軍の中にも判りのよい人は判っていたに違いない。しかし何かを恐れて口に出さない。形勢が悪いのを、よいように説明する、或はごまかしてしまう、これが普通のことであった。松平宮相は自分に報告した通りを御進講申し上げろという。

私としては、甚だ困惑したのであるが、宮相の気持はよく了解できた。本当のことを陛下のお耳に入れておく必要があると思ったからであろう。

百武侍従長から、二月二十九日（閏年）午前十時《〔ママ〕》から御進講申し上げるようにとの書翰を受領した。私は、所定の時間に宮中に伺い、侍従の案内で、御進講の間に入った。侍立するのは侍従長と宮相だけだと思っていたから、宮相の命令どおり、宮相へ報告したことを短縮して申し上げればよいと思っていた。ところが、入って見ると侍従長、宮相の外に侍従武官長をはじめ、四、五人の陸海軍侍従武官がいた。これは困ったなと思った。しかしここでひるんでしまっては、今までの自分の窃かなる努力が無になってしまうと思った。

約四十分位だったかと思う。宮相へ報告したことを、今少し和らげて、しかし結局同じことを御進講した。その間、陛下は非常に熱心に聞いておられた。勿論充分御理解戴いたと思う。御下問は核心に触れるような点についてではなく、米、英空軍の独逸爆撃についてであった。

それから私は待命になった。そして約一年以上を経過した。長い一年であった。戦局は欧州でも東亜でも、一年前とは比べものにならないくらい悪化した。日本本土に対する空襲は、日増しに激しくなった。

昭和二十年三月中旬家族を疎開させる準備を終わった頃、沢田次官から呼ばれた。要件は、空襲はますます激しくなり、軽井沢に疎開させてある中立国公使連中が、外務当局と折衝するため上京するのが危険となったから、軽井沢に外務省出張事務所を設けて、その地で折衝することとするから事務所長として赴任せよ、とのことである。戦局の進展に伴い、大本営が長野県松代に移るような場合には、外務省幹部は軽井沢に移ることとなるらしく、その準備もある。しかし一番厄介な問題は、軽井沢にいる数十名の外国外交官に食糧を供給することである。この問題だけは私も自信がなかった。そこで次官には、遺憾ながら自信がないからといって、他の何人かに命ぜられるようお願いした。ところが、翌日幹部会を開いた結果、「東京の空襲を逃れて、あんなよい所に行くのを断わるとは、大久保も馬鹿な奴だ」ということだったそうで、是非共考え直すようにと柳井条約局長が忠告しにやって来た。

結局軽井沢に赴任することとなった。事務所の準備、スタッフの陣容等に暇取って、四月になった。四月初め鈴木内閣が成立し、外相は重光外相から東郷外相に代った。軽井沢に赴任の前夜、東郷外相に夕食に招かれ、独り東郷先輩とお話しする機会を得たので、「大臣、何れ近くソ連が宣戦してくるでしょうが、そのときは戦争はもう止めでしょうな」といってみた。外相は顔を緊張させて「そのことは、迫水書記官長によくいっておけ」と答えた。迫水は私の甥に当る〔ママ〕ので、早速この東郷外相の気持を伝えておいた。

四月中旬、軽井沢に着任した。事務所は三笠ホテルで、スタッフは工藤参事官以下四、五名であった。先に次官会議で、沢田次官から、大久保を出張事務所長として軽井沢に派遣する旨披露された結果かどうか判らないが、軽井沢駅前の油屋旅館は、憲兵隊の宿舎となって憲兵二、三十名が、私の赴任を待っていたかのようであった。表面上の理由は、軽井沢の外人の活動を取り締るためというのであるが、その後の彼らの行動から、私等の行動を監視するためであったことは明らかであった。

着任後早速来栖先輩を訪問した。ところがどうも私がスイス公使と交渉――それも和平交渉の地ならし――のために軽井沢に駐在するという噂が専ららしく、来栖さんはそれを大いに期待していた。来栖さんは近衛公を訪問しろというので、その足で近衛公を訪問した。すると近衛公は、何とかスイス公使と接触の機会に交渉して、よい条件で和平の話に入れないものかと非常な熱のこもった質問である。私も一寸つられて、「それは政治家の腹一つにかかりますよ」と答えて見た。公がその意味を聞くから、「今となっては無条件降伏以外には和平の途はないと思います」と答えると公は、ウー、といって考えこんでしまった。その頃の日本の為政者に共通な和平に対する未だ甘い考え方である。近衛公はその後二、三日で東京に帰られたようである。近衛訪ソの問題の頃であったから、その関係の用件であったろう。

最後にこれは戦後の話であるが、朝鮮事変の最中、私は衆参両院の法制局長等と共に米国に出張し、平和条約の準備も兼ねて米国要路の人びとの話も聞いた。一夕、グルー元駐日大使を訪ねて見たら、大使は非常に喜んで戦時中の種々の面白い話をしてくれた。その中で覚えているのは（彼は戦争後半は国務次官だった）「自分は、一日も早く日米間戦争の終結を希い、『講和の条件としては、日本の皇室の問題には触れないといえば日本は必ず講和の話にのってくる』と主張したが、誰も相手にしてくれなかった。そして今になって君のいうことは正しかったといってくる。もう少し講和が早ければ悲惨なことにならずに済んだのに」と残念がっていた。

＊　＊

ワシントン滞在中各方面のブリーフィングが大抵四時半頃には終わるので、それから米国上院の傍聴に殆ど毎夕出かけた。時は朝鮮事変の最中なので、上院では外交論戦が華々しく行なわれていた。共和党の議員連の論旨は「ソ連をあれほどまでに極東にのさばらせたのは誰の責任か？　ソ連を対日戦に引き入れたのは米外交の大失敗で、米国は独力で日本を屈伏させ得たではないか」と、ルーズヴェルトの名こそ出さなかったが、デモクラットの対ソ政策を痛烈に批判し、それに対し民主党の議員連は、米国だけでは数百万の米国青年が日本の上陸作戦で戦死したであろうと反駁し、同じような論戦が連日続いていた。

（昭和五十一年六月記）

❖ 総理大臣秘書官時代の岡田啓介総理の思い出

◎前掲の『回想』を出版の際、あまりにも生々しいと掲載をとり止め、没後にあらわそうとしていたもの。

岡田総理は常に当時の陸軍の行動に殊に在満陸軍、即ち関東軍の行動に非常な関心を示して居られた。それは関東軍の行動は直ちに対外的、即ち対中華民国及び対蘇関係に重大なる影響を生ずるので同総理の極東平和の維持の理想から云っても在満陸軍の越権行動は直ちに国際的波紋を生ずるものとして、常に非常な警戒の眼を見はって居られた。果たせるかな昭和十年七月関東軍の一部は長城を越えて北支にはいった。総理は外《ソト》には余り表わされなかったが、内心強い憤懣を禁じ得ない様子であった。丁度其当時、何のためのレセプションであったか記憶しないが、朝野の名士を招待したレセプションが総理官邸で催された。勿論東京駐在の各国大公使も招待された。大国の各大使は大抵総理に対して普通の挨拶の外は総理官邸の庭が美しいとか何とか、全く時局に関係のない話を一寸する程度であったが、独り蘇連の大使だけは、総理の側に人が少くなった時を見計って総理の側に近づき在満陸軍の一部が長城を越えたことに付て総理の意見を質した。これに対して総理は即座に「自分が現在の職務にある限り絶対に国際的に問題となるような行動は許さない」と答へられた。蘇連大使はしつこく質問を続けたが、総理は同じ返事を繰り返されるだけであった。蘇連大使は多少不満のような面持であったが同時に安心した様子で立ち去った。岡田総理は対ソ関係には細心の注意をもって臨まれたが、右の蘇連大使に対する総理の即答は恐らく同大使により直ちにモスコー政府に報告されたらしく同政府も右総理の明答に信頼して其後事態の成行を見ていたものの如くである。

総理は外交の面に関しては大抵のことは当時の広田外相任せであったようである。重大な外交案件は総て広田外相より直接総理に報告され或は閣議に於て議決されたようであって、倫敦の海軍々縮会議に関する事項を除いては委細に亘って指示されることはなかったのではないかと思われる。総理としては更に大所高所に立って満州事変以後に於ける日本の国際的地位の確保、換言すれば、満州事変に依って生じた列強との間の国交上の間隙を如何にして元に還すかに付て常に苦慮され、従って英・米・中・蘇との友好関係の恢復に意を用いられた。

一例を挙げれば、英国の国祭日等には自ら英国大使館に赴き英国大使に対して、日英両国間の伝統的友好関係をじゅんじゅんと説いて旧の友好関係に一日も早く立帰らんことを希望し、又偶々当時の米国副大統領が、フィリッピンに赴く途中、横浜に立ち寄った際にも、目本食に招待して手厚く持てなされた。

追記　その頃の話であるが総理は何事に付ても比較的判りした見透しを持って居られた。大東亜戦争の成行に付ての見透しも判りしていた。即ち欧羅巴に於ては、独逸は早晩敗北するしそれに続いて日本も手を挙げざるを得ないような状態に立至ることを判り意識してをられた。これが大戦末期に於ける同氏のあらゆる方面の政治活動に表れて来ている。元来同氏の最も希望した処は日支事変を一日も早く終結させることにあったであろう。而して英米との戦争になるが如きは極力之をさけたい希望であったであろう。然し自分の意見は重臣会議に於ては常に少数意見であり、其意見は屢々陸軍側に洩れて陸軍の一部からは国賊の如くにらまれていた。不幸にして大東亜戦争は始まってしまった。同氏独りの努力では如何にすることも出来なかったであろう。然し其後の同氏の努力は如何にして戦局の未だ日本に不利でないうちに一日も早く戦争を終結させるかにあった。同氏は自分の意見が当時の政治家の中でも極く少数意見であり、自分独りの力では如何とも度し難いことをよく知っていた。従って同氏の努力は東條内閣に代って今少し戦局の将来に見透のきく内閣の出来ることにあったようである。米内内閣の出来たのも同氏の努力があづかって力あった訳である。然し同氏が最後の御奉公として最も力を傾とうされたのは鈴木内閣の成立の時である。鈴木内閣は成立の時はカモフラージされていたが、同氏等の腹の中ではこの内閣こそは戦争を終結に持って行くことを使命として持っていた。従って外相の選定は組閣人選の中で最も重大なる点であった。

❖ 終戦時に於けるドイツと日本

◎昭和五十三年十二月二十五日の講演を書き起こしたもの。

一九三九年一月に平沼内閣ができたが、できた翌日にはもうドイツから三国同盟の交渉に入ることについて、申し出があった。そのころ私は条約課長をしていたが、上司が「どうも日独伊三国同盟は結ばなくちゃいかんようだ。これを結ばないと、また、二・二六事件みたいな事件が起るらしい。だから、草案を書いてくれ」と。そこで、私どもはドイツが英、仏と戦争に入るような事態が起こった時に、日本がこれに巻き込まれないような条約案をつくったわけです。なるべくこちらの態度を保留し得るような、できたら中立と。中立ができなかったら、経済的援助くらいの程度と。とにかく武力援助等に入ることは絶対に避けるような案だったわけです。

五相会議でこの条約案を審議していたが、ドイツ側はどうしても英、仏を対象にし、かつ武力援助にも直ちに発効させるような条約にしたいという強い希望があって、こういう条約でなくちゃ締結しないというような態度。板垣陸相はドイツ側の言う通りにしないという条約は結べないという立場から、常に外務省案には反対したわけです。もちろん海軍も、大蔵大臣も賛成であったが、常に陸軍はこれに反対した。そのころ米内さんが板垣陸相に「一体三国同盟を結べば日華（支）事変は解決するのか」というようなことをいったそうだが、板垣陸相もこれには返事ができなかったらしい。要するに陸軍としては日華（支）事変で全く泥沼に足を突っ込んだような格好になっている。それからソ連との間はノモンハン事件以来、非常に険悪な状態。まず国民の軍に対する信頼をなんとか回復したい。これにはちょうどドイツ側からいってきた三国同盟を結んで、軍の立場を強化するしかないと、非常に熱心であった。そのころ陸、海、外の事務当局で会議をやったが、海軍と陸軍の意見は衝突する場合が多かった。陸、海の意見が衝突した時に私が「アメリカの重工業力を無視することは、非常に危険である」といったところ、陸軍の中堅所から、アメリカの工業力なんていうようなことをいってちゃ何もできないというような、非常に強い抗議が出た。海軍が何か反撃するかと思っていたが、海軍も何もいわなかった状態。これは陸軍としては、是が非でも三国同盟を結んで、軍の威信を保とうと、回復しようということにあるんだということがはっきりしたわけです。この五相会議は数十回行われたようだが、結局、独ソ不可侵条約が三九年の八月にできて、全部が御破算になってしまった。我々外務当局としては、やれやれと。同時に欧州第二次大戦が九月には始まったわけですから、日本としてはこのヨーロッパの戦争の結果をじいっと、見ておればいいんだと。我々外務官僚としては、これで日本も第二次大戦に入らずにすむんじゃないか。日華（支）事変を解決すればこれでいいんだという安堵の気持ちであったわけです。

そのころ、陸軍の武藤軍務局長などが、我々外務省の中堅部を晩餐に招待して、しきりにこの際日華（支）間の問題を解決したいというような誠意を披瀝して、我々の協力を求めたこともあるわけです。もちろん大いに協力しましょうということで、その後、いろいろ工作が行われたようだが、私はこの日中間の関係については、直接タッチしていなかったから、よく知らない。ただ、その後しばらく欧州の情勢を見ていたが、ドイツがだんだん欧州を席巻するような、ドイツに非常に有利な状況が出てきて、これにかなり動かされる軍部の面もあったようです。

一九四〇年の春、ある日（土曜日だったが）私のところに陸、海の中堅部がやってきて、「実は急に日本とソ連との間に中立条約を結ぶことになったから、条約文を今日中に書いてくれないか」と。「それは一体ほんとうなのか」「いや、もう欧州局とは話はついているし、陸軍、海軍の意見は一致している」。そこで、後の駐米大使となった下田君と二人で、その晩、中立条約案をつくったわけです。翌日曜日に陸、海、外が集まって協議をして、夜中に案文をまとめて、月曜日には持ち回り閣議で決定して（火曜日の閣議を待たずに）東郷駐ソ大使に訓令が出たわけです。東郷大使は七月になって、これをソ連側に出してモロトフと話し合われたわけです。いろいろ意見があったようだが、電報によると、モロトフは初め北樺太の利権とか漁業の問題をいっていたが、最後にこういう条約を日本と結ぶと、英米に対してどうもソ連の立場が具合い悪いというようなことを、非常にフランクリーにいったようです。で、ソ連はいくいくはドイツとぶつかる。その時には英米を味方にしなくちゃならんということを考えているということが、はっきりわかったわけです。そういうわけで、あまりソ連側は乗り気でなかったわけです。しかし、それ以来、ソ連の態度はよくなって、これが後日、松岡さんがスターリンと会って、四一年に中立条約を結ばれる時の素地をつくったものと思われる。

いずれにしても、この中立条約については陸軍は非常に熱心であった。なんとかしてこれを結びたいという気持が強かったから、モロトフに日ソ中立条約を拒否されたことは痛かったようです。それ以来、なんとかして日ソ中立条約を結びたいと、ドイツの斡旋でひとつ結びたいというような意見が、軍の方に出たようです。陸軍では、ドイツは独ソ不可侵条約を結んでいるわけだから、ドイツとソ連とは非常に仲がいいんだと、決め込んでいるわけです。ひとつドイツの力、斡旋によって、日ソ中立条約を結びたいというような意見がかなり強まって、大島大使からリッベンにも頼まれたが、電報で見るところでは、リッベンドイツ外相はあまり乗り気でなかったようです。つまりドイツとしても、将来ソ連とどういう関係になるかわからない。そういう時、日本に中立条約で逃られちゃ困るというようなことも考えていたんでしょう。あまり熱が入らなかったようです。

軍ではますますあせって、これは日本が三国同盟を結ばないから、ドイツが一向日本のために日ソ中立条約の斡旋をしてくれないんだという意見が出て、まずこのために三国同盟を結ぶと。軍にはいろんな意見があったようだが、三国同盟を結んだ上で、ソ連を同盟じゃなくても、そのグループの中に入れて、ヨーロッパとアジアの大ブロックをつくると。そしてアメリカ、イギリスに対抗しようというような、非常に誇大妄想的な意見が横行したように思われる。軍でもまじめにそういうことを考えていたようだが、なかなかそう簡単にはいかなかったわけです。

私がハンガリー駐在公使から一時帰朝した際松平宮内大臣から電話がかかって、ヨーロッパの戦況報告をするようにということであった。これは松平宮相に申し上げておけば、陛下のお耳に入ることだと思って、洗いざらいヨーロッパ戦況（あと一年半ないし二年でドイツは敗北する）を、約二時間くらい松平宮内大臣にお話ししたわけです。松平大臣は聞いておられたが、翌日松平宮内大臣から電話がかかってきて、おまえの話は非常に重要だから、これはひとつ天皇陛下にご進講申し上げろ。ご進講に際しては、自分にいった通りを申し上げるようにということであった。そこで同じ結論を申し上げた。

いろんな時代を通ってきたが、三国同盟締結までは、日本さえじいっとしていればそう重大な事態にはならないであろうということが考えられたが、いよいよ日本が太平洋戦争に入らざる得ないということになったのは、なんといっても独ソ戦であります。独ソ戦でドイツは三、四カ月で勝つんだ、終了するんだということは、日本の陸海軍を刺激したようです。いわば急がしたようであった。これはうっかりするとバスに乗り遅れると、早く、ドイツの作戦が終了するまでには、日本も態度をはっきりして、できるものならラインに対する権利等も確保しておかなくちゃいかんと、非常に甘い考えであったんじゃないか。独ソ戦の非常に形勢が悪いということは、私どもにも独ソ戦の始まった秋くらいにははっきりわかっていたが、何分にも日本が太平洋戦争に入る準備をしているなんていうことは全然知らないもんだから、何も思い切って報告することもできなかった。あるいはその頃、ベルリンに東郷大使、重光大使級の俊敏なる外務省の大使がおられたら、独ソ戦の始まった秋ぐらいに、到底ドイツはソ連には勝ち目はないということをはっきりいわれたでしょうし、これをいわれたら、その前に廟議が決まっておっても、あるいは独ソ戦の結果を待つということになったかもしれない。パールハーバーの始まる頃には、もう独ソ戦の状況は全くドイツ側に不利になっていた。あるいはその頃にドイツは勝てないんだということを軍の中央部で知っていたら、太平洋戦争は既定の事実のようであるが、少し延ばすか、あるいはこれに関連した対米交渉ももう少しゆとりのあるものにしたんじゃないか。ああいうふうに最後通牒を持ち出すような態度で、独ソ戦の決着する時期と見合うように戦争に入るような事態を作ったことは、誠に残念なことであると思う。これは今からいっても何も取り返しのつかないことでもあるが、そのことを私は非常に残念に思うので、ここに私の考えを申し上げておきたい。

もう一つ、述べておきたいことは、太平洋戦争は日本の軍が勝手に引き起したようにいわれるかもしれないが、これはドイツ・ナチスがああいうような戦争をおっぱじめたのとは、およそ意味が違う。日華（支）事変に入ったことは、非常な軍の誤りであったが、それ以後はなんとかして支那（日華）事変を収拾しようという努力はしたようであります。それからソ連に対しては、ノモンハン以後非常に用心深くなっていたが、最後の太平洋戦に突入するのは、独ソ戦でドイツが勝つという早合点をした。で、急いでこれはやらんといかんということになったようです。あとから昭和十六年の秋へかけてのいろんな対英米戦争の準備の具合いを見ても非常に急いでいる。そしていろんな条件を対米交渉でも出しているが、中国からの撤兵には絶対に応じまいとか、なかなか強気だが、これはドイツが勝つと。ドイツが勝てば、日本の立場ももちろん強くなるということを前提にしていたのではないかと思えるわけです。誠にどうも残念なことと思う。満州事変から始まった軍部外交の成功ということは、非常に不幸なことであったが、ノモンハン事件以後は、陸軍が非常に慎重になって、ことに対ソ戦に介入するというようなドイツの呼びかけ通り動くというようなことはなかった。それが今日、日本がソ連に占領され、二分国家になっているというような事態を避けることができたと思うわけです。非常に雑然と述べたが、これをもって推測願うことにする。

おわりに

秘話というものは、往々にして身内から出てくるものではないかと思う。本省の命令に背いて大勢のユダヤ人に通行ビザを発給したリトアニアの杉原千畝領事代理も、ソ連はドイツ降伏三か月後に対日参戦するという超極秘情報を入手して本国に打電したスウェーデン駐在武官の小野寺信《まこと》大佐も、ご本人は生前に何も語らず、最初に本にして世に出されたのはご夫人だった。

本書の主人公である大久保利隆は筆者の父方の祖父であり、大久保が『回想』に書かなかったことをただ一人明かした長男利宏は筆者の父である。祖父は九二歳で亡くなる日まで頭はクリアだった。記憶力もよく、銀行の定期預金のうち、どの預金がいつ満期を迎えるかまで覚えていた。その祖父から「お前だけに話しておく。よく覚えておくように」と明かされた話を、父は八〇代まで忠実に記憶し、筆者に語り伝えた。本書は、祖父が体験し、父が語り継ぎ、筆者が書きまとめた「三世代にわたるリレー」といえる。

とはいえ、人の記憶には思い違いや誤りがつきものなので、『回想』の記述と父の証言の裏をとるため、関係者の回想や記録を集め、日本、アメリカ、イギリスで当時の電報や文書を繰った。その結果、『回想』の記述のうち、一次史料から誤りが判明した箇所については当然一次史料を採用し、確たる証拠はないが事実と思われる箇所については『回想』や証言を採用した。また、今となってはどうしてもわからないことについては、空想で埋めることをせず、あえて不明なままとした。例えば、東京駅出発の日にちは『回想』には一月四日と記されているが、祖父が『回想』より前に記した文書では一月五日と書かれている他、同日に出発したと思われる小野寺武官も、夫人が五日と記述していることから、本書では五日を採用した。また祖父がドイツ敗北を最初に予感したというハンガリー軍第一陣の帰還式典の開催日は、『回想』では日米開戦直前になっているが、日本ハンガリー学会代表の家田修先生のご支援によりハンガリーで調べていただいた結果、開戦直後の一二月一四日だったことが判明した。だが最近のリサーチで、日米開戦前の一一月一七日にも、小規模な帰還式典が、ホルティ摂政も出席してハンガリーの国会議事堂前で開催されたことがわかり、あるいはこちらだった可能性も排除できない。さらに、「三国同盟に賛成しなければ、お前などハルビンに飛ばして外交官人生終わらせてやる」と脅されたことについては、この発言者が誰だったのか、祖父は明かさなかった。人事権を握っていることから外相と思われ、松岡外相と推測されたが、確たる証拠は見つけられなかった。海軍の沢本頼雄次官の日記に、「外務省の寺崎太郎アメリカ局長が、松岡外相から〝対米交渉打ち切り〟という内閣の方針とは正反対のことを指示され、〝従わなければクビにする〟と脅された」と書かれていることを知り、言い方が似ていることから、発言者はやはり松岡外相だろうと思った。したがって脅された時期を、前書での防共協定強化問題の頃から、本書では三国同盟締結直前に移した。ただし、発言者は依然特定しない形で書いた。

父から聞き継いだ数々のエピソードは本文中にちりばめたが、そのうち二つについて補足したい。一つは、「ハンガリー公使の辞令を受けたとき、松岡外相から〝三国同盟状況をハンガリーからウォッチせよ〟という密命を受けた」というもの。その意味を父に問うと、「大島大使をウォッチせよということではないか」という答えが返ってきた。一国の大（公）使は本来は同列だが、松岡外相は大島大使にドイツ周辺国の公使を監督する権限を与えたといわれる。もし父の言う通りの意味ならば、松岡外相は部下である祖父をずいぶんと苦しい立場に置いたことになる。

二つ目は、「ヨーロッパからドイツ不利を打電し続けたのは二人だけだった。自分と、もう一人はスウェーデンにいた人だ」という言葉。先述したスウェーデン駐在武官の小野寺大佐のことと思われる。小野寺大佐と祖父は、赴任時に敦賀からウラジオストックまで同じ連絡船に乗り、その後のシベリア鉄道も一緒だった。祖父の手紙には、「ウラジオストックで、スウェーデンに向かう小野寺武官が（長男）利宏のために靴を買ってくれたので、クーリエ便で送る」と書かれており、出会って早々に気が合ったようだ。

条約局長でありながら三国同盟に反対した三谷隆信が、責任を取らされる形で、本来の大国の大使ではなく小国スイスの公使に任じられたことは本文に記した。ここでもう一人、三国同盟に反対して不条理な目に遭わされた外交官について記しておきたい。

それは、アフガニスタン公使を務めた小林亀久雄だ。小林公使については、わずかに筒井ルーマニア公使が記している。それによれば、ドイツ語の大家であり、大変な勉強家でもあり、ドイツ事情に精通していた小林は、ドイツとの防共協定を強化して軍事同盟化することに大反対で、「日本がナチにだまされ利用され、国運を危うくするのを黙って見てはいられない」と、当時総領事をしていたジュネーブからベルリンへと出向いて、大島大使と激しくやり合った。ところが、松岡外相から「貴官の電信は不吉なり」と叱責され、アフガニスタン公使に左遷されてしまう。体調が思わしくないまま赴任した小林は、着任後まもなく病死してしまう。筆者は前書を上梓した後、青山葬儀場での葬儀に参列したという甥御さんから直接お手紙をいただき、「伯父についての情報はないか」と尋ねられたが、力及ばず、それ以上の情報を見つけることはできなかった。小林公使の信念ある行動を、せめてここに記しておきたいと思う。

外交官以外でも、ナチス・ドイツの政策に批判的だった者は冷遇されている。近衛文麿首相の異母弟で、「日本のオーケストラの父」と言われ、日本人として初めて海外のオーケストラを指揮した近衛秀麿《ひでまろ》は、ベルリンの日本大使館に出入りしながら、おおっぴらに反ナチス的な言動をとり、ユダヤ人の救出活動もしていたという。そのため大島大使とナチス・ドイツのゲッベルス宣伝相から、ドイツ国内での演奏活動を停止させられるなど、数々の嫌がらせを受けたと記している。大島大使と近衛秀麿の不仲は、ベルリンの日本人の間でも有名だったという。

前書上梓後、いただいた感想の中でとりわけ多かったのが、長年組織の中で働いてきた五〇代、六〇代の男性からの共感の声だった。組織や上司との意見の相違、圧力、板挟み、不条理な人事など、ご自身の体験と重なることが多いようだ。「マイナス情報がトップに届かないのは、トップか報告すべき立場の人物が無能なのだろうと思っていたが、いざ自分がトップに報告する立場になったとき、ことはそう簡単ではないことがわかった。それだけに、大久保公使の行動には心揺さぶられた」という感想もいただいた。

「組織の有り様について考える、経営書としても読める」という興味深い感想もあった。組織の体質は、戦前も戦後も変わっていないようだ。感想の中には、「後になって、実は自分は反対だったと言い出す人が多い」という批判もあったが、三国同盟が、本来一番の担当者であるはずの条約局が一人も関与しないまま締結された事実を見ても、当時反対を表明していたことは明らかだと思う。また大島大使については、マイナス情報を上げさせなかった責任はたしかに大きかったと思うが、都合のよい情報だけを求め、希望的観測で政策を決定した、松岡外相や東條首相ら政策決定者の責任はさらに大きかったと筆者は思う。そして同じ傾向は、今の為政者にも見られると思う。

二〇二一年八月、NHKのBS1スペシャルで、「ヒトラーに傾倒した男～A級戦犯・大島浩の告白」と題したドキュメンタリーが放送された。番組は、初公開となる大島大使の最晩年のインタビューを中心に、日本、アメリカ、ドイツの名だたる三国同盟研究者や関係者に取材したもので、僭越ながら筆者も取材を受けた。大島のインタビューテープは、三国同盟研究の第一人者である明治大学の三宅正樹名誉教授がまだ若かった頃、大島の自宅に通い、「あなたにだけ本当のことを話す」と言われて録音を許可されたという、大変貴重なものだ。大島は、ヒトラーとの親密ぶりや三国同盟成立の経緯について、饒舌に語っていた。と同時に、「自分はドイツが勝つだろうという前提に立っていた」、「ドイツの軍事力しか見ていなかった。軍力《ママ》だけで勝つだろうと思い、経済力、生産力なんてものは全く見ていなかった」と自らの非を認め、「私は自分の責任を非常に痛感しますね」とも語っていた。さらに、東京裁判において事実と異なる答弁をしたことや、「戦争責任がほとんどない廣田元首相が死刑になり、自分は死刑を免れた。本当は逆だ」とも語っていた。

本人の肉声での証言は、やはりインパクトが違う。放送を見ながら、三国同盟に反対した外交官たちがこれらの言葉を聞いたらどのような気持ちになっただろう、と思わずにはいられなかった。

番組はその後何度も再放送された上、担当された増田剛記者が本にまとめ、同名のタイトルで二〇二二年に論創社から出版された。

歴史のみならず、物事は何であれ多角的に見ることが大切ではないかと思う。本書を通して、一人の外交官と、ハンガリーという、二つの視点から第二次世界大戦史を見ていただけたらと思っている。

ハンガリーという国は、率直に言って日本人にはなじみが薄い。調べ始めたときも、とにかく日本語の文献や情報が少なくて苦労した。ハンガリーの歴史についての本も、チェコスロバキアなど他の国と一緒になっていたり、対象時期がハプスブルク帝国時代や冷戦終結後だったりと、筆者が知りたいと思った二〇世紀前半期について詳述したものはごくわずかだった。

そのため、英語で調べた。とりわけ生き生きとした情報を提供してくれたのは、一番の当事者であるホルティ摂政とカーライ首相の回顧録だった。二冊の回顧録のうち、ホルティのものは簡単に入手できたが、カーライの方は苦労した。ほうぼう探して、ようやくアメリカの大学図書館落ちのものを手に入れた。回顧録の中でカーライは、「自分はユダヤ人たちの命を守ろうとした。だが、彼らの命を二年間延ばすことしかできなかった」と、最後まで守りきれなかった無念さを吐露していた。また、進攻してきた連合軍によってナチス・ドイツの収容所から解放された時、アメリカの将兵たちがハンガリーという国について何も知らず、何の関心も示さず、自分があれほど奮闘したのは何だったのかと、悲しく、寂しくなったとも記しており、胸を突かれる思いがした。

　ハンガリー語で書かれた史料の入手は、言葉の壁が大きすぎて到底無理と諦めていたが、今回幸運にも入手でき、本文に盛り込むことができた。すべてひとえに、駐日ハンガリー大使館の元商務参事官で、日本とハンガリーの交流に大きく貢献され、旭日中綬章を授与されているキシュ・シャーンドル（Kiss Sándor）氏のおかげだ。キシュ氏には、ハンガリーの習慣などについてもご教示いただいた。また、戦前のブダペストの日本公使館の建物はブダペスト市街戦でひどく損傷し、恐らくもうないだろうと父から聞いていたが、建物が現存し、歯科医院として使用されていること、しかも長年キシュ氏のかかりつけの歯科医だと知らされ、驚いた。さらに、一九四一年に日米両公使館がゴルフコンペを計画したマルギット島のゴルフコースは、戦後の社会主義政権時代に「ブルジョワ的だ」として潰されてしまったことも、キシュ氏から知らされた。

ブダペストの旧日本公使館の建物
現在は歯科医院（Kiss Sándor 氏提供）

　キシュ氏の知己を得たのは、日本で生まれ育ち、長野県軽井沢町で終戦を迎えたハンガリー系の写真家、トム・ハール（Tom Haar）氏のおかげだ。トム・ハール氏を含め、太平洋戦争中、軽井沢で暮らした外国人については、別途リサーチを行い、二〇二一年に同じ芙蓉書房出版から『アウトサイダーたちの太平洋戦争―知られざる戦時下軽井沢の外国人』として上梓したので、興味のある方はお読みいただければと思う。そのとき取材させていただいた方々の中に、ホロコーストを逃れて両親とともに来日したステフィ・コーン・カプロフ（Steffi Cohn Kaprof）さんがいるのだが、ステフィさんの日本人のご友人とお話しした際、「ハンガリーのカーライ元首相の姪と、ニューヨークでママ友だった」と聞き、驚嘆した。世間は狭く、人と人とのつながりは本当に不思議だ。

洪羅両公使
決定
一両日中發令
外務省では廿四日ルーマニア公使以下の人事異動を次の如く内定したが一両日中に正式發令される筈
大使館一等書記官（フランス）筒井潔
ルマニア駐剳公使へ
條約局第一課長 大久保利隆
ハンガリア駐剳公使へ

ハンガリー・ルーマニア両公使の人事内定を報じる新聞記事

最後に、前書上梓後、新聞やテレビの取材を受けた際、「どんなおじいさんでしたか？」と必ず聞かれたので、筆者が記憶する祖父大久保利隆について少し記しておきたい。

筆者の手元に、掲載紙は不明だが、「洪羅両公使決定」と題する新聞の切り抜きがある。茶色く変色した小さな記事は、ハンガリーとルーマニアの公使人事が内定したことを報じ、次のように記されている。

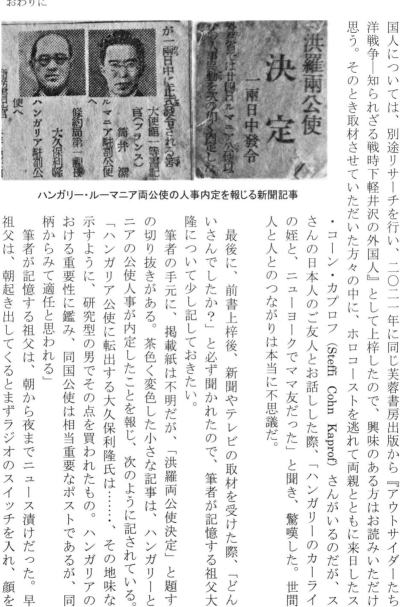

「ハンガリア公使に転出する大久保利隆氏は……、その地味な経歴が示すように、研究型の男でその点を買われたもの。ハンガリアの東亜における重要性に鑑み、同国公使は相当重要なポストであるが、同氏の人柄からみて適任と思われる」

筆者が記憶する祖父は、朝から夜までニュース漬けだった。早起きの祖父は、朝起き出してくるとまずラジオのスイッチを入れ、顔を洗いなながらニュースを聴く。郵便受けから新聞三紙を取ってくると、茶の間の掘りごたつの定位置に座り、眼鏡をかけ、ときに片肘をつきながら、隅から隅まで読む。合間にテレビのニュースも見る。たしかに「研究型」の人だったと思う。テレビでは相撲やプロ野球もよく見ていて、巨人軍の調子が悪いと機嫌が悪かった。

祖父はまじめで、小心者といえるほど慎重だった。「日本が頼みとするドイツは必ず負ける。その時期は今から一年から一年半後」という自らの見通しを、本当に天皇に言ったのかについては、本人が「自分は天皇にはっきり申し上げた」と言い、そのことを生涯誇りに思っていたので、きっと言ったのだろうと思う。

明治生まれの鹿児島人だった祖父は、台所には決して入らず、妻と長男には厳しかった。何人もの親族の面倒を見たので、自宅にはしじゅう甥や姪が、時に何人も同居していた。祖母は大変だっただろうと思う。祖父がハンガリーに単身赴任していた三年間は、大阪から曾祖父(祖母の父)の荒木和一が来て「用心棒や」と言って同居していた。古書集めが趣味だった曾祖父は、渋谷に出かけては古書を買い集め(当時渋谷の道玄坂には古書店がたくさんあったそうだ)、大阪に送っていた。収集した蔵書二万点は死後、縁のあった同志社大学に寄贈され、「荒木文庫」となった。

本書では、前述したようにキシュ・シャーンドル氏に大変お世話になった。学習院大学の井上寿一教授、早稲田大学ロシア東欧研究所招聘研究員の家田修先生、ブダペスト商科大学の佐藤紀子特任准教授にも、前書同様お世話になった。歴史ジャーナリストの渡辺延志氏、同志社大学教員の須佐多恵さん、防衛研究所史料閲覧室、大佛次郎記念館、駐日ベルギー大使館と駐日ルーマニア大使館にもご教示を賜った。ドイツ人を祖父に持ち、東京裁判で叔父が通訳を務めたという横浜市の森利子さんには、ミズーリ艦上での重光外相についてのお話を伺った。編集員の湯川香子さんには原稿の最終チェックをしていただいた。その他陰に日向にサポートしてくださった方々、何より改訂版を出すチャンスをくださった芙蓉書房出版の平澤公裕社長に、深く御礼申し上げる。

小野寺大佐の百合子夫人は、ラトビアとスウェーデン駐在時代について記した著書『バルト海のほとりにて』を次のような言葉で締めくくっている。

滔々《とうとう》たる時の流れには、一個の人間はどうにも抗しきれるものではない。一片の木片は波に押し流され水中に消え去ってしまうことが多い。ただその木片が正しいと信じて努力した行動の軌跡は、人には認められなかったとはいえ、正確に記録に止めておくことに或る意味があるのではないだろうか。

筆者も全く同じ気持ちだ。

「三世代にわたるリレー」も、今ようやくアンカーとしての務めを果たせたのではないかと思っている。

二〇二三年一一月　「新たな戦前」が来ないことを願いながら

髙川　邦子

大久保利隆年表

一八九五年（明治二八年）出生
一九〇八年（明治四一年）鹿児島県立師範学校付属小学校卒業
一九一三年（大正　二年）鹿児島県立第一中学校卒業
一九一八年（大正　七年）第一高等学校卒業
一九二〇年（大正　九年）高等試験外交科試験合格
一九二一年（大正一〇年）東京帝国大学法学部卒業、外務省入省　アジア局第一課
一九二三年（大正一二年）イタリア大使館（三等書記官）
一九二八年（昭和　三年）アジア局第一課
一九二九年（昭和　四年）ベルギー大使館（二等書記官）
一九三〇年（昭和　五年）荒木和一次女、数美と結婚
一九三四年（昭和　九年）調査部第一課、岡田内閣総理大臣秘書官
一九三六年（昭和一一年）調査部第二課長
一九三七年（昭和一二年）条約局第一課長
一九四〇年（昭和一五年）特命全権公使ハンガリー国駐剳、ユーゴスラヴィア国駐剳兼任
一九四四年（昭和一九年）戦時調査室
一九四五年（昭和二〇年）外務省軽井沢事務所長

一九四六年（昭和二一年）外務省退官
一九五〇年（昭和二五年）国立国会図書館専門調査員
一九五一年（昭和二六年）講和条約アメリカ調査団副団長
一九五二年（昭和二七年）特命全権大使アルゼンチン国駐劄
一九五七年（昭和三二年）石川島播磨重工業ブラジル造船所代表取締役副社長
一九六四年（昭和三九年）日本アルゼンチン協会会長
一九六五年（昭和四〇年）勲二等旭日重光章を授与される
一九六六年（昭和四一年）財団法人鹿島平和研究所理事
一九七六年（昭和五一年）鹿島出版会より『回想―欧州の一角から見た第二次世界大戦と日本の外交』を出版
一九八八年（昭和六三年）死去。享年九二歳

■公文書・新聞・写真など（ＵＲＬは、すべて二〇二三年一〇月一〇日取得）
アジア歴史資料センター（https://www.jacar.go.jp/）
外務省外交史料館所蔵　外交電報綴
国立国会図書館憲政資料館所蔵　"Magic Summary" 1941-1945
Filmhiradok Online (https://filmhiradokonline.hu/#home)
Fortepan (https://fortepan.hu/en/)
Gallery Hungaricana: Hungarian Cultural Heritage Portal (https://gallery.hungaricana.hu/en/)
Hungarian National Museum, Historical Photo Department
Swiss Diplomatic Documents（http://www.dodis.ch/en）
U.K. National Archives Kew: HW12/260 -12/295
U.S. National Archives II: Enemy Intercepts, Japanese Diplomatic Messages
"Magyar Jövő" 1942-04-08—"Oshima berlini japán nagykövet Budapesten, Bukarestben és Szófiában"
"Magyar Jövő" 1942-04-10—"Oshima berlini japán nagykövet nyilatkozott délkeleteurópai útjának céljairól"
"Magyarság" 1941-12-05—"Japán és az angolszász hatalmak katonai eröviszonyai a Csendes-óceánon"
"Nemzeti Ujság" 1941-07-27—"Horthy Miklós kormányzó Oshima berlini japán nagykövetnek, akit magyarországi látogatása alkalmából Kenderesen fogadott, a Magyar Érdemrend Nagykeresztjét adományozta"
"Tolnai Világlapja" 1941-12-24—"Diadalmas honvédeink lelkes fogadtatása Budapesten"
"Tolnai Világlapja" 1942-01-21—"Hiroshi Oshima a mukdeni hős fia"
"Új Barázda" 1926-11-25—"Watanabe Japan ezredes csodalkozik a trianoni "geometrical" hatarokon"

"Uj Magyarság" 1941-07-26—"Oshima tábornok, Japán berlini nagykövete elutazása előtt nyilatkozott az Uj Magyarságnak "Japán mindig büszke lesz európai rokonára, Magyarországra"

■回想録・日記・聞き取り

芦田　均『芦田均日記』第四巻一九三七〜一九四五年、柏書房、二〇一二年
石射猪太郎『外交官の一生―対中国外交の回想』太平出版社、一九七二年
衣奈多喜男『敗北のヨーロッパ特電―第二次世界大戦ドイツ・イタリア陣営の内幕』朝日ソノラマ、一九七三年
牛場信彦『外交の瞬間（私の履歴書）』日本経済新聞社、一九八四年
大久保利隆『回想―欧州の一角から見た第二次世界大戦と日本の外交』鹿島出版会、一九七六年
大久保利隆『ラテン・アメリカ時報』社団法人ラテン・アメリカ協会、昭和五三年三月号
大佛次郎『敗戦日記』草思社、一九九五年
大佛次郎『私の履歴書』日本経済新聞連載
小田善一『青春の夢を求めて―私の東欧バルカン紀行』恒文社、一九七五年
小野寺百合子『バルト海のほとりにて―武官の妻の大東亜戦争』再改訂版、共同通信社、二〇〇五年
加瀬俊一・中川融『回想の戦時外交』鹿島平和研究所、二〇〇三年
菊池庄次郎『私の履歴書』日本経済新聞連載綴り、非売品
木戸幸一『木戸幸一日記（上・下）』東京大学出版会、一九六六年
ゴルジェ・カミーユ「三時代の日本」、日本スイス修好満百年記念委員会『日本スイス外交・文化・通商関係の百年』一九六四年
ゴルジェ、カミーユ（鈴木光子訳、ピエール＝イヴ・ドンゼ、クロード・ハウザー他編）『駐日スイス公使が見た第二次世界大戦―カミーユ・ゴルジェの日記』大阪大学出版会、二〇二三年
迫水久常『機関銃下の首相官邸―二・二六事件から終戦まで』ちくま学芸文庫、二〇一一年
迫水久常『迫水久常講談集』私家版、二〇〇二年

迫水久常「迫水久常・元首相秘書官が語る二・二六事件秘話」『正論』平成一六年三月号
笹本駿二『第二次世界大戦下のヨーロッパ』岩波新書、一九九五年
佐藤尚武『回顧八十年』時事通信社、一九六三年
佐貫亦男『追憶のドイツ―ナチス・空襲・日本人技師』酣燈社、一九九一年
重光　葵『昭和の動乱（上・下）』中公文庫、二〇〇一年
新関欽哉『第二次大戦下―ベルリン最後の日―ある外交官の記録』NHKブックス、一九八八年
須磨弥吉郎「在支十有一年と外交秘話」林正義編『秘められた昭和史』鹿島研究所出版会、一九六五年
筒井　潔「戦乱の欧州に使いして」テレビ東京編『証言・私の昭和史2［戦争への道］』）文藝春秋、一九八九年
筒井　潔「風雲急な欧州に使いして」林正義編『秘められた昭和史』鹿島研究所出版会、一九六五年
東郷茂徳『時代の一面―東郷茂徳外交手記』原書房、二〇〇五年
徳永康元『ブダペスト日記』新宿書房、二〇〇四年
徳永康元『ブダペスト回想』恒文社、一九八九年
百武三郎『百武三郎日記・手帳』（東京大学近代日本法政史料センター原資料部所蔵）
プトリッツ、W・G・Z（谷村暲訳）『ドイツ現代史―元外交官の思い出』みすず書房、一九六〇年
法眼晋作『外交の真髄―第二次世界大戦の時代』原書房、一九八六年
前原達一「第十回饕餮会」『文藝春秋』昭和五九年六月号
三谷隆信『回顧録　侍従長の昭和史』中央公論社、一九八〇年
森　利子　二〇二二年四月一七日　横浜山手外国人墓地での聞き取り
森島守人『真珠湾・リスボン・東京―続一外交官の回想』岩波新書・特装版、一九八四年
与謝野秀『一外交官の思い出のヨーロッパ』筑摩書房、一九八一年
Ciano, Galeazzo, *The Ciano Diaries 1939-1943*, Simon Publications, 2001.
Goebbels, Joseph, *The Goebbels Diaries 1942-1943*, edited and translated by Louis P. Lochner, Doubleday & Co.,Inc, 1948.

Horthy , Nicholas, *Admiral Nicholas Horthy: Memoirs*, Simon Publications, 2000.
Kallay, Nicholas, *Hungarian Premier: A Personal Account of a Nation's Struggle in the Second World War*, Greenwood Press, 1970.
Montgomery, John Flournoy, *Hungary: The Unwilling Satellite*, Simon Publications, 1947/2001.

■評伝・研究

足立邦夫『臣下の大戦』新潮社、一九九五年
石田　憲『日独伊三国同盟の起源─イタリア・日本から見た枢軸外交』講談社、二〇一三年
岡部　伸『消えたヤルタ密約緊急電─情報士官小野寺信の孤独な戦い』新潮社、二〇一二年
小倉和夫『吉田茂の自問─敗戦、そして報告書「日本外交の過誤」』藤原書店、二〇〇三年
菅野冬樹『戦火のマエストロ　近衛秀麿』ＮＨＫ出版、二〇一五年
菅野冬樹『近衛秀麿　亡命オーケストラの真実』東京堂出版、二〇一七年
菊村　到『提督有馬正文』光人社、一九八二年
小松啓一郎『暗号名はマジック─太平洋戦争が起こった本当の理由』ＫＫベストセラーズ、二〇〇三年
小宮まゆみ『敵国人抑留─戦時下の外国民間人』吉川弘文館、二〇〇九年
佐藤　優『私が最も尊敬する外交官─ナチス・ドイツの崩壊を目撃した吉野文六』講談社、二〇一四年
佐藤元英『外務官僚たちの太平洋戦争』ＮＨＫブックス、二〇一五年
澤地久枝『あなたに似た人─11人の女の履歴書』文春文庫、一九八〇年
清水雅大『文化の枢軸─戦前日本の文化外交とナチ・ドイツ』九州大学出版会、二〇一八年
鈴木健二『駐独大使大島浩』芙蓉書房、一九七九年
高川邦子『アウトサイダーたちの太平洋─知られざる戦時下軽井沢の外国人』芙蓉書房出版、二〇二一年
田川幸太『太平洋戦争における日本の戦時外交─対中立国政策を中心に』明治大学卒業論文、一九九九年
武市銀治郎『富国強馬─ウマから見た近代日本』講談社、一九九九年

テイボル、フランク（寺尾信昭訳）『ハンガリー西欧幻想の罠—戦間期の親英米派と領土問題』彩流社、二〇〇八年
東郷重彦『祖父東郷茂徳の生涯』文藝春秋、一九九三年
戸部良一『外務省革新派』中公新書、二〇一〇年
日本アルゼンチン協会『日本アルゼンチン協会の歩み』非売品、一九六八年
日本アルゼンチン協会『日本アルゼンチン交流史—はるかな友と一〇〇年』非売品、一九九八年
日本国際政治学会太平洋戦争原因研究部編『太平洋戦争への道　開戦外交史《新装版》５三国同盟・日ソ中立条約』朝日新聞社、一九八七年
日本ハンガリー友好協会『日本・ハンガリー交流史』非売品、二〇〇九年
原　勝洋『日米開戦時における外交暗号の検証』ゆまに書房、二〇〇五年
孫崎　享『日本の「情報と外交」』ＰＨＰ新書、二〇一三年
増田　剛『ヒトラーに傾倒した男—Ａ級戦犯大島浩の告白』論創社、二〇二二年
南塚信吾編『図説ハンガリーの歴史』河出書房新社、二〇一二年
三宅正樹『日独伊三国同盟の研究』南窓社、一九七五年
森山　優『日米開戦と情報戦』講談社、二〇一六年
山崎雅弘『完全分析　独ソ戦史—死闘一四一六日の全貌』学研Ｍ文庫、二〇〇七年
ワイツ、ジョン（久保田誠一訳）『ヒトラーの外交官—リッベントロップは、なぜ悪魔に仕えたか』(John Weitz, *Hitler's Diplomat: The Life and Times of Joachim von Ribbentrop*) サイマル出版会、一九九二年
渡辺延志『虚妄の三国同盟—発掘・日米開戦前夜外交秘史』岩波書店、二〇一三年
渡辺延志『神奈川の記憶』（「全権松岡洋右の帰国」、「日独伊三国同盟、成立の実情（上）（下）」）有隣堂新書、二〇一八年
渡辺延志「駐独大使・大島浩　晩年の言葉『私は失敗者、弁解しない』大戦で動乱の国際情勢を回想」朝日新聞神奈川版「神奈川の記憶133」二〇一八年一一月一〇日
渡辺延志「日独伊『三国同盟』八十年目の真実　大島浩駐独大使、未公開の『独白録』」『文藝春秋』二〇二一年一月

号

Baker, Leonard, *Brahmin in Revolt; A Biography of Herbert C. Pell*, Doubleday Co., Inc., 1972

Bloch, Micheal, *Ribbentrop: A Biography,* Little Brown UK, 2003

Boyd, Carl, *Hitler's Japanese Confidant: General Oshima Hiroshi and Magic Intelligence, 1941-1945* University Press of Kansas ,1993（左近允尚敏訳『盗まれた情報―ヒトラーの戦略情報と大島駐独大使』原書房、一九九九年）

Sally, Gergely Pal, Hungarian Flag and Native Soil to the Japanese Frontline Fighters, *Magyar Front,* Vol. X, Issue 2, Spring, p10-13, 2008

Thomas, Nigel., *The Royal Hungarian Army in World War II*, Osprey Publishing, 2008

Tibor, Frank, *Discussing Hitler: Advisers of US Diplomacy in Central Europe 1934-1941*, CEU Press, 2003

Trigg, Jonathan, *Death on the Don: The Destruction of Germany's Allies on the Eastern Front, 1941-1944*, The History Press, 2013

著者
高川 邦子（たかがわ くにこ）
1961年東京都生まれ。日本郵船㈱勤務の後、1991年より NHK を中心に翻訳に携わる。2001年慶應義塾大学法学部政治学科卒業。大久保利隆の孫。著書に『ハンガリー公使大久保利隆が見た三国同盟―ある外交官の戦時秘話』（芙蓉書房出版、2015年）、『アウトサイダーたちの太平洋戦争―知られざる戦時下軽井沢の外国人』（芙蓉書房出版、2021年）、日本語字幕作品に『国なき外交官―アルメニア難民を救った横浜のダイアナ』（2018年）がある。

ドイツ敗北必至なり
三国同盟とハンガリー公使大久保利隆

2023年12月22日　第１刷発行

著　者
高川《たかがわ》 邦子《くにこ》

発行所
㈱芙蓉書房出版
（代表 平澤公裕）
〒113-0033東京都文京区本郷3-3-13
TEL 03-3813-4466　FAX 03-3813-4615
http://www.fuyoshobo.co.jp

印刷・製本／モリモト印刷

ISBN978-4-8295-0871-8

日中和平工作秘史
繆斌工作は真実だった

太田　茂著　本体 2,700円

「繆斌工作」が実現していれば、ヒロシマ・ナガサキもソ連の満州・北方領土侵略もなく、戦争は終結していた！　日中和平工作史上最大の謎であり、今も真偽の論争がある繆斌工作。約400点の文献資料に基づいて、インテリジェンスの手法オシント（open-source intelligence）と、検事として培ってきた「情況証拠を総合する事実認定の手法」で、繆斌工作の真実性を解明・論証する渾身の書。

新考　近衛文麿論
「悲劇の宰相、最後の公家」の戦争責任と和平工作

太田　茂著　本体 2,500円

毀誉褒貶が激しく評価が定まっていない近衛文麿。その戦争責任と和平工作の全容を約400点の文献資料に基づいて是々非々の立場で論じる、新たな視点による近衛の人間像。◎近衛が敗戦直前まで試みた様々な和平工作の詳細と、それが成功しなかった原因を徹底検証。◎ソ連・共産党に傾斜した海軍の誤った和平工作、阿南陸相は密かに蒋介石との和平を求めていた！

ゼロ戦特攻隊から刑事へ《増補新版》

西嶋大美・太田　茂著　本体 2,200円

8月15日の８度目の特攻出撃直前に玉音放送により出撃が中止され、奇跡的に生還した少年パイロット・大舘和夫氏の〝特攻の真実〟
✺2016年刊行の初版は、新聞・雑誌・テレビなどで大きく取り上げられ、主人公・大舘和夫氏は〝生き証人〟として評価され、2020年に翻訳出版された英語版“Memoirs of a KAMIKAZE”により、ニューヨーク・タイムスをはじめ各国メディアが注目
◎増補新版では、「付記　特攻の真実を考える」を加え、新たな知見など40頁増補したほか写真も追加。